◎国家社科基金青年项目(项目号:13CKS016)
◎山东省社科基金重点项目(项目号:15BWHJ03)

当代中国文化变迁中的文化主体性问题研究

郝书翠　等　著

山东大学出版社
SHANDONG UNIVERSITY PRESS
·济南·

图书在版编目(CIP)数据

当代中国文化变迁中的文化主体性问题研究 / 郝书翠等著. —济南:山东大学出版社，2021.6
(庆祝中国共产党百年华诞研究丛书)
ISBN 978-7-5607-7001-7

Ⅰ. ①当… Ⅱ. ①郝… Ⅲ. ①中国特色社会主义一文化事业一研究 Ⅳ. ①G12

中国版本图书馆 CIP 数据核字(2021)第 085986 号

责任编辑 傅 侃
文案编辑 冯敬远
封面设计 杜 婕

出版发行 山东大学出版社
社 址 山东省济南市山大南路 20 号
邮政编码 250100
发行热线 (0531)88363008
经 销 新华书店
印 刷 济南新科印务有限公司
规 格 720 毫米×1000 毫米 1/16
17 印张 279 千字
版 次 2021 年 6 月第 1 版
印 次 2021 年 6 月第 1 次印刷
定 价 59.00 元

总　序

习近平总书记曾指出，“历史是一面镜子，鉴古知今，学史明智”。这就鲜明昭示了，历史是一种重要资源和宝贵财富，学习历史，可以从中汲取智慧。显然，这里的“历史”，主要是从中国近现代历史宏观整体的一般意义上而言，中国共产党百年历史则是其中必不可少且耀眼夺目的组成部分。党的历史，简单来说，就是我们党所走过的道路，所经历的过去。了解我们党所走过的道路和它所经历的过去，于我们明理增信崇德力行有大益，因为波澜壮阔的党史中蕴含着解答中国近现代以来如何实现国家富强、民族复兴的黄金密钥。自1921年成立到今年，中国共产党已经走过了整整一百年的风雨历程，这里的百年绝不是一个简单的数字，而是真真切切蕴含了博大、丰富的实践内容。不夸张地说，中国共产党的恢宏历史犹如一座理论富矿，蕴含着丰富的思想元素；中国共产党的恢宏历史也犹如一轴书画长卷，蕴含着磅礴的奋斗经验；中国共产党的恢宏历史还犹如一部百科全书，蕴含着博大深邃的智慧。其实，不管是理论富矿、书画长卷，还是百科全书，都旨在说明我们党的历史是一种重要资源和无价财富。

这里的资源和财富，具体而言，主要表现在两个方面：其一，党的自我成长经验。回顾党的风雨百年路，20世纪20年代初，我们党从上海及浙江嘉兴的南湖起航，实现了从无到有、由小到大、由弱到强的历史性跃迁，逐步从一个仅有50余名党员的小党和弱党发展壮大为一个有9500多万党员的世界第一大执政党。党的自身成长发展史，蕴含着自我净化、自我完善、自我革新、自我提高的诸多宝贵经验。纵览当今国际社会，世界上存续百年有余的政党并不多见，在国际比较的视野下，更可足见中国共产党的成功与伟大。如今，中国共产党已经走过整整一百年的风雨历程，依旧富有青春朝气和蓬勃生命力，可谓“恰百年风华正茂”。中国共产党缘何能做到青春永葆、活力永续？解码这一重大历史命题，即需要我们走入历史中去不断探索和追问。其二，党领导人民拼搏奋斗的实践智慧和经验结晶。百年党史，可以说是党领导和团结全国各族人民为了革命、建设和改革事业不懈求索和奋斗的历史。在这百年历程中，党领导人民进行奋斗历经了几个不同的阶段。在新民主主义革命时期，党在马克思主义的指导下，领导人民逐渐探索出了一条最适合中国国情的革命之路，最终赢得了新民主主义革命的胜利，建立了新中国，为实现中华民族伟大复兴创造了根本社会条件。在社会主义革命和建设时期，我们确立了社会主义基本制度，实现了中华民族有史以来最为广泛而深刻的社会变革，为实现中华民族伟大复兴奠定了根本政治前提和制度基础。在改革开放和社会主义现代化建设新时期，中国共产党开创、坚持、捍卫、发展中国特色社会主义，为实现中华民族伟大复兴提供了充满新的活力的体制保证和快速发展的物质条件。在新时代，中国共产党团结带领中国人民，自信自强、守正创新，创造了新时代中国特色社会主义的伟大成就，为实现中华民族伟大复兴提供了更为完善的制度保证、更为坚实的物质基础、更为主动的精神力量。总结取得这些成就的历史经验，最核心的无疑是党的正确领导。回顾党的百年宏阔历史，我们党在领导全国各族人民矢志向前的伟大历史征程中，真正做到了不忘初心、牢记使命，始终坚持以人民为中心的根本立场，以坚定的理想信念把对民族复兴的伟大目标落实在行动上，从胜利不断走向胜利，并在这个过程中积攒沉淀下丰厚的经验和智慧。这些经验和智慧对于我们党、对于国家民族而言，无疑是最为宝贵的财富。

习近平总书记指出：“历史，总是在一些特殊年份给人们以汲取智慧、继续前行的力量。”既是最宝贵财富，必然不能只作为回顾总结之素材，特别是站在实现第二个百年奋斗目标的历史新起点上，唯有用这些由百年经验和智慧凝聚而成的宝贵财富烛照当下与未来，才能在新的历史征程中继续释放其强大动能。山东大学马克思主义学院积极响应并深入落实党中央关于

“学党史、悟思想、办实事、开新局”的重要精神，同时也为了着力打造党建研究的“山大高地”，进而充分释放山东大学全国重点马克思主义学院的引领示范效能，启动实施了党建学科“迎接建党百年学术研究‘五个一’工程”。截至目前，该工作已完成“加强党对制度建设领导研究”“中国特色社会主义‘四个自信’研究”等一批国家级与省部级重大课题；将陆续出版49册国外政党治国理政研究丛书及15部党建研究丛书；完成2017～2020年四卷本《政党政治研究年鉴》编撰与刊印；主办“中国共产党百年：历史、理论与实践”学术研讨会、“四史”教育与“大思政课”工作交流会、第十届中国政党研究论坛等系列高端学术会议。而工程之“一”便是呈现在大家面前的这一套“庆祝中国共产党百年华诞研究丛书”。事实上，从2003年设立山东大学政党研究所，到2018年率先设立党的建设学科，再到2019年与中国社会科学院共建世界政党研究中心，山东大学一直致力于建设一流党建学科、着力打造构筑马克思主义政党理论研究的新高地。而到目前，山东大学党的建设学科事实上也已经推出了一系列具有“山大气派”的高端成果，充分发挥了传统优势特色，为进一步打造具有国际影响力的理论研究高地、人才培养基地和智库咨政中心奠定了坚实基础。尤其是王韶兴教授在《中国社会科学》英文版中连续发表的7篇学术论文，提出的标识性学术概念和观点更是奠定了社会主义政党政治研究的理论基础，被学术界称为此项研究的“学术地标”。

由于百年党史中蕴含的经验和智慧是多视角、多领域、多维度的，所以，这套旨在“学党史、取经验、得智慧”的研究丛书所涉及的领域也就自然是多视角、多领域、多维度的。山东大学马克思主义学院汇聚骨干力量组建丛书写作团队，结合学院在党史党建研究方面的整体传统优势与团队成员的研究方向，从党的领导、党的建设与国家治理现代化、中国特色社会主义政治建设与法治教育、中国特色社会主义文化建设与文化自信、中国特色社会主义社会建设与公平正义、中国特色社会主义生态文明建设与绿色发展等领域切入党史研究主题，通过回溯历史沿革、梳理发展脉络，形成系统理论观点与政策主张，推进深化了相关领域研究。

虽然这套丛书的研究主题所属领域不同，但具有鲜明的价值指向和时代诉求。一是从不同的视角和维度阐释了中国特色社会主义伟大成就与党的领导和党的建设之间的内在联系，明确党的正确领导、党的自身建设是中国各项事业取得成功的关键与根本保证，确证党的百年历史征程与实现中华民族伟大复兴的密切联系。二是在历史梳理与理论深耕的学术研究基础上，站在新的历史起点上回应科学总结党在百年奋斗历史中的理论与实践的时代要求。习近平总书记在给山东大学《文史哲》编辑部全体编辑人员的重要回信中指出："从历史和现实、理论和实践相结合的角度深入阐释如何更好坚持中国道路、弘扬中国精神、凝聚中国力量。"这是对全国哲学社会科学工作者提出的殷切期望和谆谆嘱托，为繁荣发展哲学社会科学提供了根本遵循，也为加强马克思主义理论和党史党建研究进一步指明了方向。此套丛书的重要目的之一即是落实习近平总书记重要回信精神，在守正创新中构建党建研究的"山大样本"与中国化马克思主义理论体系，进而为构建中国特色哲学社会科学尽绵薄之力。三是助力和推动山东大学马克思主义学院的发展迈上新台阶、步入新阶段，在山东大学百廿校庆之际贡献马院力量。当前，山东大学正处于加快实现"由大到强"历史性转变的关键期、机遇期、攻坚期，马克思主义学院担负着"强院兴校"的光荣使命和政治职责。面对这样的新形势新要求，要凸显学院党史党建研究的"山大特色"，推出具有"山大气派"的研究成果，奋力朝着高端、高质、精深、精进的方向不断前进，发挥首批全国重点马克思主义学院的"排头兵"和"领头羊"作用。

今年是中国共产党成立100周年，这无疑是一个特殊的时间节点，也是党和国家历史时间之轴上的光辉刻度，这个重大历史时刻无疑为我们从百年恢宏党史中汲取智慧、寻获经验提供了最佳契机。习近平总书记在庆祝中国共产党成立100周年大会上的重要讲话中回顾了党百年来走过的光辉历程、作出的历史贡献，为全党全国各族人民向第二个百年奋斗目标迈进指明了前进方向。从这个意义上说，本套丛书的成书和出版可谓恰逢其时。

山东大学马克思主义学院院长　张士海

2021年7月

前　言

中西比较乃是近代以来的中国思想界持续关注的问题。学界对中西民族特性、民族精神的比较以及对本民族心理缺失的批评或捍卫，成果都非常丰富。但是，由于中国传统文化语境在近代以来的沉默，各种“西方说法”直接占据了中国现代语境的权力中心，成为中国民族现代性叙事的深层语法结构。中西比较的理论视野也往往围绕传统与现代、先进与落后、孰优孰劣展开，中国文化自身的主体性有待进一步确立。费孝通先生晚年提出的“文化自觉”概念即是对这一问题的理论反思。[①] 黄宗智也曾指出，中国主要使用西方理论来认识自己，把实际硬塞进不合适的理论框架，以至于当下社会科学诸领域出现了无数个悖论。[②] 费孝通呼吁，在和西方世界进行交流的过程中，要把我们文化中好的东西讲清楚，使其变成世界性的东西，首先是本土化，然后是全球化，才能完成文化自觉的使命。有学者认为，文化自觉即旨在指导和参与文化变迁，获得文化转型的自主地位和自主能力。对传统文化的轻率否定也正在被深刻反省，学界越来越深刻地认识到，当代中国在文化变迁中应处处维护自己的文化主体地位。这一趋势在党的十八大以后更为明显。

本书着力研究当代中国文化变迁中自身文化的主体性确立问题，为形

---

① 参见费孝通：《论人类学与文化自觉》，华夏出版社2004年版，第176页。

② 参见黄宗智：《悖论社会与现代传统》，《读书》2005年第2期。

成文化比较的恰当态度打下更坚实的基础，进而探讨文化自信的提升途径，为文化强国战略的实施及理论创新提供智力支持，为大学生文化自信提升提供实践借鉴。为此，本书主要探讨了以下几个方面。

其一，厘清“文化民族主义”与“民族文化自觉”两个概念，梳理文化自卑的历史背景并进行学理分析。在本课题的研究中，首先确立了文化主体性研究的基本导向，即文化自信的确立需要以一种开放的意识和包容的胸怀来审视和传承传统文化，促进文化民族主义的自我反思，建构一套完整、理性、开放、包容的文化民族主义话语，激发和培养自觉的民族意识和民族精神。为此，我们对“文化民族主义”与“民族文化自觉”两个概念进行了辨析，从文化立场、表现形态、思想旨趣三个方面辨识两者的异同，为引导当代中国文化民族主义走向民族文化自觉提供理论支撑。同时，我们还探讨了国人文化自卑的物质和理论背景，认为中国在物质方面的落后为其提供了物质支撑，文化进化论的扩散与渗透则为其提供了理论支撑。西学作为一种舶来品，先行地提供了一种预设，其中最典型、最深层的乃是进化论观念。近代以来，中西比较的理论视野往往围绕传统与现代、先进与落后、孰优与孰劣展开，以致中国传统文化自身的主体性被重重遮蔽。究其原因，除“落后就要挨打”的逻辑之外，现代性扩张中文化进化论的高歌猛进也是一个非常重要的因素。要重树中国文化的主体性，实现恰当的文化自觉以及适度的文化自信，必须澄清其失落的学理背景。当下，中国政治、经济、文化的发展为世界所瞩目，重树中国文化主体性的现实条件正在充分孕育，其实现图景空前清晰。

其二，明确中国文化主体性的确立在其本质上与捍卫马克思主义话语权有着深层的内在关联，初步探讨了马克思主义话语权的理论内涵与实现路径。马克思主义作为知识形态的思想体系，是科学、哲学与意识形态的统一。因此，马克思主义话语权研究呈现出科学、哲学与意识形态三种相互分立又彼此联系、相互贯通、归于统一的视角。如果说科学视角下的马克思主义话语权的实现在于真理性的宣示和论证，哲学视角下的马克思主义话语权的实现在于揭示辩证唯物主义、历史唯物主义世界观和方法论对于现实生活的指导价值，那么意识形态视角下的马克思主义话语权的实现则侧重于揭示作为思想体系的马克思主义担当国家主导意识形态的主导能力。意识形态视域下马克思主义话语权的实现应当与讲好中国故事相结合，应当培育有理论造诣和传播能力的主体力量，同时也要研究面向重点群体、重要场域的开放性路径。

其三，明确中国传统文化的德性特质并探究其在中国社会转型期的现实价值。与西方文化不同，中国传统文化是一种德性文化。在对人性的理解上，它主张性善论；在与他人关系的处理上，它强调克己，追求和谐；在对自然的态度上，它强调天人合一。当下中国在急剧的社会转型中面临一系列问题，其中既有社会现实层面上的道德失范、人际关系紧张、生态问题突出，也有社会走向层面上的自我迷失。德性文化不仅对社会现实层面的问题有着显著的现实价值，而且还有助于确认民族主体性，为社会转型提供精神支撑。在这方面，习近平总书记关于人生观的重要论述为我们对传统文化的创造性发展、创新性转化提供了经典示范。同时，在当下中国文化软实力迅速提升的背景之下，特别需要注意的是对文化的恰当定位问题。同一民族的文化，其软实力有着“潜”与“显”的显著差别。“潜”表现为文化主体性的迷失，“显”则首先表现为文化主体性的确立。近代以来，中国文化主体性出现了性质不同、程度不同的两次迷失。第一次发生在鸦片战争之后，源于民族的生存危机，是全局性的。第二次表现为改革开放初期一些社会思潮中的西化倾向，具有局部性质。两次迷失都凸显了硬实力是文化软实力彰显基础的内在逻辑，文化软实力的有效解释框架仍然是唯物史观。

其四，要想重树中国文化的主体性，充分发挥中华优秀传统文化作为软实力的突出优势乃是其题中之义。现阶段，这一突出优势发挥还不够充分。其根本原因在于这一优势的发挥面临经济、文化、意识形态等一系列挑战。若要改变这一状况，将中华传统文化的固有凝聚力和影响力转换为现时中国的文化软实力，就要积极实现传统文化资源的现代性转化，保持清醒的文化安全意识与意识形态斗争意识，实现文化软实力的商业化输出，构筑软实力传播的硬实力平台。同时，地域广阔、人口众多的乡村对于中国文化主体性的确立意义非凡。在现代性的冲击下，“离土”性使乡村社会的“历史感”与“当地感”被剥离，破坏了乡村旧有之意，也在一定程度上带来了传统乡村文化的坍塌。当我们用“他者”的视角以现代性模式来改造农村时，却在实践中发现农村现代性转变既缺乏产业基础，也缺乏精神基础。双重缺失使中国农村现代性无法确立，也使得乡村文化的重构未能完成。多元现代性理论为中国农村实现现代性提供新的路径的同时，也为传统乡村文化的重建提供了可能。现代性模式的确立与乡村文化的重建，是一个内生于中国农村的同构过程。关注多方博弈中各种力量的均衡，给予农民更多的“话语权”是现代性与乡村文化共建的关键。此外，在市场经济条件下，文化主体性的重树问题，离不开文化产业发展。尤其需要注意的是，文化产业发展具有双重维度，对内的文化维度即价值理念，对外的产业维度即产业竞争力。文化产业竞争力倚重于产品的人文价值内涵，而内涵的提升又仰赖文化自信的建立。同时，文化产业发展也为文化自信的建立提供了广阔平台。看似相互促进的关系却在现实中因为中国文化产业与文化发展的特征而带来三大悖论，同时制约了二者的发展。基于文化自信的文化产业制度创新是解决这一问题的根本途径。

其五，本书认为，大学生对待传统文化的态度，乃是学界对传统文化态度的折射。青年学生的文化自觉、文化自信程度，与中国文化主体性的确立关系密切。加强高校中华优秀传统文化宣传教育，对于我们的文明，对于我们的高校教育，对于大学生成长成才，对于当前社会发展都具有极其重要的现实意义。本书以山东大学为案例，在大致了解当前高校中华优秀传统文化宣传教育基本情况的基础上，从宣传教育的意义和目的、宣传教育的渠道和途径、宣传教育的内容、宣传教育存在的问题及学生传统文化基本素养等方面设计了调查问卷并开展调查，通过对调查数据的分析得出一系列具有一定启发意义的结论。

其六，本书对高校思政教育在大学生文化自信提升中的作用进行了研究。在多元文化共存与竞争的时代背景下，高校作为文化传承、传播与创新的阵地，蕴含着丰富的文化内涵，承载着重要的文化价值导向功能，在提升大学生文化自觉、文化自信中负有应然责任。从当前高校思想政治教育的现有途径来看，可以用提升思政课堂效果、融入通识教育、打造社团教育平台、指导暑期社会实践、引导学生科研立项等多元方法，引导当代大学生在多元文化的激荡和碰撞中树立高度的文化自觉、文化自信，实现高校思想政治教育的文化价值目标，提升高校思想政治教育的实效性，进一步发挥高校思想政治教育文化育人功能的内在要求。

其七，本书认为，要充分发挥思政课在大学生文化自信中的作用，就必须抓住思政课课堂教学这个主渠道，而在网络普及的今天，高校思政课课堂教学网络资源利用问题的重要性越发凸显。为此，本书对高校思政课堂网络资源利用进行了专门研究。研究认为，高校思政课教师在课堂教学中合理利用网络资源能够满足拓展课堂容量的需要，符合当代高校学生的需求，适应网络时代发展的要求。目前高校思政课课堂教学网络资源利用还存在利用程度总体偏低、网络资源的内容和形式相对不足、网络资源利用的效果有待提高等问题。同时，提出了高校思政课教师在课堂教学中利用网络资源要注重把握好四个原则：遵循政治导向原则，始终体现正确的政治方向；遵循创新性原则，始终坚持创新精神；遵循科学性原则，兼顾课堂教学的吸引力和系统性；遵循全面性原则，正确利用积极正面的网络资源和消极负面的网络资源。当然，我们目前对高校思政课课堂教学网络资源利用如何增强大学生文化自信还没有进行专门研究。我们的理解在于文化自信提升是思政课的核心任务之一，只要网络资源的课堂利用有利于教学实效的提升，也就相应地有助于大学生文化自信的提升。此外，在这一研究开展的同时，本书还就大学生文化自信进行了网络教育实践，于 2015 年 12 月上线了“仁侠青春”微信公众号，为构筑实现“中国梦”的强大精神力量而努力。

习近平总书记在不同场合反复强调中国文化和中国精神的历史地位和重要意义，倡导大力弘扬中华优秀传统文化，彰显中国文化软实力。2019 年 3 月 4 日，习近平总书记在参加全国政协十三届二次会议文化艺术界、社会科学界委员联组会时的重要讲话中还提到，中国特色社会主义进入了新时代，新时代呼唤着杰出的文学家、艺术家、理论家，文艺创作、学术创新拥有无比广阔的空间。希望大家坚定文化自信，把握时代脉搏，聆听时代声音，承担记录新时代、书写新时代、讴歌新时代的使命，勇于回答时代课题，从当代中国的伟大创造中发现创作的主题、捕捉创新的灵感，深刻反映我们这个时代的历史巨变，描绘我们这个时代的精神图谱，为时代画像、为时代立传、为时代明德。这一重要论述启发我们，在中华民族最为接近复兴美好前景的今天，文化主体性的研究有了较之以往更为坚实的现实基础、更为开阔的视野以及更为强烈的理论自信。

郝书翠
2021 年 4 月

目 录

上编 中国文化主体性迷失与重树的理论探索

下编　大学生文化自信提升及其实践

上编　中国文化主体性迷失与重树的理论探索

第一章

中国文化主体性的理论视野

随着中西文化交流的日益密切及中国社会经济的迅速发展，当代中国文化变迁中自身文化的主体性问题愈发成为关系到中华民族复兴的重要问题。那么，我们该如何理解文化的主体性？要回答这个问题，首先需要考虑在全球化愈来愈走向深入、中华优秀传统文化影响力显著提升的今天，如何恰当理解“文化民族主义”，以避免文化主体性研究走向文化自负；其次，要重树中国文化的主体性，实现恰当的文化自觉以及适度的文化自信，必须澄清其失落的学理背景；再次，中国文化主体性的确立，作为文化自信的关键，有其意识形态属性，马克思主义话语权的实现是其题中之义。

一、恰当理解文化民族主义

在全球第三次民族主义浪潮、文化全球化和改革开放的共同推动下，世纪之交中国的民族主义思潮与运动再度兴起。作为民族主义的一个次生形态，文化民族主义经历了 20 世纪 80 年代的摆脱传统和崇尚西方之后，进入 90 年代转变为对传统的全面复兴。学术界崇尚国学研究，社会上兴起国学热。而几乎是在同一时间空间背景下，费孝通针对少数民族文化转型问题提出了“文化自觉”概念，进而由小见大，上升到中华民族乃至全人类增强对文化转型的自主能力的研究。[①] 党的十七届六中全会也将“培养高度的文化自觉和文化自信”作为建设社会主义文化强国的新要求。[②] 在文化民族主义浪潮再度兴起的背景下，如何理解民族文化主义与民族文化自觉的关系，当代中国到底需要什么样的文化民族主义，这是文化全球化时代民族文化的自主转型与创新不能回避的问题，是研究中国文化主体性的前提性问题。

（一）概念阐释与发展脉络

1. 文化民族主义

尽管西方学者至今没有在“文化民族主义”是不是一个科学概念这一基本问题上达成共识[③]，但文化民族主义是一种客观的存在。它诞生于18世纪法国大革命前后的德意志地区。面对法国文化霸权的入侵，以赫尔德（Johann Gottfried von Herder）为代表的德国知识精英致力于挽救日渐消亡的日耳曼民族传统文化，构建了一个较为系统的文化民族主义理论体系。由此，“孕育于马基雅维里时代的民族主义思想在18世纪的德意志地区发展出一个非政治性的、文化的版本”[④]，“开创了世界近现史上文化民族主义的原生型态”[⑤]，同时也奠定了文化民族主义以本民族文化为主体、保护和弘扬本民族传统文化的主基调。19世纪文化民族主义的典型代表是东中欧的斯拉夫主义和日本的“大和民族优秀论”。20世纪上半叶拉丁美洲的文化民族主义广泛表现在史学、文学艺术、电影和建筑领域。同时期印度以甘地和尼赫鲁为代表的温和派宣扬印度教传统中的“宽容”与“仁爱”思想，主张“非暴力”斗争。在此时期，文化民族主义与政治民族主义相伴相生，催生了数量众多的现代民族国家。冷战结束后，文化民族主义在更大范围、更多领域兴起：西方文化扩张与发展中国家文化坚守的诉求并立；在区域层面兴起了诸如“亚洲价值观”、拉美“反美主义”“欧洲特性”等思潮和运动；在人权等国际斗争领域，发展中国家基于文化传统的特殊性与西方的普世主义之间的对

① 参见费孝通：《关于“文化自觉”的一些自白》，《学术研究》2003年第7期。

② 参见中共中央文献研究室编：《十七大以来重要文献选编》（下），中央文献出版社2013年版，第562页。

③ 参见王春风：《文化民族主义研究综述》，《贵州民族研究》2008年第4期。

④ 西方有学者认为，法国的民族主义理论是政治民族主义，而赫尔德的思想则开创了文化民族主义的先河。参见钱雪梅：《文化民族主义的理论基础》，《世界民族》2001年第2期。

⑤ 钱雪梅：《文化民族主义刍论》，《世界民族》2000年第4期。

抗日益激烈；在民族和宗教领域，极端民族主义与原教旨主义盛行；在思想理论领域，塞缪尔·亨廷顿(Samuel Huntington)的"文明冲突论"与约瑟夫·奈(Joseph Nye)的"软实力理论"激发了各民族国家的"文化寻根意识"。

中国的文化民族主义产生于甲午战后文化危机与民族危机并存的背景下。戊戌变法时期，康有为、梁启超提出"保国、保种、保教"，主张立孔教与基督教抗衡，文化民族主义初露头角。辛亥革命时期，革命派主张"爱国以学"[①]，复兴中国文化。辛亥革命后的欧战暴露了西方文明的"没落"，梁启超、梁漱溟等人提出中国文化的自创性问题，要以中国文明去拯救哀哀欲绝的欧洲民族。梁漱溟更是断言全世界必将走上中国的路向，实现"东方化"，成为近代文化民族主义发展到巅峰的标志。[②] "五四"时期，来自西方的"科学"和"民主"从各个层面挑战传统文化的正当性。"文化大革命"对传统文化进行了从物质到精神的大规模破坏。20世纪80年代，批判传统、否定传统成为时尚，"全盘西化论"甚嚣尘上。而此时，在中国之外，东亚经济的成功使"儒家资本主义"成为焦点。20世纪90年代以来，文化民族主义在中国再度兴起，在"国学热"浪潮中精英与大众共同强调回归传统。

文化民族主义自产生以来，在不同的国情和历史条件下逐渐演变出多种表现方式：强势国家的积极进攻，弱势国家的消极防御、温和的保守、极端的排外等。但无论哪种形式的文化民族主义都没有偏离原生态文化民族主义以本民族文化为主体、保护和弘扬本民族传统文化这一核心。因此，从本质上说，文化民族主义"实为民族主义在文化问题上的集中表现。它坚信民族固有文化的优越性，认同文化传统，并要求从文化上将民族统一起来"[③]。

2. 民族文化自觉

西方学者没有明确提出"文化自觉"这一概念，但在他们的文化研究中频繁使用的"文化反思""文化反省""文化批判"等实质上就是"文化自觉"的具体形态。从世界范围看，西方人文精神发展过程中的三次思想解放运动(公元前5世纪到公元前4世纪古希腊的智者运动提出"人是万物的尺度"，14～16世纪欧洲文艺复兴提倡人文主义，17～18世纪启蒙运动提倡理性主

① 郑师渠：《近代中国的文化民族主义》，《历史研究》1995年第5期。
② 参见郑师渠：《近代中国的文化民族主义》，《历史研究》1995年第5期。
③ 郑师渠：《近代中国的文化民族主义》，《历史研究》1995年第5期。

义),可以说是西方文化自觉的开始。文化自觉在20世纪的凸显根源于对理性文化危机进行的反思。以法兰克福学派为代表的西方文化批判理论将20世纪的文化自觉思想推向了高潮。后现代主义思潮把文化批判的主题一直延伸到21世纪。

对于费孝通提出的“文化自觉”概念,有学者认为其有三层意蕴:第一,自觉延续民族文化中具有普适性意义的部分;第二,注重理解和诠释他者文化的经验和长处,自觉吸收他者文化中的精华;第三,在分析、比较、鉴别、吸取和整合传统文化、他者文化的过程中,自觉实现文化创新。[①] 这三个层次意味着民族文化自觉既要考虑本民族文化,也要借鉴他者文化,还要兼顾二者的融合。费孝通认为,民族文化自觉是一定的民族文化在文化全球化背景下形成的。但纵观历史,凡是经历了大繁荣大发展对经济社会起过积极作用的文化大都经历了文化自觉的过程,只是这个自觉的过程有时可能是潜意识的。中华文化如果没有文化自觉的优秀传统,就不可能有这般的源远流长,博大精深。春秋战国诸子百家争鸣促进了秦汉文化的转型和繁荣,两宋理学促进了儒家思想的新发展,近代新文化运动使中国文化告别了古典主义迈向现代新型文化,社会主义和谐文化则是面对现代化和全球化的文化自觉,这些都是历史上文化自觉的典型表现。

基于概念和发展脉络的梳理与归纳,可见产生于不同历史条件下的文化民族主义与民族文化自觉,虽然都是基于维护民族文化生存与发展的诉求,但它们在文化立场、表现形态和思想旨趣方面是有本质区别的。

(二)文化立场、表现形态与思想旨趣

1.民族文化、他者文化、多元文化:文化立场的异同

文化民族主义的根基和前提是对民族文化的认同,具体表现为弘扬本民族历史文化传统,维护本土文化的独立性。但文化民族主义的认同往往是对本民族文化盲目崇尚全盘接受,对他者文化则持偏见和贬抑,是将民族文化与他者文化割裂的二元对立。它不同程度地体现于各种形式的文化民族主义中,弱势国家的文化民族主义出于捍卫民族尊严的心理以及强烈的危机感和复兴意识,往往大力宣扬本民族文化的优越性。如近代中国文化

---

① 参见李艳:《文化自觉的三重释义》,《东北师范大学学报》(社会哲学科学版)2012年第4期。

民族主义就存在明显的“隆中抑西”[①]倾向。强势国家的文化民族主义则大规模输出本民族价值观念、政治理念，以居高临下的态势俯瞰其他文化。极端的文化民族主义表现为极端排外，过分强调本民族文化、习俗和生活方式的纯洁性。

民族文化自觉的根基和前提也是民族文化认同。具体表现为对民族文化的精神、价值、样式、定位予以认同。在民族文化认同的前提之下是全面了解民族文化的优劣，同时注重理解和诠释他者文化的经验和长处，在多元文化共存中通过交流、吸收和整合，增强各自的文化力量，形成一种和谐的文化理念。费孝通的“各美其美，美人之美，美美与共，天下大同”[②]就准确概括了文化自觉对民族文化、他者文化与多元文化的基本立场。

民族文化认同的实质就是坚守民族文化的主体地位。从这一点看，文化民族主义与民族文化自觉是相通的，文化民族主义意识甚至可以说是民族文化自觉的起点，因为文化民族主义的产生意味着民族文化的觉醒，没有觉醒就谈不上认同。文化觉醒对争取民族独立与解放抵抗外来文化冲击尤为重要，对抵制全球化时代西方文化强势扩张也同样重要。但文化觉醒如果没有理性的认知引导，就容易走向僵化保守或激进极端。对传统文化的认同内含着对民族文化优劣的自知、对他者文化的尊重和对多元文化的包容，这往往是民族文化自觉与文化民族主义在文化立场上的根本差异。

2.文化比较、文化反思与文化批判：表现形态的异同

文化比较是达到文化自觉的桥梁和途径。只有在多种文化的参照下，才能清楚地认识本民族文化。文化自觉所要求的文化比较是全面、客观、辩证的比较。思维方式上西方人注重理性思辨和实证分析，中国人注重直观、整体、经验；价值取向上，西方人重自我、个人、竞争，中国人重群体、社会、和谐；伦理道德上，西方人重创新发展，张扬荣誉，中国人注重谦虚谨慎，不偏不倚；社会关系上，西方人重利、重法，中国人重义、重情的行为规范；西方强调平等意识，中国强调等级观念；等等。这些文化价值只有在比较中才被明确认知，文化自觉之路也才得以展开。而文化民族主义在文化比较中往往过多强调民族文化的差异性，如近代中国东方文化派提出的东西方精神文

---

① 郭湛波：《近五十年中国思想史》，山东人民出版社1997年版，第140页。

② 《费孝通文集》第14卷，群言出版社1999年版，第196页。

明与物质文明之别、高雅与粗俗之别，西方文化霸权主义强调的先进文化与落后文化之别等，这种比较是偏见的、主观的、片面的。

文化反思是文化自觉的本质体现。费孝通指出："文化自觉的含义应该包括对自身文明和他人文明的反思，对自身的反思往往有助于理解不同文明之间的关系。"①文化自觉一般是在重大灾难或民族危机之后对自己的文化来源、优劣、得失的一种深刻反思。例如，生态和社会危机引发了西方文化现代性的反思。日益深重的民族灾难和复兴中华民族文化的强烈愿望引发了近现代中国对传统文化的全面反思。文化民族主义因民族文化优越意识而缺少对民族文化的理性反思。在中国近现代史上的"中体西用论""儒学复兴论""中国本位文化论"等都是拒绝对本民族文化进行反思的典型。缺乏文化反思意识容易导致因循守旧的文化心理和顽固偏执的文化意识。

文化批判是文化自觉的动力。"所谓文化批判，就是指人类对自身存在方式及其演变过程的检视和反思，抑或是一种面对文化危机而进行的文化反抗和文化治理。"②文化批判反映了人觉醒的程度，是人的自觉意识达到费孝通所言"自知之明"的动力。20世纪对理性主义的批判使西方文化的自觉向前大大迈进一步。中国文化也是在批判西方文化及中国传统文化的劣根性中达到对自身文化精髓的认知。没有新文化运动对中国传统文化的严厉批判，就不可能自觉吸收西方"民主""科学"的文化精华。但文化批判如果没有文化自觉的引导，就会陷入盲目和随意。激进的文化民族主义对他者文化的批判就存在这种倾向，这也是新文化运动全盘否定传统文化的缺陷所在。而文化自觉如果缺少文化批判的武器，就会失去活力和创造性。保守的文化民族主义往往缺乏批判精神。

3. 民族文化的坚守、转型与创新：思想旨趣的异同

无论在西方还是在东方，以坚守民族文化来抗争文化入侵、争取民族独立都是文化民族主义最根本的思想旨趣。《辛丑条约》后，列强侵华策略由炮舰政策转向文化扩张，在国粹派知识分子看来，国家形式的消亡还不是真正的民族灭亡，而民族文化毁灭了，民族就失去了立命的根基。基于这种认识，文化民族主义坚守民族文化以抵抗他者文化便具有了历史和时代的合

---

① 费孝通：《"美美与共"和人类文明》(下)，《群言》2005年第2期。

② 李金齐：《文化理想、文化批判、文化创造与文化自觉》，《思想战线》2009年第1期。

理性。但近代中国的文化民族主义没能在坚守民族文化的基础上进行创新性的传承，这与后来新文化运动中对传统文化的全盘否定不无关联。然而这与同在外族入侵下产生的德国文化民族主义有很大的不同。德国的知识分子在坚守民族传统文化的同时进行了创新性的传承，在文学艺术领域有歌德、席勒、贝多芬，社会科学领域则有康德、费希特、黑格尔、费尔巴哈，他们的成果促进了德意志民族文化的空前发展。可见墨守成规的坚守并不能真正传承民族文化，民族文化只有在转型和创新中才能得到真正的延续。

文化自觉在坚守民族文化主体性的基础上，致力于实现两个目标：一是文化转型，即从传统文化向现代文化转型（费孝通认为民族文化面对环境的变迁“只有从文化转型上求生路”①）。二是文化创新，即在比较、反思、批判、融合民族文化与他者文化中使新的文化要素不断形成，最终“创造一个新的文化的发展”②。民族文化的转型与创新是文化发展的本质需要。没有民族文化在新时代新环境下的转型与创新，就不可能具有代代相传、与时俱进的旺盛生命力。文化的转型与创新最终达到“和其他文化一起，取长补短，共同建立一个有共同认可的基本秩序和一套与各种文化能和平共处、各抒所长、联手发展的共处守则”③，这是文化自觉的基本旨趣所在。

（三）从文化民族主义到民族文化自觉

1. 文化民族主义的当代价值与困境

全球化时代，只要民族国家还存在，民族主义就会存在，文化民族主义也必然会以不同的形式存在。在全球化的背景下，任何国家都日益重视本民族的文化资源，特别是发展中国家纷纷尝试着用本民族传统文化去抵制西方文化的文化霸权和普世主义，日益显示出文化民族主义的当代价值。对中国而言，中国传统文化自鸦片战争以来，由于受到新文化运动和“文化大革命”的冲击，因而没有在现代化和全球化大潮中取得相应的地位。在社会大转型大变迁的时代，特别需要从传统文化中汲取理想、价值和道德资源，为民族的进一步发展提供目标、动力和凝聚力，因此文化民族主义对中

---

① 费孝通：《文化自觉的思想来源与现实意义》，《文史哲》2003 年第 3 期。

② 费孝通：《脚步，是文化的刻度：费孝通文化随笔》，北京联合出版公司 2018 年版，第 251 页。

③ 费孝通：《个人·群体·社会——一生学术历程的自我思考》，《北京大学学报》（哲学社会科学版）1994 年第 1 期。

国而言具有不可忽视的当代价值。

然而，文化民族主义的固有缺陷和时代困境也日益凸显。首先，在强烈的民族感情驱动下，文化民族主义存在非理性因素，在实践中很容易走向极端，如民族独立进程中的“盲目排外”、文化比较中的“文化优越论”、全球化进程中的“文化虚无”等。即使在一定历史时期起到过积极作用的文化民族主义，在非理性因素的作用下也会走向极端：德国的文化民族主义演化为帝国主义的泛日耳曼运动；东欧的斯拉夫主义发展为泛斯拉夫主义，成为俄罗斯帝国扩张的工具；日本的“大和民族优秀论”最终演变为“泛亚洲主义”和“大东亚共荣圈”，成为其帝国侵略的意识形态基础。虽然这不是文化民族主义的主流，但对作为全球化和现代性的本能反应的文化民族主义进行理性引导是激活文化民族主义当代价值的有效途径。其次，文化民族主义面临现代化与全球化带来的转型困境。各种传统文化在现代化与全球化所带来的“同质化”中被突破、重新评价，甚至被系统解构，因此“任何一个国家在走向现代化的进程中，必须要经历一个本土化的文化洗礼。每一个民族都要在全球文化和本土文化的张力之中，自觉调动起本民族优秀的文化和精神资源来为现代新文化的重建服务”①。然而，由于缺少理性的文化反思、文化比较和文化批判，文化民族主义不能主动地、积极地在现代化与全球化进程中实现民族文化的转型与创新以提高民族传统文化自身的适应性和免疫力，进而调动民族文化资源参与全球文明建设。因此，不对文化民族主义作正确引导就无法发挥其当代价值。

2. 以民族文化自觉引导文化民族主义

文化民族主义与民族文化自觉的关系类似于哲学上的“自发”与“自觉”的关系。自发和自觉是互相包含的共生关系，正如列宁所说的那样，“自发因素”实质上无非自觉性的萌芽状态。② 自觉性是从自发性发展而来的，没有自发也就谈不上自觉。但是没有自觉作为提升和指引，自发就会产生消极影响。在此意义上，我们不能否定文化民族主义对走向民族文化自觉的启蒙和基奠作用，没有文化民族主义的影响，我们很难在西方文化强势话语环境中形成对本民族文化主体性的坚定认同。但文化的发展不能停留在受

① 邹广文：《现代性语境下的中华文化自觉》，《光明日报》2009年3月17日。

② 参见《列宁选集》第1卷，人民出版社2012年版，第317页。

动的、盲目的自发状态。没有欧洲启蒙思想的引导,德国文化民族主义就无法真正确立德国的文化自信。没有文化自觉对文化民族主义的提升和引导,文化民族主义就无法克服固有的缺陷,走出固有的困境,对全球化时代民族文化的转型与发展可能产生消极影响。文化自觉对文化民族主义的引导主要体现在三个方面:第一,在现代化的脉络中审视民族传统文化,抓住文化民族主义兴起的机遇重建民族复兴的精神家园;第二,立足全球化,把弘扬民族文化传统的文化民族主义看作增强国家文化软实力的有力工具;第三,通过主动性、预见性和创造性的文化实践,包括开发文化资源、推进文化产业、健全文化体制、创造优势文化产品,推动文化发展不断由自发走向自觉,使当代中国的文化民族主义成为文化全球化浪潮下应对文化冲突、促进文化转型、完成文化创新的有力武器。

二、中国文化主体性的迷失及其学理背景

中国文化主体性问题关涉中国文化在现代化进程中的地位和命运,关涉中国作为一个文明古国在全球化浪潮中的自我定位、发展路向和民族认同。这一问题诞生于中西比较的视野之中,而这一比较的理论视野往往围绕着传统与现代、先进与落后、孰优与孰劣展开,以致中国传统文化自身的主体性被重重遮蔽。鸦片战争以来,中国知识分子最割舍不去、最萦绕于怀的即是这一比较。中国文化主体性自此被一代又一代学人广泛讨论,孜孜以求。20 世纪 90 年代以后,伴随着费孝通先生在许多场合阐发和宣传“文化自觉”的基本理念,文化主体性问题再度成为学界热点。历史发展到今天,中国的崛起世界瞩目,重树文化主体性也成为一个民族性的期待。要实现这一期待,亟须澄清中国文化主体性失落的学理背景,完成对它的超越。中国文化主体性失落的原因,在“落后就要挨打”的逻辑之外,现代性扩张中文化进化论的高歌猛进也是一个非常重要的因素。当下,中国政治、经济、文化的发展世界瞩目,重树中国文化主体性的现实条件正在充分孕育,其实现图景空前清晰。

(一)文化主体性与中国文化主体性的失落

要理解文化主体性,首先需要明确何为主体性。而要界定主体性,则必

须回答主体是什么。所谓“主体”,显然不是一个独立的范畴,它与客体形成一种相互对待、相互依存、互为中介、共生并存的关系。因此,主体是一个对象性范畴,只有在与客体的对象性关系中才能获得自己的规定。这也就意味着谈论主体就会有一个参照系。不仅如此,人们在谈论主体时自己并不独立于主体之外,而是呈现为一种自己谈论自己的状态,也就是说,谈论者即是谈论的对象本身。这种自我相关和缠绕,决定了给出主体概念就意味着一种自我确认。在现实的主客体关系中,主体总是把自己的存在(即“我”)当作一个自明的前提。只要人作为主体存在着,他就是主客体关系的中心。因此,主体性乃是从自己出发、以自己为主,在为我性的对象性实践活动中产生和发挥的自主性、自为性、能动性、创造性。理解文化主体性,也是要从这样的基本思路出发。也就是说,文化主体性问题的讨论,要有一个“非我”的确立,“非我”的确立,同时就是“自我”(主体)的呈现。当一种文化与另一种文化相遇时,这种文化才有了外来文化的参照系,才谈得上文化主体性问题。而且,谈论文化主体性同样要有“从自己出发、以自己为主,为我”的基本立场。因此,所谓文化主体性,是指一种文化在与外来文化相遇时,既能自觉自省,又能自尊自重,且在此基础上产生积极的适应性与创造性。

谈论中国文化的主体性,是近代以来的事情。近代以前,中国文化的演进具有鲜明的道统相继的意味。“殷因于夏礼,所损益可知也;周因于殷礼,所损益可知也;其或继周者,虽百世可知也。”(《论语·为政》)对于中国古代文化而言,它习惯于因循守成,恪守祖训,反对任何震荡式的过激文化行为,以对传统文化不断损益来推动其内部更新,体现为一种嬗变式的自我延伸。1840年鸦片战争之后,随着西方列强对华侵略的步步加深,中国遭遇了亘古未有的大变局。中国与西方的相遇使“认识中国”成为近代以来国人的一个无可逃避的任务。如此一来,中国文化即成了一个被认识、被审视的对象,成了主客体关系中的客体:既是有待西方认识的对象,又是有待国人剖析的对象。这就造就了一个谈论中国文化主体性的语境。

历史提供了一个在西方观照下认识中国的场域。人们看到的是昔日雄居东方的天朝上国疆土日削,主权日丧。向来处于独尊地位的传统文化与挟着坚船利炮骎骎东下的资本主义文化相遇后遭受了猛烈冲击,在这场古今中西的文化大交锋中衰疲不支而节节败下阵来。面对西方列强的坚船利炮以及民族的生存危机，国人的失败感和挫折感可谓空前绝后。“师夷长技以制夷”的主张逐渐发展为一股洋务思潮，中国人开始在近代军工业、交通运输、制造业等方面掀起了效法西方的自强运动。虽然洋务派在主观上始终想把西学输入的范围控制在属于器艺层面的应用技术和自然科学方面，但文化的有机性使得“体”“用”之间并不存在一个清晰的界限，这种限制的努力也逐步落空。王韬、薛福成、郑观应等少数原先持洋务观点的人，越出了效法西方器艺的界限，提出了在中国实行“君民共主”的政治设想。可见，洋务运动时期内容受到一定限制的西学输入，仍对异常凝固的传统文化整体起着徐徐侵蚀、层层分解的作用。洋务运动、戊戌变法和辛亥革命、“五四”新文化运动的历时展开，蕴含着经济、政治、文化层层递进的逻辑，国人一步步把“积穷积弱”“落后挨打”的根源归咎于“文化”。当时的志士仁人认为找到了中国落后的总根源，开始对传统文化进行大肆批判：“二千年来之学，荀学也，皆乡愿也。惟大盗利用乡愿；惟乡愿工媚大盗。二者交相资，而罔不托之于孔。”[①]胡适也说：“我们必须承认我们百事不如人，不但物质机械上不如人，不但政治制度不如人，并且道德不如人，知识不如人，文学不如人，音乐不如人，艺术不如人，身体不如人。”[②]

有学者指出：“在19世纪末至20世纪20年代初，自卑于自己的民族文化是当时中国人普遍的文化心理。”[③]伴随着鸦片战争、中法战争、中日甲午战争等一系列军事、政治事件，每一次民族危机都加重了国人对自身文化的失望，甚至伴随着对自身文化的否定。通过译书流布国内的天文学“日心说”和牛顿天体力学、物理学之“以太说”、化学之物质不灭原理、古地质学与古生物学所涉之进化论等成为知识界的流行话语，诸如“天演”“天择”“进化”“进步”“物竞”“竞争”“适存”“优胜”“劣汰”“自强”“自立”等，成为社会最流行的口头禅。在关系到人们精神追求的文学领域，梁启超倡导的“诗界革命”“文界革命”“小说界革命”，一经提出就应者云集。梁启超在当时就说：“古诗孔雀东南飞一篇，千七百余字，号称古今第一长篇诗。诗虽奇绝，亦只

---

① 《谭嗣同全集》，三联书店1954年版，第337页。

② 转引自葛懋春、李兴芝编：《胡适哲学思想资料选》上册，华东师范大学出版社1981年版，第345页。

③ 封海清：《从文化自卑到文化自觉——20世纪20～30年代中国文化走向的转变》，《云南社会科学》2006年第5期。

儿女子语，于世运无影响也。中国结习，薄今爱古，无论学问文章事业，皆以古人为不可几及。余生平最恶闻此言。窃谓自今以往，其进步之远轶前代，固不待蓍龟，即并世人物，亦何遽让于古所云哉。”①胡适认为古文该“死”、古文学的时代已经过去，陈独秀认为“新旧之间，绝无调和两存之余地”②，鲁迅建议年青人“宁可读外国书”……而在关系到人们生命保障的医学领域，作为“中学”一部分的中医，由于被评价为“落后、迷信、不科学”，中医表达自身的话语权也逐渐发生了转移，被戴上“旧医”“封建医”“玄学医”等帽子。傅斯年在《大公报》上发表题为《所谓“国医”》的评论：“受了新式教育的人，还在那里听中医的五行、六气等等胡说！自命为提倡近代化的人，还在那里以政治的或社会的力量作中医的护法者！这岂不是明显表示中国人的脑筋仿佛根本有问题？……到今天还在那里争着中医、西医，岂不使全世界觉得中国人另是人类之一种！办了四十年学校不能脱离这个中世纪的阶段，岂不使人觉得教育的前途仍是枉然！”③

这无不表明，在那个激进的年代，传统文化的“体”发生了根本性的动摇，它在人们心目中不仅是无能的化身，而且是“落后”的代名词。对传统文化的焦虑、失望甚至痛恨成了当时的一种普遍心态。陈序经就曾说：“从文化发展上看来，西洋近代的文化的确比我们的进步得多，它的思想，也的确比中国的思想为高。西洋文化无论在思想上，艺术上，科学上，政治上，教育上，宗教上，哲学上，文学上，都比中国的好。至于在衣，食，住，行的生活上头，我们更不及西洋人的讲究。”④“从东西文化的程度来看，我们无论在文化哪一方面，都没有人家那样进步。从文化本身的各方面的连带关系来看，我们不能随意地取长补短。从东西文化的内容来看，我们所有的东西，人家统统有，可是人家所有的很多东西，我们却没有。从文化的各方面比较来看，我们所觉为最好的东西，远不如人家的好，可是我们所觉为坏的东西，还坏过人家所觉为坏的千万倍。”⑤中国文化主体性的失落之境况由此可见一斑。

---

① 梁启超：《饮冰室诗话》，时代文艺出版社 1998 年版，第 4 页。

② 参见鲁迅：《华盖集》，中央编译出版社 2012 年版，第 4 页。

③ 《傅斯年全集》第 5 卷，湖南教育出版社 2003 年版，第 431 页。

④ 转引自余定邦、牛军凯编：《陈序经文集》，中山大学出版社 2004 年版，第 8～9 页。

⑤ 转引自杨深：《走出东方——陈序经文化论著辑要》，中国广播电视出版社 1995 年版，第 255～256 页。

时至今日，伴随着经济全球化的发展，世界进入了全球化时代，文化发展也呈现出全球化、多元化的趋势。作为发展中国家，我们毕竟还处于从农业文明走向工业文明的过程中，相对于后工业化、信息化文明，我们的文化从影响力等方面来说还是一种势单力薄的弱势文化。那种认为全球化就是全球资本主义化的观点，以及试图通过全盘西化或完全移植西方文化以彻底改造中国的观点，无不是文化主体性没有得到树立的表现。

(二)中国文化主体性失落的学理因素

近代以来，中国传统思想文化每况愈下的境遇固然与“落后就要挨打”的逻辑分不开，与中国社会和制度方面的大动荡、大变革分不开，但是，如果不能澄清其背后的学理因素，对于中国文化主体性失落的缘由追溯，则显然是不全面的。一旦要对这个问题进行分析，即可发现，其中蕴含着旧不如新、迎新弃旧的文化进化论的逻辑。

如果要对近代中国的中西文化比较主体作一概括，不难看出，他们是集学者、政治家、启蒙思想家和社会改革家于一身的人物。特殊的时代课题，使得这些拥有广博深厚的学术积累、谋求中国现代化的价值追求以及深邃的思维和社会变革活动的经历的群体所进行的中西文化比较，不同于一般的学术研究，救亡图存是这一群体思考一切问题的中心和出发点。他们在进行两种文化的比较时，总是免不了以审视西方来分析中国失败的原因，进而谋求救国之路。

在生存危机的笼罩下，中国的知识分子对西方进化思想的学习显得愈发急迫。受《天演论》影响，进化论思想受到社会的广泛关注，人们对中西关系的认识也主要在这一视角下定位。中西之间的差异不再被视作各有“体”“用”的文化上的差异，而是被解读为时间上的差异、传统与现代的对抗、进化时序上的先后。接受了进化论的中国人开始放弃传统的“天理”“人欲”之辨、善恶正邪之分的评判事物的标准，转而以新与旧、中与西、进步与落后的标准来判断一切。

以对中医的批判为例，恰恰是进化论思想给予了批判中医论者政治上的正当性，使中医得到“落后”的价值评价，成为废止中医的思想来源之一。在国民政府卫生部召开的第一届中央卫生委员会议上，余云岫提出《废止旧医以扫除医事卫生障碍案》，即是以进化论思想为利器刺向中医的。余云岫的结论乃是:“要而言之,旧医一日不除,民众思想一日不变,新医事业一日不向上,卫生行政一日不能进展,本委员十余年来研究我国医学革命,对于旧医底蕴,知之甚悉,驳之甚详;为民族进化计,为民生改善计,不可不取断然手段。”[①]在这里,中医即为“旧医”,西医即为“新医”。从先前中西横向比较的空间观向新旧纵向对比的时间观转变,中西医价值比较的天平迅速向西医倾斜。站在预定的立场上,一旧一新,“落后”便成为中医的题中之义。既然被判定为落后的东西,那么就是阻碍进步、阻碍改革、阻碍社会发展的绊脚石,自然在现实中就缺乏生存合法性。于是,废止中医便成为既合乎逻辑又合乎时代潮流之事,进而对中医的批判也便有了政治上的正当性和时代的先进性。

新胜过旧的逻辑将“新”神圣化、经典化,知识者心态也由厚古薄今彻底翻转为厚今薄古,形成一种崇信新生事物的心理。中与西也就分别被贴上了“落后”与“先进”的标签,科学就是先进者的独门秘籍,是先进的化身。通过此番推理,科学就拥有了道德上的正当性与在全世界的普适性。如胡适所言:“自从中国讲变法维新以来,没有一个自命为新人物的人敢公然诽谤‘科学’的。”[②]中西文化之争变成了新旧之争,学界关于东西文化论争的话语模式,也转变为新学与旧学、现代与传统、进步与落后二分法的话语模式。作为全盘西化论者的陈序经认为,“学固有新旧之分,然没有东西、中外之分。质言之,学固有时间上的差异,而没有空间的不同”[③]。这种言论体现的乃是文化进化论视野下的肯定与否定之判断,正是当时的人们在此鼓舞下而形成的横绝千古气势的体现。

文化进化论当时在中国之所以能够拥有强势话语,既有中国当时特殊历史背景的强化,也与世界范围内文化进化论的发展和传播密切相关。从达尔文的生物进化论出发,文化进化论者以划分生物种群的方式来研究人类的文化,所注重的是文化形态发展的阶段性变迁,而不是某一文化形态自身的发展。文化进化就是一个以必然而又自然的前进顺序衔接起来的过程。它改变了人们看待世界的方式,人们开始将世界看成是一种进化的结

---

① 转引自刘理想:《试论进化论思想对近代中西医论争的影响》,《医学与哲学》2007年第3期。

② 转引自葛懋春、李兴芝编:《胡适哲学思想资料选》(上),华东师范大学出版社1981年版,第282页。

③ 陈序经:《东西文化观》,中国人民大学出版社2004年版,第102页。

果，相信未来会越来越好，社会将随着进化的过程而日趋完善。同一时代各民族文化之所以存在较大的差异，就在于它们是分别处于人类文化进化的不同阶段。因此，将同一时代存在的各种不同的文化形态按一定的次序排列起来，就形成了人类文化发展的序列。文化进化论者试图以理性和科学普遍性解释所有的不同文化模式。在这种视野中，不同文化并不能够有一种独立的或者不可还原的"本质和存在"，要想完整解释它，就必须经由现代的逻辑和理性的通道。文化进化论也因而充满了自信，自认为正领导着时代的先进潮流。从文化进化论旗手的言论可以看出，他们对于自身抱着坚定的信念。泰勒在《原始文化》一书的结尾处写道："尽管这一工作至今成果不多，但对于人类幸福却是紧迫而必须的。从本质上说，文化科学有助于促进进步和排除障碍，是改革者的学说。"[①]也就是说，文化进化论者认为，所有文化形态都朝着一个共同的目标进化，但由于种种原因，它们的进化速度快慢不一，从而导致现存的各文化形态实际上处在整个进化链条的不同阶段，它们之间存在着简单与复杂、先进与落后之分。

在这种背景下，进化可以说是对近代以来的中国影响最大的观念之一，成为近现代中国人所普遍持有的进步主义信念的思想基础。这种文化比较的话语模式，在赋予西方文化现代性的同时，也赋予了西方文化普遍主义的优势地位，使之具有了世界文化的含义。直到当代，国际竞争、发展等话语中仍然隐含着进化的含义。正是这种语境，建构了近代中西文化对话、沟通、比较的平台，同时也形成了一种延续至今的文化比较模式，遮蔽了中国文化的主体性。

（三）重树中国文化主体性的现实期待

近代以来，由于西方的势力和理论一直主宰着全世界，中国理论界也主要使用西方理论来认识自己。有学者对于 20 世纪末的中国学界的状况作过这样的概括："由于片面追求直接对话，一些研究越来越成为一种与中国社会生活不甚相干的智力游戏。尽管从知识积累的角度来看，这种游戏也是有意义的，甚至是知识进步的一个重要动力与机制，但过于热衷于脱离自

---

① 转引自[日]绫部恒雄：《文化人类学的十五种理论》，中国社会科学院日本研究所社会文化室译，国际文化出版公司 1988 年版，第 4 页。

己所在社会基本问题的智力游戏，总不能说是正常的。”[①]这种为接轨而生硬照搬、移植的做法及其所引起的争论存在于法学、经济学、历史学等人文社会科学的诸领域。[②] 这些悖论的被发现恰恰是反思中国文化主体性问题的契机与起点。费孝通先生晚年提出的“文化自觉”概念即是这一情形的集中体现。

20 世纪 90 年代以来，在国际上享有崇高声望的社会学家、人类学家、民族学家费孝通先生提出来一个重要理念——“文化自觉”。他说，“文化自觉”的意义在于生活在一定文化中的人对其文化有“自知之明”，其目的在于加强文化转型的自主能力，取得决定适应新环境、新时代文化选择的自主地位。[③] 在谈到“文化自觉”理念的产生过程时，费孝通先生说，这个概念是在 1997 年北京大学举办的第二届社会学人类学高级研讨班上“作闭幕发言中冒出来的”。但是，思想的来源，可以追溯到 20 世纪前半叶，那时“中国思想的主流一直是围绕着民族认同和文化认同而发展的，以各种方式出现的有关中西文化的长期争论，归根结底只是这样一个问题，就是在西方文化的强烈冲击下，现代中国人究竟能不能继续保持原有的文化认同？还是必须向西方文化认同？”[④]可以看出，“文化自觉”概念的指向即是中国文化主体性的重建。

唯物史观认为，社会存在决定社会意识。文化主体性问题在学术上的觉醒，归根结底则来自中国的发展。改革开放以来，中国取得了举世瞩目的巨大成就，经济、政治、科技、文化和社会管理各方面获得了革命性发展，取得了极大进步，成为拉动世界经济增长、维护世界和平的重要力量。中国的快速发展所遭遇的挑战和困难几乎是全方位的，但是中国走出了一条理论自信、道路自信、制度自信的现代化建设之路，在国际上树立起全新的大国形象。进化论的逻辑已经不能再把中国视作发展链条中落后的一环。中国的发展实践和成功经验，蕴含着先进思想理论的伟大创造，蕴含着对人类文明进步的积极贡献，也为重树中国文化主体性奠定了坚实的社会基础。学

---

① 孙立平：《在学科共同体中寻求社会学的发展》，《中国社会科学》2000 年第 1 期。

② 参见郝书翠：《中西文化比较中二元对立倾向的文化学依据——从有关“李约瑟难题”真伪的争论谈起》，《科学技术哲学研究》2010 年第 2 期。

③ 参见费孝通：《关于“文化自觉”的一些自白》，《学术研究》2003 年第 7 期。

④ 费孝通：《文化自觉的思想来源与现实意义》，《文史哲》2003 年第 3 期。

界普遍意识到，如今伴随着中国的崛起，“中国问题”正在受到国际学术界越来越多的关注，两个多世纪以来学术文化“引进来”的局面由此面临转机，借助于改革开放的伟大力量，中国学术正在恢复元气，重建信心，“中国文化走出去”也成为一股愈来愈强大的潮流。正像有学者说的那样，“我们欣喜地发现，中国学术走向世界正当其时，中国学术再创辉煌的历史时刻正在逼近”[①]。

三、中国文化主体性的意识形态属性及其实现

任何理论研究都要和现实结合起来，这既是作为马克思主义者的必备素质，也是马克思主义理论研究的必然要求。对于中国文化主体性的研究同样需要把这一研究与中国特色社会主义结合起来，这就使得马克思主义话语权的研究成为中国文化主体性研究的题中之义。马克思主义作为知识形态的思想体系，是科学、哲学与意识形态的统一，这使得马克思主义话语权研究呈现出以上三种相互分立又彼此联系、相互贯通、归于统一的三种视角。如果说科学视角下马克思主义话语权的实现在于真理性的宣示和论证，哲学视角下马克思主义话语权的实现在于揭示辩证唯物主义、历史唯物主义世界观和方法论对于现实生活的指导价值，那么意识形态视角下马克思主义话语权的实现则是侧重于揭示作为思想体系的马克思主义担当国家主导意识形态的资质和能力。意识形态视阈马克思主义话语权的实现路径应当与讲好中国故事相结合，应当培育有理论造诣和传播技艺的主体力量，同时面向重点群体、重要场域开发适宜的路径。

（一）马克思主义话语权研究的历史回顾

1. 马克思主义话语权研究在中国兴起的缘由

中国关于“话语权”的研究始自21世纪初。自2004年开始，关于话语权的研究逐渐成为新兴话题，成为意识形态领域增强马克思主义指导地位研究的新视角。研究的缘由在于面对改革开放之后意识形态领域社会思潮日益活跃以及西方自由主义思潮被作为普世价值受到很多人追捧的现状，作为主导意识形态的马克思主义话语空间遭到挤压，甚至出现被边缘化的

① 俞吾金：《中国学术走向世界正当其时》，《中国社会科学报》2012年12月2日。

尴尬状态。意识形态领域的挑战急需学术界对马克思主义作出科学的、有说服力的创新性解释，在这种背景下，一批学者较早提出“意识形态领域马克思主义话语权的重建”这一课题，成为当时意识形态研究的时代强音和现实诉求。可以说，马克思主义话语权研究始自对西方文化霸权主义思潮的抵制，源自对自身意识形态的自我认同诉求，虽然带有被动回应的色彩，但也是知识界对自身意识形态的主体性表达。

2.马克思主义话语权研究的历史回顾

知识界对马克思主义话语权的研究大致沿着两种有时分离有时交叉的路径：一种路径基于中国特色社会主义实践的现实基础，立足于国内马克思主义意识形态话语权面临的问题，对马克思主义话语权的理论内涵、机遇挑战和建构路径进行研究，带有鲜明的问题取向和本土意识。它的研究重点在于凸显马克思主义信仰和共产主义信念在话语权建构中的关键作用，2011年之后涌现出一大批有见地的理论成果，马克思主义话语权成为阐释中国梦、社会主义核心价值观、社会认同、马克思主义大众化等当代中国重大现实问题的重要视角。马克思主义话语权研究的另一种路径是基于对国外马克思主义思潮的研究，从理论层面挖掘可以为我所用的理论资源，在对马克思主义话语权的论证上集合东方、西方优势话语，以话语方式创新促进话语效果提升，它的研究重点在于借鉴国外马克思主义理论资源，对于马克思主义话语权进行新的阐释和论证。法国哲学家福柯的话语理论、法国马克思主义理论家阿尔都塞的意识形态国家机器理论以及意大利马克思主义革命家葛兰西的文化领导权理论成为学术界研究的热门话题。

通过对近些年马克思主义话语权研究成果的梳理发现，理论界对于马克思主义话语权问题给予了充分关注，取得了丰富的理论成果，形成了各具特色的研究视角，为今后深化马克思主义话语理论研究作了较好的铺垫，打下坚实的基础，也为当代中国意识形态建设提供了学理支撑。尤其是最近几年的研究做到了与时俱进，将马克思主义话语权作为阐释中国梦、培育和践行社会主义核心价值观、增进共识、建构认同的重要维度，进一步深化了马克思主义话语权研究。

当前，学术界对于马克思主义话语权的研究仍然存在薄弱环节，有一些问题需要突破和深入研究。第一，对马克思主义话语权的理论内涵还没有形成“共识性”表述，还处于争议阶段，有学者干脆认为马克思主义话语权和马克思主义指导地位是内涵等同的概念,“话语权”仅仅是语言表达的创新。概念缺乏明确内涵,制约了对实现方式的深入研究。第二,对于马克思主义话语权的研究缺少辩证思维,表现在对于中国意识形态领域问题的认识上看到的问题、困难和挑战较多,而对于当代中国意识形态建设的有利时机分析较少,导致危机意识、悲观情绪浓厚,对于如何以中国崛起为背景、以打造中国特色话语体系为契机,增强马克思主义话语权的时代命题缺少深入研究。第三,对于马克思主义话语权的实现路径研究偏重理论性,缺乏实证研究的材料支撑;研究结果呈现同质化、重复性,研究视角过于宏观,缺少对具体问题、具体场域、具体受众的研究,因而对策研究较少,并且缺乏针对性,难以为国家意识形态问题研究提供政策性支撑。马克思主义话语权研究亟需解决如下几个命题:概念内涵明确定位问题,辩证看待机遇挑战问题,路径研究的针对性问题。

(二)意识形态视阈下马克思主义话语权理论内涵的当代阐释

纵观中外学者对马克思主义话语权的理论内涵界定,都将话语权定位为马克思主义在社会意识系统的统摄地位或领导地位。这一定位显然是抽象的,对于马克思主义话语权的深入研究,一个前提就是细化、深化、具化对马克思主义话语权理论内涵的阐释。应当区分不同视角下马克思主义话语权的不同呈现形式。从哲学视角看,马克思主义提供了观察自然、社会和人本身的总体视野,确立了人类认识世界的正确方法,作为哲学层次的话语权,它显现为对人们日常生活的指导力;从科学视角看,马克思主义揭示了世界存在的总体表征和未来社会发展的总体走向与发展规律,在话语权方面显现为阐释力和预测力;从意识形态视角来看,马克思主义立足于劳动人民的解放,把人人平等和自由以及人的全面发展作为价值目标,成为无产阶级建构未来社会形态的理论武器,在这一层面它确立起作为信仰的支撑力。通过分层定位,我们看到马克思主义话语权具有指导力、阐释力、预测力和信仰支撑力等多种潜在能力,这是理解马克思主义话语权的前提;以意识形态作为分析马克思主义话语权的视角,应当重点研究作为一个政党或阶级的思想观念体系的马克思主义话语权的理论内涵,它不同于科学和哲学意义上的话语权,它以共识的达成和认同的确立作为话语权实现的标志。从执政党自身认同的角度看,意识形态视阈下的马克思主义话语权是指意识形态的提出者——执政党自身将意识形态诉求转化为自身执政理念并体现为党和国家的方针、政策、法规，使意识形态具备形式和实质上的合法性，上升为国家主导意识形态；从他者认同的视角看，意识形态视阈下的马克思主义话语权是指社会民众对国家主导意识形态的认同，在认知层面表现为对马克思主义立场、观点、方法的赞同以及对非马克思主义思潮有着基本辨识力和抵制力；在行为层面表现为对马克思主义方法论的自觉坚持和对马克思主义价值目标的自觉追求；在信仰层面表现为对马克思主义作为最高精神境界的向往以及由此产生的行为层面的内源性动力。因而，仅仅将马克思主义话语权定位为社会意识系统的定义权、解释权、控制权、主导权，还是一种非常抽象的提法，只有将马克思主义话语权的理论内涵具体阐释，才有利于我们分析马克思主义话语权实现中的问题、发现我们面临的机遇，从而有针对性地构建马克思主义话语权的实现路径。

（三）马克思主义话语权在意识形态领域面临的挑战和机遇分析

马克思主义话语权在当代面临诸多挑战，这是不争的事实。首先，执政党自身认同方面，部分党员、领导干部的思想、行为层面偏离了马克思主义的价值追求和方法论原则，作为国家方针、政策的践行者，在信仰层面动摇了对马克思主义的坚守，在落实国家方针、政策时偏离了马克思主义的人本理念，使得国家方针、政策本身所包含的价值理念得不到贯彻，造成方针、政策失去与马克思主义的关联度。其次，在他者认同方面，20 世纪 80 年代末 90 年代初东欧剧变、苏联解体之后，部分民众将这一事件归因于马克思主义的失败，尤其是中国改革开放之后全球化进程的加速，部分民众对作为意识形态的马克思主义"敬而远之"，不仅对马克思主义作为知识体系的真理性缺乏认知，而且对共产主义理想、信念缺乏基本的坚守，他们只关注当下关系自身的现实利益是否实现，在信仰层面却出现了真空。

马克思主义话语权在当代面临的挑战可以概括为认同危机，而出现认同危机的原因却是复杂的。首先，从马克思主义自身理论发展来看，缺乏创新型话语去体现马克思主义作为主导意识形态的思想依据和价值支撑功能。长期以来，面对社会意识系统其他社会思潮的诘问，我们的理论研究大多处于被动辩护的局面，缺乏面对现实的深入分析，这在一定程度上降低了马克思主义话语的现实解释力和说服力。其次，从马克思主义话语权面临的外部环境看，以西方发达国家为后盾的自由主义思潮借助强大的国家实力大肆宣传自由主义的意识形态，声称人类历史将"终结"于自由主义的意识形态，马克思主义所坚持的共产主义已经"过时"，已经成为一种"历史虚无主义"思潮。自 20 世纪 50 年代以来形成的冷战思维、斗争思维仍然主导着这样一批"理论斗士"，他们将马克思主义视为西方自由主义的对立面，意识形态领域的斗争被作为遏制甚至颠覆社会主义国家的战略之一。

面对社会意识系统的挑战，部分民众陷入悲观情绪，认为是马克思主义的指导思想使中国处于不利的外交环境中，未来中国应当淡化马克思主义意识形态，方针、政策应当"去马克思主义化""去意识形态化"。出现这一悲观情绪的原因在于，他们没有以马克思主义的立场、观点、方法看待当代马克思主义面临的挑战。马克思主义遭遇挑战，这是不争的事实，但是当代社会的发展也同时为马克思主义的"复兴"和"突围"提供了机遇。首先，在自由主义思潮的发源地——当代资本主义国家，开始出现新一轮的"马克思主义热"，出现的原因在于，西方发达国家在实践中出现的危机和困境以及人们对西方进入"后现代社会"的诟病使人们逐渐发现自由主义的局限性。什么是克制资本主义制度弊端的药方？当代西方涌现出一大批理论家，他们重新去解读马克思的重要著作，并在解读中逐渐发现"马克思为什么是对的"[①]，以至于美国马克思主义文化研究学者詹姆逊评论道：20 世纪苏联的解体不是证明马克思主义过时了，而是验证了马克思主义的真理性。苏联解体并不是因为它的社会主义旗帜举错了，而是因为它实施的政策违背了马克思主义的基本原则。[②] 马克思主义的"复兴"成为当代西方思想界的热点之一，人们开始重新认识、解读、评说马克思主义，重新认识它的当代价值。这使得社会意识系统呈现出多元化格局，自由主义的垄断地位也将遭遇挑战。其次，中国的话语权在国际交往领域日渐增强，以马克思主义为指导的当代中国特色社会主义道路、中国特色社会主义理论在国际社会逐渐提高认知和认同度。中国和平发展的道路以及经济社会发展所取得的巨大成就塑造了我国在国际社会中负责任的社会主义大国形象，"中国话语"也开始逐渐走出国门，在处理一些国际事务中享有越来越多的定义权、解释

① 参见[英]特里·伊格尔顿：《马克思为什么是对的》，李杨等译，新星出版社 2011 年版。

② 参见俞可平：《全球化时代的"马克思主义"》，中央编译出版社 1998 年版，第 79 页。

权、控制权和主导权。在国内，随着改革开放成果越来越多地惠及国人，人民对国家的方针、政策持赞同态度，对中国特色社会主义道路、中国特色社会主义理论、中国特色社会主义制度保持自信。党的十九届四中全会又将坚持马克思主义在意识形态领域的指导地位制度化，以制度之力对马克思主义在意识形态领域的指导地位加以确定和强化，体现着党在新时代高度上的理论自觉和行动自觉。这为马克思主义话语权的当代建构提供了最有利的条件。

（四）马克思主义话语权在意识形态领域的实现路径

马克思主义话语权在当代面临的挑战凸显了马克思主义话语权重建的迫切性，而当代意识形态领域的种种新变化也为马克思主义话语权的增强提供了有利条件。意识形态视阈下审视马克思主义话语权的实现路径，不能将其限定在社会意识系统中，就意识形态谈意识形态，而应坚持历史唯物主义的基本观点，从社会意识与社会存在的互动体系中思考其实现的路径。

1. 马克思主义话语权的实现应当和“讲好中国故事”相结合

东欧剧变、苏联解体发生后，几乎全世界的舆论都倒向了“否定马克思主义”一边，而中国改革开放的领导人邓小平则坚定地说：“世界上赞成马克思主义的人会多起来的，因为马克思主义是科学。它运用历史唯物主义揭示了人类社会发展的规律。封建社会代替奴隶社会，资本主义代替封建主义，社会主义经历一个长过程发展后必然代替资本主义。这是社会历史发展不可逆转的总趋势，但道路是曲折的。资本主义代替封建主义的几百年间，发生过多少次王朝复辟？所以，从一定意义上说，某种暂时复辟也是难以完全避免的规律性现象。一些国家出现严重曲折，社会主义好像被削弱了，但人民经受锻炼，从中吸取教训，将促使社会主义向着更加健康的方向发展。因此，不要惊慌失措，不要认为马克思主义就消失了，没用了，失败了。哪有这回事！”[①]这一有力回应捍卫了危急时刻马克思主义的话语权，之后的中国继续以马克思主义为指导，高举中国特色社会主义伟大旗帜，继续推进改革开放，综合国力逐渐增强，国际社会看到了中国作为负责任的社会主义大国的和平崛起，中国以自身的发展成就显示了马克思主义意识形态

---

① 《邓小平文选》第3卷，人民出版社1993年版，第382～383页。

正确的指导力。

历史唯物主义认为，社会存在决定社会意识，社会意识能动地反作用于社会存在，马克思主义的生命力来自实践，它的说服力、解释力也应当在于中国特色社会主义事业的发展、壮大。当代，面对西方自由主义意识形态的挑战，马克思主义话语权的实现应当和“讲好中国故事”相结合，具体体现为以下几个方面：

第一，以讲好中国故事为主线，诠释马克思主义话语的指导力。进入21世纪，在世界多数国家经济普遍低迷、社会矛盾突出的背景下，中国国民生产总值跃居世界第二，经济增长保持了改革开放之后较高的增长率，这一经济奇迹引起了世界各国的广泛关注，尤其是2008年国际金融危机以来，“中国模式、中国道路、中国经验”成为国外学者研究的热点话题，他们纷纷从不同的视角解读中国道路。2013年8月19日，习近平总书记在全国宣传思想工作会议上提出，要讲好中国故事，传播好中国声音，阐释好中国特色。[①] 中国故事的思想发端源于马克思主义中国化，中国共产党以马克思主义为指导思想，重视结合中国具体实际，逐渐找到一条从革命到建设适合中国自身实际的一条道路，从农村包围城市、武装夺取政权的革命道路，到一切从实际出发、建设中国特色社会主义的发展道路，都体现了以人为本、全心全意为人民服务的马克思主义价值维度，符合人民的根本利益。在党成立之前，以及在革命和建设的各个时期，一直都有马克思主义和各种社会思潮的争论，但最终人民选择了马克思主义而不是别的主义，中国特色社会主义道路说到底是人民的选择。以马克思主义为视角才能讲好中国故事，也只有讲好中国故事，马克思主义话语的指导力才能得以阐释。

第二，以社会主义核心价值观为载体，增强对马克思主义话语的认同感。任何思想理论体系和知识体系都需要一定的话语来表达，不同的话语表达，在思想理论体系和知识体系增强吸引力、感染力、传播力、影响力方面，效果大有不同。增强话语权需要借助适当的话语。没有具有感染力、说服力、渗透力的话语，是难以增强话语权的。马克思主义话语权的实现需要建构宜于表达、易于理解的话语体系，这一载体必须从增强马克思主义话语感染力和吸引力的角度，用简明、概括的语言文字去阐释社会主义的根本价

---

① 参见《习近平谈治国理政》，外文出版社2014年版，第162页。

值属性，并通过引领、倡导社会主义核心价值观来体现。社会主义核心价值观中的自由、民主、公正、法治、和谐等价值目标的提出，彰显了马克思主义的价值追求，虽然资本主义较早提出自由、民主、法治思想，但在以资本为统治结构基础的私有制社会，不具备实现的现实条件。马克思在继承西方思想理论成果的基础上“接着讲”自由、民主、法治、公正思想，而且重点研究这些价值实现的制度性条件。因而，社会主义核心价值观是当代马克思主义话语的集中表达，是对资本主义意识形态的超越，人们在社会主义核心价值观上的共识也代表了对马克思主义话语的认同。习近平总书记强调，价值观是文化软实力的核心和重要支撑，中国文化能否走出去，归根到底来自价值观所产生的认同力。[①] 因而，培育人们对社会主义核心价值观的认同，本身即是马克思主义话语权实现的重要形式。

2. 马克思主义话语权的实现应当培育有较高理论素养和传播技艺的主体力量

有学者指出，话语权的实现应当包括话语传播者、接受者、传播路径以及反馈情况等方面。其中，话语研究者、传播者构成话语权实现的主体力量。对于话语研究者来说，应将重点放在对马克思主义当代性的论证和说明上，因为马克思主义话语权遭到削弱的一个重要原因就在于人们对马克思主义当代性(即是否过时)的模糊认识。这需要研究者具有全球性眼光，坚持本土视阈和全球视阈相结合。东欧剧变、苏联解体后，虽然怀疑、诋毁马克思主义的声音甚嚣尘上，但是，在日益丰富的对外文化交流中，随着越来越多的思想作品被译介到中国，我们发现，国外尤其是在欧美国家，马克思主义依旧是思想界一种重要的学术力量。20 世纪 40～50 年代兴起的各种马克思主义思潮，如生态马克思主义、市场社会主义、女性社会主义、文化马克思主义等，都证实了马克思主义在解决人类社会发展重大问题上的“在场”，这些思潮虽然各有其片面性与局限性，但都从不同角度提出解决困扰人类发展的各种思路，这不仅对于人类文明的发展是一个重大贡献，也从不同的视角捍卫了马克思主义话语权。同时，当代西方国家意在缓和劳资矛盾的社会政策的调整和改革，说明马克思针对资本主义弊病的批评和揭露以及对美好社会的构想也被西方政要用来当作发现并根治资本主义疾病的

---

① 参见《习近平谈治国理政》第 1 卷，外文出版社 2018 年版，第 163 页。

"救命稻草",这从反面说明马克思主义在当代的认同度有多高。这些现象,都应纳入马克思主义研究者的视野。因而,这些情况值得我们研究者去认真分析、借鉴和反思,这有助于我们提高理论素养,科学阐释马克思主义对于解决人类社会发现方向、道路、途径等重大问题的"大智慧",同时提升我们的话语水平,提升我们对马克思主义的辩护能力。

马克思主义话语权的实现还应当重视传播机制的建立。进入21世纪,信息化成为当代社会最显著的时代特质。微时代(或称作"自媒体时代")谁能够在信息传播中掌握主导权,谁就控制了人类思想的表达。同样是作为思想形态,新自由主义凭借技术优势占据当代世界话语表达的主要渠道,挤压马克思主义话语的表达空间。因而,马克思主义话语权的实现,仅仅依靠"在书斋里做学问"是远远不够的,更需要让"书斋里的学问""走出去",建造各种传播平台,使马克思主义的声音能够传递出去,这是一种思想体系得到认同的前提。这是一项社会系统工程,需要政府提供支持,通过网络媒体、重点图书、学术讲坛等加强马克思主义话语的传播渠道建设。同时,研究者应当实现向传播者的角色转换,以大众化语言风格表达、传递主流声音,提升语言表达艺术,增强语言的感染力、吸引力,同时理论密切联系现实,增强理论的说服力和影响力。

3. 马克思主义话语权的实现应当重视宏观视阈和微观视阈相结合,重点探讨面向具体受众的实现路径

马克思主义话语权的实现是一个宏大的工程,不仅需要政府的支持、投入,还需要大批跨学科的研究者共同参与。这一宏观工程由无数个微观工程构成,探讨"马克思主义话语权实现"这一课题,需要重点关注不同层级、不同人群的实际情况,路径研究必须以适应他们的心理状况、满足他们的现实需求为出发点,才有实现的基础,否则研究就变成了脱离实际的泛泛之谈,缺乏实现的可行性。马克思主义话语权的路径建构应当重视具体场域的研究,应当体现不同场域、不同受众路径开发的差异性,坚持重点研究和全面研究相结合,在实际工作中由点带面,循序渐进,逐步推广经验、总结教训,夯实这一宏大工程。

首先,建构马克思主义话语权,重点群体是党员和领导干部。作为执政党的基础和领导核心,他们是主导意识形态的表达者和垂范者,他们信仰马克思主义对整个社会公众起到直接辐射作用。马克思主义话语权是否实现

很大程度上取决于党员、领导干部对马克思主义信仰的坚守以及内化为他们的世界观、人生观、价值观的程度。实现这一转化离不开"知、信、行"这一信仰形成的内在机制。第一，建构党员、领导干部的马克思主义理论学习机制，实现由"不知"向"知"和"不懂"向"懂"的转变。通过面向不同层次的党员、领导干部定期举办马克思主义理论培训活动，使马克思主义的真理性得到认同，提升党员、领导干部的马克思主义理论修养，形成学理论、用理论的理论自觉。习近平总书记就特别强调说，让马克思主义哲学成为党员、领导干部的看家本领。[①] 这是建构马克思主义信仰并完成向个体的人生观、世界观和价值观转变的前提。第二，实现党员、领导干部由认同向信仰、信念的转化，这是建构马克思主义信仰并完成转化的关键。马克思主义信仰、信念的生成，在于马克思主义的真理性得到人们认同并产生为之奋斗的感召力，共产主义是马克思主义关于人类社会的最高理想，也是党员应当具有的必胜信念。共产主义理想包含的价值目标一旦得以认同，就能激励人达到一种精神境界，从而为个体马克思主义世界观、人生观、价值观的形成提供支柱、动力和方向。第三，实现由马克思主义信仰、信念向党员、领导干部行为方式的转化，这是树立马克思主义信仰的现实指向。在具体的工作实践中，马克思主义的信仰被转化为做事的理念、方法、原则，转化为做事的底线，使党员和领导干部能够遵循科学的方法，主动作为并自觉倡导、带动周围群体践行社会主义核心价值观，起到身先士卒、率先垂范的先锋者作用，释放自身正能量，对社会公众精神境界的提升产生良性推动作用。

其次，建构马克思主义话语权，还应重视具体场域的实现路径研究。面向社会公众的思想宣传领域、面向大学生的思想政治教育领域是重中之重。21 世纪最显著的特征莫过于信息化的时代特质，网络作为继报纸、杂志、广播、电视之后出现的新型媒体，已经成为人们获取信息的重要渠道。思想宣传领域应当重视运用这一新媒体，把马克思主义主流意识形态作为一个重要项目去经营、策划，使传播主流意识形态的网络媒体不仅形式上吸引人、内容上感染人，而且达到思想上教育人、净化人的目的。就像一位长期从事理论宣传的编辑所讲的，以往理论宣传在内容上贯彻上面的精神多，考虑干

---

① 参见全国干部培训教材编审指导委员会组织编写:《全面践行总体国家安全观》，人民出版社、党建读物出版社 2019 年版，第 93 页。

部群众的思想状况、理论需求少，结果导致现实针对性、实效性不强的问题。她提出，在内容设计上，要紧密联系群众思想实际，直面现实热点和社会关切，使理论能够回答群众关心的热点、难点问题，同时注意用群众喜闻乐见的形式宣传。2014 年“两会”前后，动漫设计者的作品《领导人是如何炼成的》，用生动、形象的语言讲述中西政治民主的差异，在获得网民极高点击率的同时，“中国式民主”也获得极大认同。2015 年习近平主席在新年贺词中用了“蛮拼的”“为伟大的人民点赞”等网络流行语，不仅显示了中国领导人的亲民形象，也使元旦贺词成为全世界关注的焦点。因而，思想宣传领域马克思主义话语权的实现既需要理论创新的推动，更需要表述形式的与时俱进。

马克思主义话语权实现的另一重要场域是面向大学生的思想政治教育。作为青年人中的知识群体，大学生是中国特色社会主义事业未来的生力军，他们的马克思主义信仰状况对整体青年群体的信仰能够起到带动、提升作用。在长期的思想政治教育实践中，马克思主义作为知识形态已被大学生广泛接受，马克思主义的真理性得到极大认同。但在意识形态领域，由于当代大学生出生于我国逐步融入全球化、经济及社会发展取得巨大成就之后，他们的生活环境开放、思想意识相对活跃，尤其是进入大学校门之后，有了较多空闲时间去接触社会、了解媒介信息，一些社会不公事件、公众人物的不当作为等对大学生产生了负面影响，再加之在学校这个“小社会”中他们观察到的一些不良事件，影响了他们对主流意识形态的认同。如何让这些本应是朝气蓬勃的年轻人不再去抱怨社会，而是重建他们的马克思主义信仰和为中国特色社会主义事业奋斗的信念，这需要全社会的努力。公平正义的社会氛围，机会均等、规则平等的制度环境是重要前提，但同时更需要思想政治工作者面向大学生思想实际，建构与大学生沟通的桥梁。思想政治理论课作为大学生思想政治教育的主渠道，应当重点推进话语方式的创新。具体来说，就是积极探索马克思主义话语与当今时代重大命题的关联性，建构马克思主义话语的“问题式”阐释方式，在对从“问题”的形成、影响和前景到解决对策等全过程的分析与和大学生思想的交互对话中贯穿马克思主义观察、分析问题的立场、观点和方法，这种“渗透式”教育突出了大学生作为主体的地位，远比“板起面孔”来“讲清是非”的大道理更容易被大学生接纳。学校作为社会思潮的重要输出地，始终是意识形态斗争的前沿阵地,除了抓好思想政治理论课的主渠道建设,还应给予必要的物质投入和人力资源、技术资源的支持,建构思政课之外的其他渠道,使思想政治教育工作者能够依托本职工作,面向大学生的知识基础和理论需求,开发适宜的理论资源,通过一堂课、一本书、一场讲座、一次交流、一次实践等多渠道提升马克思主义话语的吸引力,引领大学生感受马克思主义思想的魅力,在践行中坚定马克思主义信仰,培育马克思主义的世界观、人生观和价值观,增强辨别是非的能力,形成全面、客观、发展地看问题的理性思考范式,成为马克思主义信仰体系的坚守者和建设者。

马克思主义作为知识形态的思想体系,是科学、哲学与意识形态的统一,使得马克思主义话语权研究呈现出以上三种相互分立又彼此联系、相互贯通、归于统一的视角。无论是建构有理论素养和传播能力的研究者队伍讲好中国故事,还是面向重点群体重点场域开发适宜的路径,都对执政党的自身建设提出了时代性要求,显示出建设马克思主义学习型、服务型执政党的迫切性。这一课题需要进一步深入研究下去。

第二章

中国文化的德性特质、现实价值及解释框架

与西方文化不同，中国传统文化是一种德性文化。在对人性的理解上，它主张性善论；在与他人关系的处理上，它强调克己，追求和谐；在对自然的态度上，它强调天人合一。当下中国在急剧的社会转型中面临一系列问题，其中既有社会现实层面的道德失范、人际关系紧张、生态问题突出，也有社会走向层面的自我迷失。德性文化不仅对于社会现实层面的问题有着显著的现实价值，而且还有助于确认民族主体性，为社会转型提供精神支撑。在中国特色社会主义进入新时代的今天，德性文化的创造性发展、创新性转化在人生观塑造方面有着显著价值。习近平关于人生观的重要论述为我们提供了经典示范和重要启发。另外，党的十八大以来，中国文化软实力迅速提升，文化应该如何恰当定位，逐渐成为一个问题。这就尤其需要我们在文化问题上坚持唯物史观的立场。应该看到，同一民族的文化，其软实力有着“潜”与“显”的显著差别。“潜”表现为文化主体性的迷失，“显”则首先表现为文化主体性的确立。近代以来，中国文化主体性出现了性质不同、程度不同的两次迷失。第一次发生在鸦片战争之后，源于民族的生存危机，是全局性的。第二次表现为改革开放初期一些社会思潮中的西化倾向，是局部性

的。两次迷失都凸显了硬实力是文化软实力彰显基础的内在逻辑，文化软实力的有效解释框架仍然是唯物史观。

一、德性文化及其在中国社会转型期的现实价值

近代以来，一代又一代中国知识分子努力求解的问题之一即是到底应该如何理解和刻画中国传统文化与西方文化之间的显著差异？这种努力的目的，说到底是为了甄别中国传统文化与中国现实和未来发展是否具有适应性。习近平说，宣传阐释中国特色，要讲清楚中华文化积淀着中华民族最深沉的精神追求，是中华民族生生不息、发展壮大的丰厚滋养。[①] 当下，中国处在从传统向现代的、大范围密集的甚至可以说是根本性的社会转型中。在此过程中，中国传统文化价值何在？更为重要的是，如何在社会转型中保持对民族主体性的确认，以避免方向性的迷失？这些无疑都是非常重要的理论问题。本文拟在将中国传统文化界定为德性文化的基础上对此作初步探讨。

（一）中国传统文化的德性特质

所谓特质，是指一事物区别于他事物并使其成为他自身的内在属性。可以说，特质是比较意义上的，是需要与一个参照对象来加以对比的。谈论中国传统文化的特质，亦是如此。近代以来，中国文化与西方文化的相遇，使得二者的比较成为可能。比较的目的在于鉴别并取舍优劣，以利于本民族文化发展。因而，在不同的历史阶段，中西文化比较的历史使命赋予也有所不同。这种比较开始之初，近代中国的遭遇赋予其一种救国救民的使命。中西文化比较因着历史的际遇而颇具悲壮色彩，中国知识界因而呈现出非常急迫的心态，一时间抑中隆西的论调不绝于耳。伴随着历史的进展和知识界对这一问题的深入思考，这一比较的心态逐步平和起来。人们逐渐意识到，理解中西文化的差异，并非只能基于优劣高下。中西之别既有时代性的距离（传统与现代），又有民族性的差异（中国与西方）。

对于应该从什么角度或者说从哪里入手去理解文化，牟宗三先生曾经

① 参见《习近平谈治国理政》，外文出版社 2014 年版，第 155 页。

给出这样的启发:“文化之范围太大,可以从各角度、各方面来看,但向内收缩到最核心的地方,当该是哲学。哲学可以做庞大的文化这一个综和体的中心领导观念。”[①]中国传统文化的德性特质,同样可以从中国哲学中获得印证。在牟宗三先生看来,中国哲学特重“主体性”(subjectivity)与“内在道德性”(inner-morality)。西方哲学则恰恰相反,它重客体性,“没有好的人生哲学”,但是“有很好的逻辑,有反省知识的知识论,有客观的、分解的本体论与宇宙论”。[②] 正因如此,牟宗三先生将中国哲学定位为“生命的学问”,并在这个意义上将中国哲学与西方哲学相区别,即中国哲学的中心在于“生命”,西方哲学的中心在于“知识”。这种看法在区别了中西文化的同时,还揭橥了中西方文化差异的思维方式基础。

中国传统文化的德性特质与西方文化的智性特质之间有着相当突出的差别。牟宗三先生非常重视《易传·彖上》的“文明以止,人文也。观乎天文,以察时变;观乎人文,以化成天下”这几句话。他解释说,这里的“文”不是作为名词的文章的文,而是作为动词的“文饰的文”,有“人文化成”之意。“自然秩序要加以人的力量,所以观乎人文才能化成天下,才能移风易俗”[③]。中国传统文化乃是中国人参赞自然化育的结果,这里面必然蕴含着中国人的独特之处。张岱年先生也曾指出,不同民族的文化体系彼此有别,其差异主要表现在价值观方面。[④] 从这个角度看,中国传统文化显著地表现为一种德性文化。“君子喻于义,小人喻于利”(《论语·里仁》),“君子义以为质”(《论语·卫灵公》),“君子义以为上”(《论语·阳货》),“君子义以为质,礼以行之,孙以出之,信以成之”(《论语·卫灵公》),“圣人德盛,自然尊严”(《朱子语类》),诸如此类的表述,普遍见于儒家典籍之中。中国哲学的核心范畴,如“天”“仁”“诚”等,其落实处都是主体及主体的内在德性。这一取向,在对人性的理解上,体现为性善论;在与他人关系的处理上,体现为强调克己、追求和谐的态度;在对自然的态度上,体现为对天人合一的追求。西方则与此迥异。在早期的希腊哲学家那里,就已经表现出了热衷于探究宇宙根源的倾向和追求逻各斯的巨大热情。苏格拉底哲学虽然表现出了对人的

---

① 牟宗三:《中西哲学之会通十四讲》,上海古籍出版社1997年版,第1页。
② 参见牟宗三:《中国哲学的特质》,上海古籍出版社1997年版,第4～5页。
③ 参见牟宗三:《周易哲学演讲录》,华东师范大学出版社2004年版,第39页。
④ 参见李存山、陈来编:《张岱年选集》,吉林人民出版社2005年版,第235页。

重视，但是其对待人的视角依然是逻辑分析式的。明确概念、将复杂事物归结为简单的原则、揭示不同事物个性背后的共性，乃是西方人赋予自己的使命。西方的思维方式以理性思维为基础，强调主客二分，追求概念的普遍逻辑。而中国传统文化则在总体上带有明显且浓厚的诗意化特征，其思维方式亦可以谓之为诗性思维方式[①]。

中西这种思维方式的差别使得其对德性的理解亦有很大区别。蒙培元先生曾说，西方（以亚里士多德为代表）认为人有两种基本的德性：理智德性（来自教育）和品格德性（来自习惯或气质），前者是最高的德性。[②] 从学术史来看，这一概括是准确的。西方思想家对德性的理解有这样几个典型命题，如苏格拉底提出的“道德即知识”，亚里士多德提出的“有关伦理诸品德的普遍定义”，康德将道德归于“实践理性”，他们将道德律令视为人普遍理性体现的努力和结论。其中，尽管康德的道德学说表现出了摆脱经验原则束缚的努力，但不能不说这种努力仍然囿于推崇“纯粹理性”的观念。这些理论都体现着西方文化传统的智性因素。与西方不同，中国传统文化则认为德性源于“天道”这一超越的、无限性的存在，所谓“神无方而易无体”（《易传·系辞上》）。《论语》多次提到“天”，如“天丧”“天厌”“欺天”“获罪于天”等，其中都包含“天”的绝对性、至上性及其道德的最高赋予者的意味。正所谓“天生德于予，桓魋其如予何！”（《论语·述而》）天不仅是道德观念的根源，而且还是人的道德自觉能力的根源。“心之官则思，思则得之，不思则不得也。此天之所与我者。先立乎其大者，则其小者不能夺也。”（《孟子·告子上》）也就是说，不论是道德观念还是道德能力，都是“天之所与”。

由于对德性的追求，中国传统文化在对人性的理解上主张性善论。天与人相通，天理或天道落实于人，就是人之性。朱熹认为人性乃是“人之所得于天之理也”（《四书章句集注》）所谓“仁义礼智，非由外铄我也，我固有之也”（《孟子·告子上》），人人胸中各有个圣人，都是强调人的内在禀赋与天

---

① 诗性思维方式，是指那种在逻辑形式上不清晰的、不严格的思维方式。其表征手段乃是带有感性形象的符号。它不指向任何确定无疑的知识，无助于甚至妨碍概念的形成。参见郝书翠：《诗性思维与中国传统文化》，《青海社会科学》2008年第4期。在对中国传统文化的思维方式概括方面，学界还有其他不同看法。王树人先生在《回归原创之思——“象思维”视野下的中国智慧》（江苏人民出版社2005年版）一书中将其称之为“象思维”，也是强调其与概念思维、知性思维的区别与对立。

② 参见蒙培元：《中国的德性伦理有没有普遍性》，《北京社会科学》1998年第3期。

道一致。可见，儒家之所以主张性善论，乃是基于人的固然之理、本然之性、当然之则。“仁义忠信，乐善不倦，此天爵也。”（《孟子·告子上》）孔子说：“仁者安仁，知者利仁。”（《论语·里仁》）仁者之所以能够安仁，乃是因为“为仁由己”（《论语·颜渊》）。也是在这个意义上，韩愈界定“德”的标准为“足乎己，无待于外”[①]。作为一种道德理想主义，儒家的所思、所言、所行的核心围绕“参天地，赞化育”而展开。牟宗三先生说：“仿佛在敬的过程中，天命、天道愈往下贯，我们的主体愈得肯定，所以天命、天道愈往下贯，愈显得自我肯定之有价值。表面说来，是通过敬的作用肯定自己；本质地说，实是在天道、天命的层层下贯而为自己的真正主体中肯定自己。”[②]可以说，在中国传统文化的视阈中，德性乃是人之为人的根本，是人长成自身的根据，而其最终的落实，也总是归于人自身的存在。由此我们就可以理解，儒家何以将人的自觉作为修身的前提，将是否知耻作为判断能否自觉的重要标准。知耻是道德感的心理基础，可谓人之为人的标志与社会文明的标尺。历代大儒都强调知耻的重要性。孔子要求士人“行己有耻”（《论语·子路》），认为“邦有道，贫且贱焉，耻也。邦无道，富且贵焉，耻也”（《论语·泰伯》）。到孟子那里，耻感意识被提到了人性的高度，他从人之为人的意义上界定了耻感意识的重要价值。“羞恶之心，义之端也。”（《孟子·公孙丑上》）“耻之于人大矣”“人不可以无耻。”（《孟子·尽心上》）朱熹在解读孟子思想时赋予耻感意识以圣贤的潜在品质的价值，他说：“耻者，吾所固有羞恶之心也。有之则近于圣贤，失之则入于禽兽，故所系甚大。”[③]陆九渊则有“人而无耻，果何以为人哉”[④]的诘问。王夫之主张“以裕民之衣食，必以廉耻之心裕之”[⑤]。顾炎武对耻感意义的关注扩大到国家层面，将士大夫无耻视作国耻。[⑥] 传统中国人的知耻心显著而强烈，乃是德性文化在个人修养方面的典型反映。

由于对德性的追求，在与他人关系的处理上，中国传统文化强调克己，

---

① 马茂元：《韩昌黎文集校注》，上海古籍出版社 1986 年版，第 13 页。
② 牟宗三：《中国哲学的特质》，上海古籍出版社 2008 年版，第 14 页。
③ （宋）朱熹：《四书章句集注》，中华书局 2011 年版，第 329 页。
④ （宋）陆九渊：《陆九渊集》，中华书局 1980 年版，第 273 页。
⑤ （清）王夫之：《诗广传·小雅》卷三，中华书局 1964 年版，第 77 页。
⑥ 参见（明）顾炎武：《日知录集释·廉耻》卷十三，上海古籍出版社 1985 年版，第 1037 页。

追求和谐。有关“和”的思想，在中国源远流长。“和”乃“六德”之一，“礼之用，和为贵”(《论语·学而》)。《中庸》将其视为“天下之达道”。董仲舒也有“德莫大于和”(《春秋繁露·循天之道》)的说法。尽管中国传统文化为何特别重视群体关系这一问题恐怕还需要进一步探讨，但是这一取向本身是毋庸置疑的。和谐是要追求的目标，克己则是和谐达成的条件。“己欲立则立人，己欲达则达人”(《论语·雍也》)，“克己复礼为仁”(《论语·颜渊》)。不仅儒家如此，道家亦是如此。庄子“太和万物”的理想是“和”，和则要求“不相害”“不相悖”。乐黛云先生曾说，“儒家立论的基础是人与人的关系，道家立论的基础是人与自然的关系，都是在不同的领域内探讨如何‘以他平他’，达成‘其命维新’的总目标”①。而佛家通过抑制、改变甚至克服自身欲望来维护人伦秩序的修行路径，也是强调克己自律、宽容宽厚在个人与他人关系中的重要地位。总而言之，中国传统文化追求“万物并育而不相害，道并行而不相悖”(《礼记·中庸》)的境界。“万物并育”乃是不同的人与物并存并生并育，“道并行”则是指人们处理问题的不同立场、不同方式和谐并存。奉行了这样的原则，和谐的局面方可达成。儒家明礼的要求，正是基于这一原则。孔子主张“兴于诗，立于礼，成于乐”(《论语·泰伯》)。《礼记·曲礼上》中也有“人有礼则安，无礼则危”的说法。有礼无礼乃是事关安危的大事，个人修养的提升、人际关系的和谐、治国理政的威严都建立在礼的基础之上。仁德的成就依赖于礼，没有礼就没有仁。儒家的尺度是礼义，正所谓“导之以德，齐之以礼，有耻且格”(《论语·为政》)。明礼就要知晓礼仪，成为一个教养有素且处事有节的人；就要尊奉并践行礼义，做一个恭敬、谦和、礼让之人，以和为贵，创造并维护和谐的人际关系。有学者认为，“中国古代礼制倾向于树立和培育内敛、节制的君子品格，此种品格可为人类自我完善提供与西方文化有别的另一种范型”②。这一观点，即是从中国文化对礼仪的重视看到了其自身特质。

由于对德性的追求，在处理人与自然的关系方面，中国传统文化追求天人合一。儒家的仁爱思想并不仅仅局限于爱人类自身，还包含了“爱物”之心。诸如孔子的“推己及物”说(《论语·卫灵公》)、孟子的“亲亲、仁民、爱

---

① 乐黛云：《文化自觉与中西文化会通》，《河北学刊》2008年第1期。

② 胡新生：《礼制的特性及中国文化的礼制印记》，《文史哲》2014年第3期。

物”说(《孟子·尽心上》)、张载的“民胞物与”说(西铭)、王阳明的“天地万物一体之仁”说(《王阳明全书》),等等。蒙培元先生说,按照儒家的传统,人的德性的实现,“必须扩展到自然界,有一种普遍的爱,这才是完整的,也是终极性的”①。道家则追求超越亲疏、利害、贵贱局限,以博大的天地胸怀修道积德。“居善地,心善渊,与善仁,言善信,政善治,事善能,动善时”(《老子·第八章》),以达到万物同体,使自然、社会生生不息的理想目标。正所谓“重积德,则无不克,则莫之其极,可以有国,有国之母,可以长久,视为深根固柢长生久视之道”(《老子·第五十九章》)。庄子认为,达到“至德之世”的条件即是统治者“顺物自然而无容私焉”(《庄子·应帝王》)。并说:“至德之世……万物群生,连属其乡,禽兽成群,草木遂长。是故禽兽可系羁而游,鸟鹊之巢可攀援而窥。夫至德之世,同与禽兽处,族与万物并。”(《庄子·马蹄》)因此,可以说,尽管儒家和道家采取的方式不同,前者以积极参与社会的方式,后者以批判社会的方式,但是由于对德性的推崇,二者最终目的都是追求天人合一的境界。“仁”是儒学的核心范畴。有学者认为,“‘仁’有多种表现形式,在伦理上是博爱、慈惠、厚道、能恕,在感情上是恻隐、不忍、同情,在价值上是关怀、宽容、和谐、和平,万物一体,在行为上是互助、共生、扶弱、爱护生命等”②。宋代大儒程颐曾将仁与义、礼、智、信的关系比作头与手足的关系。他说:“自古元不曾有人解仁字之义,须于道中与他分别五常,若只是兼体,却只有四也。且譬一身:仁,头也;其它四端,手足也。”③蒙培元先生认为,仁所指涉的是人所具有的内在德行,“爱”是其根本内容。仁的实现首先表现为“亲亲”,其次是“爱人”,同时又能引申出“爱物”,最终引申至天人合一的境界,即“仁者以天地万物为一体”④。

---

① 蒙培元:《中国的德性伦理有没有普遍性》,《北京社会科学》1998 年第 3 期。

② 陈来:《仁统四德——论仁与现代价值的关系性》,《江苏社会科学》2016 年第 4 期。

③ (宋)程颐、程颢:《二程集》,中华书局 1981 年版,第 154 页。

④ 蒙培元:《中国哲学的诠释问题——以仁为中心性》,《人文杂志》2005 年第 4 期。

(二)中国社会转型[①]中的问题

讨论德性文化,一个无法回避的背景是中国的社会转型。可以说,中国文化的特质正是在中国社会转型的过程中凸显出来的。对中国文化的质疑甚至讨伐,在一定意义上正是基于其与社会转型的种种不适应。但是,德性文化与社会转型是否仅仅只有不匹配这样一种关系?要回答这一问题,就需要认真梳理中国社会转型中的种种问题,然后在此基础上,考察德性文化对此有无借鉴。

有学者认为,中国的现代化是防御性的现代化,是“被现代化”的。[②] 这种被动态势既意味着中国的社会转型是人类社会转型的一部分,又道出了其被裹挟的实质。尤其需要指出的是,在当今世界信息化趋势如此清晰的背景下,中国的社会转型就不仅仅是从农业社会转向工业社会,还要从工业社会转向知识社会,从而呈现为农业、社会、知识社会“三分范式的‘双重社会转型’”。传统与现代两方面的因素同时存在且共同发生作用的现实,决定了转型期的中国具有时空压缩性特征。[③] 这也就使这一过程对中国的影响尤其剧烈、全面且深刻。有学者指出,“‘现代性’具有其极强的扩张力量,其基本元素,诸如,市场经济、政治民主、科学理性和无限目的论的现代进步主义文明(化)价值观念等等,都具有开放、普遍化和无限扩展的特征……通过摆脱传统和古典,它力图展示并标举一种具有全新性质的人类文明和文化”[④]。问题在于,恰恰因为现代性所要展示和标举的文化具有全新性质,传统向现代的社会转型才带给人们一种局促且惶惑的感受。从道德自我的缺失到人际关系的冷漠,再到生态问题的严峻,除了这些社会现实层面上的问题之外,中国社会转型中的问题还突出地表现在社会走向层面上的自我迷失。

---

① 本书所说的“社会转型”,指的是社会从传统型向现代型的转变过程。关于中国的社会转型,学术界有不同的观点,有观点认为,这一过程与中国近代史同步,起于1840年;有观点认为,这一过程与中国改革开放同步,起点是1978年。笔者认为这两种观点并没有本质差异。1840年后中国即开始社会转型,但是改革开放前中国社会转型的节奏是较为缓慢的。改革开放之后,这一转型的速度骤然加快,转型的冲击力开始波及社会各领域。

② 参见何中华:《人文研究:一个再思考性》,《创新》2015年第2期。

③ 参见王雅琳:《全球化与中国现代化的社会转型性》,《中国青年政治学院学报》2003年第3期。

④ 万俊人:《现代性的伦理话语》,黑龙江人民出版社2002年版,第170～171页。

在社会现实层面，人们普遍感受到社会转型过程中的道德失范所带来的痛苦。关于道德失范，有学者发现现代社会分工对人的道德责任有遮蔽和消解的影响：由于分工的发达，工人分别处在生产流水线的不同环节，他们因而缺乏关心最终产品意义的机会及意愿，这种情况“阻断了他们为自己的行为所带来的最终影响负责的可能性”[①]。市场经济的建构和发展，极为有效地调动了人们对财富的热情，获取实利逐渐成为一些人信奉的道德原则。当德性的约束放松之后，责任意识随即无以安放。道德实用主义、道德虚无主义因而登场，道德理想式微。由于社会本身是一个相互联系、错综复杂的系统，当人们越来越忽视自己的行为后果时，其影响也自然并非单一或孤立，而是会出现叠加和放大，社会因而趋于无序化。在人与他人的关系维度上，在社会转型过程中，个体的社会交往、分层流动、群体组织、利益关系、生活及交往方式等都发生了变化，市场法则盛行，一些个体在处理人际关系时无视道德制约，呈现出物化和形式化的趋向，道德冷漠情形时有发生。

（三）德性文化在社会转型期的现实价值

中国传统文化拥有五千年连续不断的、活的历史，是支撑中华民族生生不息并坚韧前行的精神力量。习近平总书记说：“在几千年的历史发展中，中华民族创造了悠久灿烂的中华文明，为人类做出了卓越贡献，成为世界上伟大的民族。”[②]德性文化滋养着中华民族的生命精神，是使中华民族成其为自身的文化基因，是中国人之所以为中国人的根本所在，其意义不仅体现在过去，也启迪着现实与未来。德性文化的创造性转化与创新性发展，不仅对于社会现实层面的问题有着显著的现实价值，而且还有助于确认民族主体性，为社会转型提供精神支撑，进而有助于提升社会转型在全世界层面上的精神意义。

德性对于在生活中不断实现自己本质的人而言，具有永恒的意义。德性文化为人之为人找到了“根”。儒家认为，仁爱出自人的德性，来源于自然界的生生之德，是人的内心所具有的。儒家强调“爱从亲始”，即要求从爱亲（父母、兄弟、亲人）开始，扩展到对他人的爱，“泛爱众而亲仁”，再扩展到“爱

---

① 何中华：《人文精神与现代性》，《江苏行政学院学报》2002 年第 3 期。

② 习近平：《在庆祝中国共产党成立 95 周年大会上的讲话》，人民出版社 2016 年版，第 1～2 页。

物”。儒家确立的“己所不欲，勿施于人”(《论语·卫灵公》)、“己欲立而立人，己欲达而达人”(《论语·雍也》)、“民胞物与”(《西铭》)、“以天地为万物一体”(《孟子·梁惠王》)、天人合一的原则，蕴含着人的德性的实现方法或过程。换言之，天人合一并非简单的人和自然的统一。德性乃是儒家为人的活动找到的具有形而上学意义的根据。李泽厚先生曾说:“中国文化的特点是一个世界，西方文化是两个世界。在西方……灵肉的区分比较明显。中国则是强调身心合一……中国总是强调人际关系里的和谐，人与自然的和谐，让灵魂在那里得到安息，认为这就是本体、实在。”①德性文化追求“我与我”“我与他人”“我与他物”的“三和”，追求天人关系之“和”。“天生神物，圣人则之;天地变化，圣人效之。”②作为五经之首、大道之源的《周易》，将整个宇宙视为一个有机的生命体，所谓“天地之大德曰生”(《易传·系辞下》)。人作为天、地、人三才中的重要一员，若要充分发挥其主体性地位，就需要“诚”“进德修业”“继善成性”“与时偕行”“参赞化育”“推己及物”，实现人与天德性的合一、自然的合一。

社会转型期的道德问题成为一个备受大众瞩目的话题。究其原因，可以看到一个不得不承认的事实:求利之心的驱使、对利益的获取与争夺在很多时候、很多方面击退了人们的耻感意识。社会是由个体的人组成的，社会风气的好坏，在一定意义上可以说依赖于每一个个体，安定、和睦、文明、有序的社会状态，需要每一个个体的努力。个体努力的起点就在于道德自律性和道德主体性的确立。辜鸿铭曾说:“为了使社会的每一部分都得以运转，廉耻感不仅是重要的，而且是绝对必须的。正如谚语所云‘窃贼亦有廉耻之心’。人丧失了廉耻，所有的社会与文明都会在顷刻间崩溃。”③他还进一步举例说，如果没有廉耻感的约束，赌博无法进行下去，商人会拒绝践约，“律师、政客、官员、总统靠欺诈的手段指挥警察来维持社会，……警察早晚会得出这样一个结论，既然政治已全无廉耻与道德可言既然社会之善就只意味着个人获取更高的薪水，那么还有什么理由可以阻止他为了赚钱而放弃警察的身份、成为一个革命党徒或无政府主义者？一旦警察得出这样的

① 李泽厚:《谈世纪之交的中西文化和艺术》,《文艺研究》2000年第2期。
② (清)阮元校刻:《十三经注疏》上册，中华书局1980年版，第82页。
③ 辜鸿铭:《中国人的精神》，北京理工大学出版社2016年版，第33页。

结论，……这个社会也就到了毁灭的时候了”[①]。辜鸿铭先生这一段深刻且深情的论述，是对儒家修身的基础观念——知耻观念的高度认同，也是对社会道德建设的出发点——道德自律性和道德主体性的高声呐喊。遏制当前社会在一定意义上和较大范围内出现的不可谓不严重的道德滑坡，“他律”手段乃至暴力手段其效果多是暂时的和表层化的。唤醒人们内心深处的德性意识，才是在精神层面上抓住问题的根本。有了这一基础，中国社会的“信任链”也才能建立起来，才能重建人与人的和谐关系。正如有学者所指出的那样，中国文明的基本课题就是设计和奠基“家国一体”、由“家”及“国”的伦理联结方式。中国传统社会“信任链”的缔结、互动遵循了伦理型文化的逻辑，伦理实体中信任双方“信任链”的建立、互动依赖于信任主体的道德品质。[②]

而在人与自然的关系层面，马克思曾经指出，“人们同自然界的关系完全像动物同自然界的关系一样”[③]。中国社会转型中人与自然关系的紧张，乃是现代化过程中人的境遇的一个区域性集中表现。近代以来，在人与自然的关系中，人的目的性越来越强，改造自然的力量日益强大，自然环境变化速度骤然加快，变化方向越来越不可逆。有学者指出，西方学界已经认识到，要突破现状，解决危机，寻求西方文化的未来发展，必须返回自身文化的源头，审视历史，重新认识自己，寻找新的出发点。要达到这个目的，就需要确立一个新的参照系，以“他者”为参照，重新反观其自身的文化。中国正是构成这种“外在观点”的最好参照系。[④] 爱物，关爱自然，已经不再是单纯的审美问题，而是已经成为一个严肃的关系到人的意义选择、关系到人的生存与发展的哲学问题。正如老子所说，“重积德，则无不克，则莫之其极，可以有国，有国之母，可以长久，视为深根固柢长生久视之道”(《老子》第五十九章)。人与自然关系的调整，有赖于人与自身、与他人关系的调整。可以说，“成物”乃是建立在“成己”“成人”基础之上的，“成物”境界的达成，本身就意味着“成己”“成人”的实现。在这个意义上，德性文化对人类有独到的贡献。

---

① 辜鸿铭:《中国人的精神》,北京理工大学出版社 2016 年版,第 34～36 页。

② 参见王珏:《现代社会信任问题的伦理回应》,《中国社会科学》2018 年第 3 期。

③ 《马克思恩格斯选集》第 1 卷,人民出版社 2012 年版,第 161 页。

④ 参见乐黛云:《中国传统文化的一些特点及其对世界可能的贡献》,《浙江大学学报》(人文社会科学版)2007 年第 4 期。

中国哲学在思维上反对分解式，在行为上反对玄谈式，自始至终都牵挂着生命、思索着生命，其落实处都是主体及主体的内在德性。重视“居善地，心善渊，与善仁，言善信，政善治，事善能，动善时”(《老子》第八章)的智慧，把中国传统文化的德性原则引入人与自然的关系中，将自然纳入道德对象范围，善待自然，约束自我，构建处理人与自然关系行为的生态道德原则，方能达到使自然、社会生生不息的目的。当然，现实表明，在这一方面，任务还十分艰巨。《中国传统文化价值当代认知状况调查(2016)》报告显示，与“人与自我”“人与家庭”“人与社会”维度的传统文化价值相比，“人与自然”概念认知度最低，其中包括“敬天法祖、道法自然、民胞物与”等。也就是说，“人与自然”是当代中国人较为陌生的传统文化价值。① 此外，对德性文化的肯定与弘扬，还有助于确认民族主体性，为社会转型提供精神支撑。

社会转型必然需要文化的支撑。文化的迷失则意味着社会转型方向的迷失。中国的社会转型，始自东方被西方的“发现”。中国的社会转型以“师夷之长技以制夷”的选择开端，带有浓厚的被动性、防御性意味。自此，中国人的自我认知开始陷入自我检讨、自我批判、自我否定的循环之中。改革开放之后，中国社会建设的首要任务长期以来围绕发展市场经济的经济体制转变而展开，从经济到社会，都出现了学习、借鉴西方现代性主流模式的倾向。东西文化在历史上的相遇方式及其所处的历史语境，使得中西文化远远偏离了应有的对话关系，成为单向的主客体关系。中国文化因而处于“失语”状态，在民族文化心理层面摧毁了自己的文化自信。这就造成了一种现代化语境中的文化悖论：东方文化的自身认同变成了“让自己也变成西方”或者说“让自己扮演他者”。这种蕴含着自强想象的立场，不能不说是建立在自我否定的前提之上。② 这种自我否定的极端情形甚至表现为“提出要改汉字为拼音、奉基督教为国教，以彻底改变中华民族的种属，无差别地与世界‘接轨’”③。这样一种精神状态，其实质不外乎文化失败主义和民族虚无主义。这种同本己的文化的隔膜与强烈的疏离感，导致的是一个民族的无根无魂状态。这样一种源自“道统危机”的认同危机，恰恰是现代新儒家焦

---

① 参见屈菡：《面对传统美德 人们认知几何》，《中国文化报》2017 年 6 月 16 日。

② 参见赵汀阳：《认同与文化自身认同》，《哲学研究》2003 年第 7 期。

③ 王岳川：《从“去中国化”到“再中国化”的文化战略——大国文化安全与新世纪中国文化的世界化》，《贵州社会科学》2008 年第 10 期。

虑的根本原因。他们致力于重建道统、谋求"中国文化的主位性"。有学者观察到，党的十八大以来，学术界那种"像1980年代一样，它的基本面、主流的思潮仍然是西化"的情况正在发生变化，"人文学术，特别是中国古典学术、传统文化研究正在从边缘重返主流"[①]。这种趋势，对于民族自信的重建，对于向心力凝聚力的提升，对于社会转型走向的确立，无疑具有重要意义。而对德性文化的肯定与弘扬，则是这一趋势的重要加速器。

以一种同情的理解与敬意看待中国传统文化，本土文化的主体精神方能得以确立。在此视阈下，中国文化的现代化始终应该是一种主体行为，中国的社会转型应是一种为我的、有主体的发展过程，而非对现代性的无条件认同和接纳。事实上，实践已经证明中国古典传统在当代仍然能够有机融入中国文化的再生进程。作为民族的历史积淀，文化与民族前途命运休戚相关。在全球化时代对中华优秀传统文化进行创造性转化和创新性发展，是中国共产党人在新的历史时代的文化自觉。正是由于深刻地认识到这一点，习近平总书记才强调文化自信"是更基础、更广泛、更深厚的自信"[②]。也有学者指出，中国道路历史延续性的"主要力量在于内在的动力与活力。长期的农耕文明历史为中国的现代化准备了基本的形式要素，一旦注入新的元素，便可迅速激发其活力，使古老的国家重新焕发青春"[③]。从更广的范围来看，中国传统文化所独有的、展现中国人"道德世界"这一思维方式和"德性生活"追求的"天下"观念，随着全球化的深入发展和新轴心时代的到来，在当今世界多极的背景下，更是展现了独特的魅力。与因追求权力而导致政治人的冲突、因追求利益而导致经济人的竞争相比，因追求德性而建立起来的道德人的协和、共生、共在的状态，其优势不言而喻。关于这个方面，习近平总书记说，"一个民族、一个人能不能把握自己，很大程度上取决于道德价值。如果我们的人民不能坚持在我国大地上形成和发展起来的道德价值，而不加区分、盲目地成为西方道德价值的应声虫，那就真正要提出我们的国家和民族会不会失去自己的精神独立性的问题了。如果没有自己的精

---

① 王学典：《中国向何处去：人文社会科学的近期走向》，《清华大学学报》（哲学社会科学版）2016年第2期。

② 习近平：《在庆祝中国共产党成立95周年大会上的讲话》，人民出版社2016年版，第13页。

③ 徐勇：《历史延续性视角下的中国道路》，《中国社会科学》2016年第7期。

神独立性，那政治、思想、文化、制度等方面的独立性就会被釜底抽薪”[①]。这种“和而不同”的文化观为当下国际关系的处理提供了一种道德的思路，为人类走出现代性危机提供一种文化向度。在这个意义上，中国梦有着胸怀天下的内蕴和世界性意义。

二、德性文化与新时代人生观塑造

孟子说：“人之所以异于禽兽者几希，庶民去之，君子存之。舜明于庶物，察于人伦，由仁义行，非行仁义也。”（《孟子·离娄下》）马克思说：“尊严就是最能使人高尚起来、使他的活动和他的一切努力具有崇高品质的东西，就是使他无可非议、受到众人钦佩并高出于众人之上的东西。”[②]人与其他动物不同，不但有物质生活，而且有精神生活；不但追求本能的满足，而且追求真善美的精神价值。真是对世界的正确认识，善是恰当处理人与人、人与物的关系，美是超乎本能的愉悦体验。这既使人具有了不同于其他物种的身份和地位，也恰恰是人生观的重要内容。在追求崇高人生观这个问题上，马克思主义与中国传统文化不乏一致或相似之处。

习近平总书记一再强调世界观、人生观、价值观的总开关地位，这既是马克思主义历来重视人生观的具体表现，又彰显了习近平新时代中国特色社会主义思想的理论底色、问题导向、人民情怀以及高度的自觉自信。他以“革命理想高于天”强调理想信念在人生观中的至上地位，赋予人生观“以社会主义核心价值观凝心聚力”的现实意义，以“不忘初心，牢记使命”框定人生观的价值指向，以“人民有信仰，民族有希望，国家有力量”化解新形势下不同社会群体的精神困惑，提振人民群众对国家和未来的自信，塑造崭新的民族精神面貌。这些重要论述，充分发挥了中国传统德性文化在新时代人生观塑造方面的启发意义，体现了优秀传统文化的创造性转化与创新性发展，也将为实现中华民族伟大复兴的中国梦提供强有力的道德支撑。

---

① 中共中央文献研究室编：《习近平关于全面深化改革论述摘编》，中央文献出版社 2014 年版，第 88 页。

② 《马克思恩格斯全集》第 1 卷，人民出版社 1995 年版，第 458 页。

(一)革命理想高于天

在社会主义初级阶段矛盾和斗争都相当复杂的背景下,理想信念问题具有极端重要性。习近平"革命理想高于天"的科学论断,充满了豪迈情怀和对马克思主义的坚定信仰、对共产主义的坚定信念,继承和发扬了中国共产党重视理想信念的传统,为新时代中国共产党人校准自身的精神坐标提供了标准和依据,具有极其重要的现实意义。

坚定的共产主义理想信念,是共产党人重要的身份标识和安身立命之本。众所周知,马克思在中学毕业论文中写道:"如果我们选择了最能为人类而工作的职业,那么,重担就不能把我们压倒,因为这是为大家做出的牺牲;那时我们所享受的就不是可怜的、有限的、自私的乐趣,我们的幸福将属于千百万人,我们的事业将悄然无声地存在下去,但是它会永远发挥作用,而面对我们的骨灰,高尚的人们将洒下热泪。"①这段话凸显了马克思在价值选择方面的奉献精神和对理想信念的执着追求,构建了马克思主义者追求崇高人生观的精神坐标,也激励了一代又一代马克思主义者。

坚定唯物史观立场,以历史发展规律支撑共产主义信仰,将实现共产主义作为自身的崇高追求,是中国共产党的突出政治优势。一部分中共党员之所以理想渺茫、信仰动摇,从根本上说,是因为不能正确运用唯物辩证法、没有牢固树立历史唯物主义观点、在历史观上陷入唯心主义泥淖。一旦中共党员背离了唯物史观立场,就难以看清历史发展规律,就会出现对历史规律的无知以及历史方向感的丧失,就会在人类从哪里来、到哪里去,历史如何发展到今天、明天如何发展这类关键问题上出现模糊认识,进而怀疑甚至背叛共产主义信仰。《共产党宣言》指出,作为工人阶级先锋队的共产党,"在当前的运动中同时代表运动的未来"②。对"将来的利益"的追求,必然导致共产党员将全人类的解放作为终身奋斗目标。正是深刻把握了共产主义信仰与历史规律之间的关系,习近平指出,《共产党宣言》揭示的人类社会最终走向共产主义的必然趋势,奠定了共产党人坚定理想信念、坚守精神家园

---

① 《马克思恩格斯全集》第1卷,人民出版社1995年版,第459~460页。

② 《马克思恩格斯选集》第4卷,人民出版社2012年版,第278页。

的理论基础。[①]“一些人认为共产主义是可望不可及的,甚至认为是望都望不到、看都看不见的,是虚无缥缈的。这就涉及是唯物史观还是唯心史观的世界观问题。我们一些同志之所以理想渺茫、信仰动摇,根本的就是历史唯物主义观点不牢固。”[②]这样一种深刻感悟和把握马克思主义真理力量、坚定马克思主义信仰的立场在中国共产党的历代领导人那里都有体现。早在1945年,毛泽东在谈到中国共产党的最高纲领时就坚定指出,共产党人从来不隐瞒自己的政治主张:“我们的将来纲领或最高纲领,是要将中国推进到社会主义社会和共产主义社会去的,这是确定的和毫无疑义的。我们的党的名称和我们的马克思主义的宇宙观,明确地指明了这个将来的、无限光明的、无限美妙的最高理想。”[③]邓小平、江泽民、胡锦涛也多次强调共产主义信仰的重要性。

但是,有必要指出,纵观《中国共产党宣言》,中共一大党纲,中共二大、三大、四大、五大宣言,中共六大的告全体同志书,中共七大至中共十九大报告这20份中国共产党的重要文献,可以看出,理想信念问题被着重强调,主要是在改革开放以后,尤其是在建构社会主义市场经济之后。通过文献检索可知,在《邓小平文选》中,并未出现“理想信念”一词;“理想”一词在第1卷、第2卷、第3卷中分别出现了7次、19次、53次。在《江泽民文选》中,“理想信念”一词在第1卷、第2卷、第3卷分别出现了2次、6次、8次。在《胡锦涛文选》中,“理想信念”一词在第1卷、第2卷、第3卷分别出现了24次、12次、34次。这样一个统计,从一个侧面反映出经济社会转型及融入全球化的历史进程对人们的理想信念形成了较大冲击,产生了深刻影响。调查数据也表明,伴随着改革开放的进程,理想信念弱化逐渐成为一个较为严重的问题。中央党校在2013年发布了其持续15年、对两万多名高、中级干部学员的调查。调查显示,理想信念问题是调查对象持续关注的九个问题之一。[④]

理想信念问题之所以出现,其客观原因在于当前中国在一定范围内存在的贫富差距偏大、分配不公现象。这些现象的出现,有着基本经济制度、收入分配制度的制度原因,有着市场经济的体制原因以及不同人群、地区先

---

① 参见习近平:《在纪念马克思诞辰200周年大会上的讲话》,人民出版社2018年版,第16页。

② 中共中央文献研究室编:《十八大以来重要文献选编》(上),中央文献出版社2014年版,第116页。

③ 《毛泽东选集》第3卷,人民出版社1991年版,第1059页。

④ 参见李景田:《践行共产主义理想就是要做好当前的事做好自己的事》,《求是》2013年第7期。

富的政策原因。首先,以公有制为主体,多种所有制共同发展,必然造成差距。多种所有制经济共同发展,就会有多种不同的分配方式。其次,允许私营经济发展,允许其雇佣大量农民工,就意味着允许其企业主取得高收入。在市场经济条件下,市场规律承认竞争,企业的竞争力不同,个人能力不同,企业发展的外部条件及相关因素的变化,都会造成企业发展状况和程度的差异。在一定意义上,二者还存在着互为因果、相互作用的情况。因此,解决好这一问题,仅仅靠提高社会管理水平、创新社会管理是不够的,同时还要加强道德在社会管理中的功能。全民道德水平、道德素质,在加强社会管理方面有着不可替代的作用。理想信念作为世界观、人生观、价值观的最高统摄以及利害关系衡量、精神追求选择的最高准则,决定了理想信念教育乃是道德教育的重中之重。

可以说,之所以要强调"革命理想高于天",乃是因为无论是就走向未来的道路选择、还是就现实偏差的纠正,无论是就其价值、力量和作用而言,理想信念都至关重要。习近平总书记深刻把握了这一点,坚持不懈地强调并推进理想信念教育。在中央政治局第一次集体学习时,他就明确提出:"坚定理想信念,坚守共产党人精神追求,始终是共产党人安身立命的根本。"[①]在新进中央委员、候补委员学习党的十八大精神研讨班开班式上,他又进一步强调:"革命理想高于天。没有远大理想,不是合格的共产党员。"[②]从价值的角度看,理想信念是精神世界的支柱,缺少了这个支柱,精神世界就会坍塌,奋斗动力就会匮乏。"理想信念动摇是最危险的动摇,理想信念滑坡是最危险的滑坡。"[③]"没有理想信念,理想信念不坚定,精神上就会'缺钙',就会得'软骨病'。"[④]理想信念始终是共产党人站稳立场、抵制诱惑的定盘星和压舱石。有了理想信念,就能做到"千磨万击还坚劲,任尔东西南北风"。一旦放弃或者缺失,就没有了骨气,挺不直腰杆子。从力量的角度看,共产主义的实现是一个相当漫长的历史过程,正因其漫长,动力的持续性才尤为关键。有数据显示,在两年零四个月的井冈山斗争时期,有 4.8 万共产党员和革命者为了中国革命这面旗帜和这条道路献出了宝贵的生命。全国共有

---

① 《习近平谈治国理政》,外文出版社 2014 年版,第 15 页。

② 《习近平谈治国理政》,外文出版社 2014 年版,第 23 页。

③ 《习近平谈治国理政》,外文出版社 2014 年版,第 415 页。

④ 《习近平谈治国理政》,外文出版社 2014 年版,第 15 页。

2100多万名共产党员和革命者为了五星红旗和共和国的建立牺牲。其中，在各地纪念堂(馆)有姓名记录的只有160万人。[①] 在与中央党校第一期县委书记研修班学员座谈时，习近平总书记指出："共产主义决不是'土豆烧牛肉'那么简单，不可能唾手可得、一蹴而就，但我们不能因为实现共产主义理想是个漫长过程，就认为那是虚无缥缈的海市蜃楼，就不去做一个忠诚的共产党员。革命理想高于天。实现共产主义是我们共产党员的最高理想，而这个最高理想是需要一代又一代人接力奋斗的。"[②]从作用的角度看，理想信念对社会发展起着引导社会价值、调控社会秩序、凝聚社会力量的作用。这个作用，被习近平称为"总开关"。2013年9月23日至25日，习近平总书记在河北参加省委常委班子党的群众路线教育实践活动专题民主生活会时，强调要坚定理想信念，切实解决好世界观、人生观、价值观这个"总开关"问题。[③]

"革命理想高于天"这个科学论断，从战略高度定位了理想信念，彰显了马克思主义的理论底色以及共产党人的政治本色，为中国共产党人在新时代坚守并践行共产主义远大理想和中国特色社会主义共同理想指明了方向。

(二)以社会主义核心价值观凝心聚力

习近平新时代中国特色社会主义思想贯穿着强烈的问题意识，体现着鲜明的问题导向。这一特征在人生观方面亦有突出表现。当前，我国在一定程度上存在着多种价值的相互碰撞与冲突。在实现中华民族伟大复兴的关键历史时期，解决价值扭曲、价值真空等社会问题，具有重要且急迫的现实意义。社会主义核心价值观准确凝练了当下我国人民群众价值追求的核心，提取了人民群众价值诉求最大公约数，有着为重建文化认同提供基本参照、为重建文化共识提供基本平台，为全社会价值取向提供基本坐标和判准、为人们向善提供尺度和目标的意义。同时，它还以其对现实生活的批判和反省能力，凸显了彰显理想境界、提升中国文化软实力的价值。

核心价值观有着"中轴""稳定器"的重要作用。有鉴于此，习近平总书

① 参见毛秉华：《革命理想高于天》，《红旗文稿》2015年第9期。

② 习近平：《做焦裕禄式的县委书记》，中央文献出版社2015年版，第5页。

③ 参见习近平：《坚持用好批评和自我批评的武器　提高领导班子解决自身问题能力》，《人民日报》2013年9月26日。

记明确指出:“把培育和弘扬社会主义核心价值观作为凝魂聚气、强基固本的基础工程,作为一项根本任务,切实抓紧抓好。”①在党的十九大报告中,培育和践行社会主义核心价值观,与“坚持马克思主义”“牢固树立共产主义远大理想和中国特色社会主义共同理想”“不断增强意识形态领域主导权和话语权”“推动中华优秀传统文化创造性转化、创新性发展,继承革命文化,发展社会主义先进文化”一起,被赋予“更好构筑中国精神、中国价值、中国力量,为人民提供精神指引”②的意义与地位。要准确把握习近平总书记关于社会主义核心价值观的一系列重要论述,需要特别注意理解以下几点。

首先,社会主义核心价值观为文化认同的重塑、重建提供基本参照和平台。文化认同归根到底乃是一种价值认同。伴随着全球化和市场化趋势的日益深化与拓展,当下中国的文化领域中交相震荡着前现代、现代与后现代多维话语,整个社会的文化共识度状况并不理想。社会主义核心价值观,凝结着中国优秀传统文化基因,同时又体现着社会主义制度和理念的先进性,有助于当代中国文化共识的重塑重建。

在文化认同重塑方面,社会主义核心价值观纠正了民族虚无主义和文化失败主义的心态。在改革开放所提供的东西文化深度相遇的历史语境下,中西文化之间形成了一种单向的主客体关系,中国文化因而处于“失语”状态,在民族文化心理层面一度信心不足。有学者这样揭示这一情形所潜含的认同危机:“由于物质方面的明显失败,于是只好相信原来的精神传统是错误的……既然西方是成功的,那么要成功就无非是把自己变成西方,因此,在现代化语境中,东方文化的自身认同就变成了‘让自己也变成西方’或者说‘让自己扮演他者’这样一种悖论性的自身认同,虽然它确实表达了自强的想象,可是这种自强却又是以否定自己为前提的。”③这种自我否定的极端情形甚至表现为“提出要改汉字为拼音、奉基督教为国教,以彻底改变中华民族的种属,无差别地与世界‘接轨’”④。这样一种精神状态与文化意识,

① 中共中央文献研究室编:《习近平关于全面建成小康社会论述摘编》,中央文献出版社 2016 年版,第 111～112 页。

② 习近平:《决胜全面建成小康社会 夺取新时代中国特色社会主义伟大胜利——在中国共产党第十九次全国代表大会上的报告》,人民出版社 2017 年版,第 23 页。

③ 赵汀阳:《认同与文化自身认同》,《哲学研究》2003 年第 7 期。

④ 王岳川:《从“去中国化”到“再中国化”的文化战略——大国文化安全与新世纪中国文化的世界化》,《贵州社会科学》2008 年第 10 期。

势必会消解社会的凝聚力。在《新民主主义论》中，毛泽东说："在这个新社会和新国家中，不但有新政治、新经济，而且有新文化。这就是说，我们不但要把一个政治上受压迫、经济上受剥削的中国，变为一个政治上自由和经济上繁荣的中国，而且要把一个被旧文化统治因而愚昧落后的中国，变为一个被新文化统治因而文明先进的中国。一句话，我们要建立一个新中国。建立中华民族的新文化，这就是我们在文化领域中的目的。"①对此，习近平总书记有着高度自信。他说："中国人民的特质、禀赋不仅铸就了绵延几千年发展至今的中华文明，而且深刻影响着当代中国发展进步，深刻影响着当代中国人的精神世界。中国人民在长期奋斗中培育、继承、发展起来的伟大民族精神，为中国发展和人类文明进步提供了强大精神动力。"②文化自信意味着对本位文化的认同，它有助于统和民众意志、确保文化的独立与安全。缺少对本位文化的认同，社会主义现代化强国的建设就是无法想象的。有了文化自信这一基石，政治制度、意识形态、文化价值观的认同皆可稳固，并为社会发展提供不竭的精神动力。

在对社会思潮进行整合方面，社会主义核心价值观为抵御西方"普世价值"观念提供了思想武器。全球化时代，国家之间的意识形态斗争愈发隐蔽，所谓的"意识形态终结论""普世价值论"的本质已经被学界揭露。它们只是在表面上宣扬意识形态的没落和"全人类的价值"。其实质在于要求马克思主义意识形态终结，为推进西方资本主义国家的政治理念和制度模式"普世化"而鼓呼。③ 在这样一种背景下，马克思和恩格斯在《共产主义者同盟章程》中提出的"宣传和政治斗争的手段"④尤为重要。一个民族、一个国家的核心价值观必须同这个民族、这个国家的历史文化相契合，同这个民族、这个国家的人民正在进行的奋斗相结合，同这个民族、这个国家需要解决的时代问题相适应。习近平总书记在中央政治局第十三次集体学习时就讲过，"培育和弘扬核心价值观，有效整合社会意识，是社会系统得以正常运转、社会秩序得以有效维护的重要途径"⑤，揭橥了社会主义核心价值观帮助

① 《毛泽东选集》第2卷，人民出版社1991年版，第663页。

② 习近平：《在第十三届全国人民代表大会第一次会议上的讲话》，人民出版社2018年版，第2页。

③ 参见蒋旭东：《对"淡化意识形态"思潮的思考》，《思想理论教育导刊》2010年第9期。

④ 《马克思恩格斯全集》第10卷，人民出版社1998年版，第744页。

⑤ 《习近平谈治国理政》，外文出版社2014年版，第143页。

人们拨开思想迷雾，增强对中华民族的向心力及归属感，有助于当代中国社会的自我认同与自我确认的现实意义。

第二，倡导社会主义核心价值观，有着强化全社会价值导向的意义。对于整个社会来说，究竟提倡什么、反对什么，必须旗帜鲜明。倡导并弘扬社会主义核心价值观，事实上意味着宣示一种基本的价值标准和价值取向，为全社会的价值取向提供基本坐标和判准，为人们向善提供尺度和目标。

在这种现实背景下，培育和践行社会主义核心价值观，可以为社会运行以及人们的言行思维营造自律氛围，为人们的价值选择提供引导，为人们的精神世界提供价值支撑。对此，习近平总书记这样阐释社会主义核心价值观的意义："对一个民族、一个国家来说，最持久、最深层的力量是全社会共同认可的核心价值观。核心价值观，承载着一个民族、一个国家的精神追求，体现着一个社会评判是非曲直的价值标准……核心价值观，其实就是一种德，既是个人的德，也是一种大德，就是国家的德、社会的德。国无德不兴，人无德不立。"①对于全社会牢固树立社会主义核心价值观的前景，习近平总书记则这样描绘："全体人民一起努力，通过持之以恒的奋斗，把我们的国家建设得更加富强、更加民主、更加文明、更加和谐、更加美丽，让中华民族以更加自信、更加自强的姿态屹立于世界民族之林。"②

第三，倡导社会主义核心价值观，有助于提升文化软实力。文化软实力的提升在 21 世纪的国际竞争中已经变得越来越重要。社会主义核心价值观作为先进文化发展方向的代表，同时又以扬弃的方式包含了中华优秀传统文化因子，不仅对于现实生活具有批判和反省能力，而且表征着理想的境界。因而，它体现着民族性和时代性维度上出来的双重文化优势，本身即是一种强大的文化软实力。

在任何一个国家的崛起过程中，文化的昌盛都是必不可少的一个方面。在今天的世界发展格局中，文化软实力的地位愈发重要。社会主义核心价值观的提出，是当代中国对国家文化软实力提升的一种自觉。现代社会，人们所面临的困境既来自人与自然的关系，也来自人与人的关系。人不断地游离自己的本质，从而导致人与自然、人与人、人与自我之间敌对性的疏离

---

① 《习近平谈治国理政》，外文出版社 2014 年版，第 168 页。
② 《习近平谈治国理政》，外文出版社 2014 年版，第 169 页。

和对立，是现代性语境中人的生存困境的内在缘由。西方学界进行了较为深刻的反思。他们认为，要突破现状，解决危机，寻求西方文化的未来发展，必须返回自身文化的源头，重新审视历史，重新认识自己，寻找新的出发点。要做到这一点，就需要确立一个新的参照系，以“他者”为参照，重新反观其自身的文化。中国正是构成这种“外在观点”的最好参照系。[①] 中国传统价值追求一种“合内外之道”的德性伦理生活，为人类走出现代性危机提供一种文化向度。社会主义核心价值观在反映社会主义本质的要求、继承中国传统价值精华的同时，还符合人类共同价值的要求。它从中华优秀传统文化中汲取了丰富营养，充分体现了对中华优秀传统文化的传承和升华，既体现了中国人的独特精神世界，又为人类更美好的明天提供了中国智慧。

习近平总书记说：“一个民族、一个国家，必须知道自己是谁，是从哪里来的，要到哪里去，想明白了、想对了，就要坚定不移朝着目标前进。”[②]把中国人民紧紧凝聚在一起的，就是中华民族共同培育的民族精神和核心价值观。以弘扬民族精神和时代精神，着力塑造中国精神为导向的社会主义核心价值观，既立足中国，又回应人类关切；既具有深厚历史底蕴，又回应反映现实需要；既满足社会主义长远发展的精神需求，又为全人类的可持续发展提供滋养与借鉴。这样一项凝魂聚气、强基固本工程的构建完成，为中国特色社会主义新时代凝心聚力，为人类更好的明天贡献了中国智慧和中国方案。

（三）不忘初心，牢记使命

人民立场，是中国共产党的根本政治立场，是其区别于其他政党的显著标志。习近平总书记严肃指出：“全党必须牢记，为什么人、靠什么人的问题，是检验一个政党、一个政权性质的试金石。”[③]在人生观和理想信念方面，习近平新时代中国特色社会主义思想的真挚人民情怀体现为“不忘初心，牢记使命”的铮铮誓言与谆谆告诫。

中国共产党的初心和使命，是马克思主义信仰、共产主义远大理想，是

---

① 参见乐黛云：《中国传统文化的一些特点及其对世界可能的贡献》，《浙江大学学报》（人文社会科学版）2007年第4期。

② 中共中央文献研究室编：《十八大以来重要文献选编》（中），中央文献出版社2016年版，第6页。

③ 《习近平谈治国理政》第2卷，外文出版社2017年版，第52页。

中国共产党自建党之初就树立的奋斗精神和赤子之心，是为实现中华民族伟大复兴而不懈奋斗的使命。这个初心和使命来自《共产党宣言》，它向世人宣告，以马克思主义为指导的共产党人，其初心和使命就是信奉并遵循“资产阶级的灭亡和无产阶级的胜利是同样不可避免的”[①]这一社会发展规律。实现共产主义，需要有能够领导革命的阶级。承担这一使命的阶级，其阶级利益必然和人类的普遍利益相吻合。作为解放者角色的阶级，它“与整个社会亲如兄弟，汇合起来，与整个社会混为一体并且被看作和被认为是社会的总代表；在这瞬间，这个阶级的要求和权利真正成了社会本身的权利和要求，它真正是社会的头脑和社会的心脏”[②]。

这样的理想追求和使命担承意味着牺牲与奉献。这种精神特质与其马克思主义创始人的禀赋关系密切。众所周知，青年时代的马克思一度高举“自我”的旗帜，以“自我”为出发点来观察、批判现实的世界，有着浓郁的浪漫主义色彩。但必须指出的是，即便在那时，马克思“自我”扮演的总是拯救者的角色。在他的志向、理想和信念中，人类和世界而不是个人从来都是绝对的主角。马克思即使沉溺于“自我”，其视野也并未离开他人，没有离开自我对现实的拯救力。他对“德意志人各自坐在安乐椅上，神情麻木，一声不响。四周的风暴在肆虐逞狂，天上阴云密布，黯淡无光，雷声隆隆，闪电似银蛇狂舞，他们的脑海里却风平浪静，十分安详”[③]的现实深为不满。17岁的马克思在思考未来时已经想到：“如果一个人只为自己劳动，他也许能够成为著名的学者、伟大的哲人、卓越的诗人，然而他永远不能成为完美的、真正伟大的人物。”[④]这样一种价值选择，使马克思认识到“哲学家并不像蘑菇那样是从地里冒出来的，他们是自己的时代、自己的人民的产物”[⑤]。

牢记初心，不忘使命，就要把自身的理想信念与广大人民群众的利益联系在一起。“‘思想’一旦离开‘利益’，就一定会使自己出丑”[⑥]，习近平总书记深知此理，他一再强调“人民是历史的创造者，群众是真正的英雄”。“中

---

① 《马克思恩格斯文集》第5卷，人民出版社2009年版，第875页。
② 《马克思恩格斯全集》第3卷，人民出版社2002年版，第210页。
③ 《马克思恩格斯全集》第1卷，人民出版社2002年版，第734页。
④ 《马克思恩格斯全集》第1卷，人民出版社2002年版，第459页。
⑤ 《马克思恩格斯全集》第1卷，人民出版社1995年版，第219页。
⑥ 《马克思恩格斯文集》第1卷，人民出版社2009年版，第286页。

国梦归根到底是人民的梦，必须紧紧依靠人民来实现，必须不断为人民造福。”[①]对于广大文艺工作者，他提出要从实现“两个一百年”奋斗目标、实现中华民族伟大复兴的中国梦的高度认识文艺的地位和作用，认识自己所担负的历史使命和责任[②]；在网络安全和信息化工作座谈会上，他提出“网上网下要形成同心圆”。“如果一个社会没有共同理想，没有共同目标，没有共同价值观，整天乱哄哄的，那就什么事也办不成。我国有13亿多人，如果弄成那样一个局面，就不符合人民利益，也不符合国家利益。”[③]在党的新闻舆论工作座谈会上，他再次强调“牢记社会责任，不断解决好‘为了谁、依靠谁、我是谁’的根本问题”[④]；对于我国广大哲学社会科学工作者，他提出“要坚持人民是历史创造者的观点，树立为人民做学问的理想”[⑤]的要求。他强调：“一切迷惘迟疑的观点，一切及时行乐的思想，一切贪图私利的行为，一切无所作为的作风，都是与此格格不入的。”[⑥]

牢记初心，不忘使命，就要坚持中国特色社会主义道路。纵观中国特色社会主义制度的形成历程，可以看出，它根植于中国的悠久历史积淀、深厚文化土壤以及复杂社会环境。20世纪初期“全盘西化派”和“整理国故派”的争论，在一个角度上可以理解为如何看待制度选择、是否承认本国的特点发展选择的问题。对于这个问题，早在1938年10月党的六届六中全会上，毛泽东就明确提出“马克思主义中国化”的科学概念。“没有抽象的马克思主义，只有具体的马克思主义。所谓具体的马克思主义，就是通过民族形式的马克思主义，就是把马克思主义应用到中国具体环境的具体斗争中去，而不是抽象地应用它。”[⑦]党的十八大刚刚闭幕，习近平总书记就在参观《复兴之路》展览时指出，我们不断艰辛探索，找到的实现中华民族伟大复兴的正确道路，就是中国特色社会主义。他强调：“全党同志必须牢记，道路决定命运，找到一条正确的道路多么不容易，我们必须坚定不移走下去。”[⑧]

---

① 《习近平谈治国理政》，外文出版社2014年版，第40页。
② 参见习近平：《在文艺工作座谈会上的讲话》，人民出版社2015年版，第2页。
③ 习近平：《在网络安全和信息化工作座谈会上的讲话》，人民出版社2016年版，第7页。
④ 《习近平谈治国理政》第2卷，外文出版社2017年版，第333页。
⑤ 习近平：《在哲学社会科学工作座谈会上的讲话》，人民出版社2016年版，第13页。
⑥ 《习近平谈治国理政》第2卷，外文出版社2017年版，第24页。
⑦ 中央档案馆编：《中共中央文件选集》第11册，中共中央党校出版社1991年版，第659页。
⑧ 《习近平谈治国理政》，外文出版社2014年版，第36页。

(四)人民有信仰,民族有希望,国家有力量

自觉自信是马克思主义政党及马克思主义者的鲜明内在禀赋和精神特质。习近平新时代中国特色社会主义思想贯穿着高度的自觉自信。表现在人生观方面,"人民有信仰,民族有希望,国家有力量"即彰显了这一思想对中国人民的自信、对中华优秀传统文化的自觉自信以及对党和国家事业光明前景的自觉自信,将极大地有助于化解新形势下不同社会群体的精神困惑,塑造崭新的民族精神面貌。

"人民有信仰""民族有希望""国家有力量"三者之间蕴含着一种因果关系。"人民有信仰"是"民族有希望""国家有力量"的原因与前提。历史证明了人民有信仰的重要性。那些在无数普通得不能再普通的红军战士、无数优秀共产党人身上实实在在地存在过的精神的力量,让人震撼、感动、景仰。那种超乎常识的力量靠的是坚定的理想信念,是一种信仰的力量。抚今追昔,习近平总书记曾经发出这样的感慨:"现在,中国的国际地位不断提高、国际影响力不断扩大,这是中国人民用自己的百年奋斗赢得的尊敬。想想近代以来中国丧权辱国、外国人在中国横行霸道的悲惨历史,真是形成了鲜明对照!"[①]共同的理想和坚定的信念是一个国家和民族无坚不摧的磅礴力量和真正优势之所在。中国的现实国情与实现中国梦的历史使命都要求人民坚定理想信念。当代中国正经历的社会变革范围之广、程度之深,正进行的实践创新之宏大、独特,前所未有。党的十九大报告将其概括为:"当前,国内外形势正在发生深刻复杂变化,我国发展仍处于重要战略机遇期,前景十分光明,挑战也十分严峻。"[②]维护、捍卫甚至创造条件确保"重要战略机遇期",以期顺利实现中华民族的伟大复兴,是一项复杂、繁重的历史任务。这一历史任务的完成,需要强大的精神力量支撑。倘若放弃对崇高理想信念的追求,社会发展程度再高,经济再繁荣,国家和民族都不可能巍然屹立于世界。

人民是历史的创造者,是真正的英雄,这是唯物史观的基本立场。人民

---

① 《习近平谈治国理政》,外文出版社 2014 年版,第 170 页。

② 习近平:《决胜全面建成小康社会 夺取新时代中国特色社会主义伟大胜利——在中国共产党第十九次全国代表大会上的报告》,人民出版社 2017 年版,第 2 页。

永远是国家存在的基础和依托。但是,这并不意味着人民群众的觉悟天然就处于较高层次。人民群众觉悟的提高需要引导、教育。毛泽东曾经指出:“当着人民还不觉悟的时候,把革命果实送给人家是完全可能的。”[①]“人民的觉悟不是容易的,要去掉人民脑子中的错误思想,需要我们做很多切切实实的工作。对于中国人民脑子中的落后的东西,我们要去扫除,就像用扫帚打扫房子一样。从来没有不经过打扫而自动去掉的灰尘。我们要在人民群众中间,广泛地进行宣传教育工作,使人民认识到中国的真实情况和动向,对于自己的力量具备信心。”[②]诚然,中国人民具有伟大创造精神、伟大奋斗精神、伟大团结精神、伟大梦想精神。正如习近平总书记所说:“中国人民相信,山再高,往上攀,总能登顶;路再长,走下去,定能到达。近代以来,实现中华民族伟大复兴成为中华民族最伟大的梦想,中国人民百折不挠、坚忍不拔,以同敌人血战到底的气概、在自力更生的基础上光复旧物的决心、自立于世界民族之林的能力,为实现这个伟大梦想进行了170多年的持续奋斗。”[③]但是,毋庸讳言,视金钱为万能、将个人利益极端化、历史虚无、盲目崇外的现象在当下都并非个别,人们现实的精神状态与理想状态还有着相当的差距。人民的信仰状况如何,已经成为影响中华民族伟大复兴的重要因素。中国共产党人的最终奋斗目标是实现共产主义,人民群众的主体性最终得以完全实现,人民真正成为自己的主人。只有在广大人民群众中构筑健康而崇高的信仰,中华民族伟大复兴的希望才能化为现实。在这个意义上,“人民有信仰,民族有希望,国家有力量”的提出,彰显了对理想与现实的双重关照。

综上所述,习近平总书记关于崇高人生观的重要论述是习近平新时代中国特色社会主义思想的重要组成部分,标志着以马克思主义为指导、勇担民族复兴历史大任的中国共产党,在新时代又自觉承担起传承和升华中国人的独特精神世界、建构广大人民群众信仰世界的时代使命。习近平总书记的这些重要论述,对于融合传统德性文化中个体修养以及马克思主义强调在人类整体发展中彰显自身价值具有重要启发。对此加以深刻理解并践

---

① 《毛泽东选集》第4卷,人民出版社1991年版,第1131页。
② 《毛泽东选集》第4卷,人民出版社1991年版,第1131页。
③ 习近平:《在第十三届全国人民代表大会第一次会议上的讲话》,人民出版社2018年版,第5页。

行，既是中华民族伟大复兴的题中之义，亦是这一辉煌历史进程的道德支撑与强大助力。

三、文化软实力“潜”与“显”的唯物史观解读

软实力与硬实力相对应，源自一个国家文化、政治观念和政策的吸引力，是一种通过吸引而非强迫的手段来达到自己愿望的能力。中国学界对软实力的研究，着重于文化软实力。文化软实力是指文化在一个国家的吸引力、感召力和影响力中的作用，凸显的是软实力与精神文化直接对应的本质属性。近年来，国内学界就如何提升中国文化软实力提出了很多可贵的思路。党的十九大报告在对“决胜全面建成小康社会　夺取新时代中国特色社会主义伟大胜利”的宏伟蓝图以及中国未来发展进行谋划时，将“国家文化软实力显著增强”作为重要战略目标。深入研究文化软实力的深层学理问题，因而成为当下重要的理论任务。本书尝试探讨文化软实力“潜”与“显”背后的历史逻辑，以期对有关的学理研究有所裨益，为中华民族以更加昂扬的姿态屹立于世界民族之林这一目标的实现奠定坚实的理论基础。

（一）文化软实力的“潜”“显”与文化主体性

每个时代的哲学都要关注和思考其所属历史时期的重大问题。对一个时代的重大问题进行学理的追索，既是哲学的任务，亦是深入理解和把握这个时代的方式。马克思说，问题“是公开的、无所顾忌的、支配一切个人的时代之声。问题是时代的格言，是表现时代内心状态的最实际的呼声”①。软实力概念的提出即是如此。有学者指出，这一概念的提出，有其战略背景，即为美国提供一种新的领导世界的途径和方式。② 国内关于文化软实力的研究，同样是一个可以在“时代呼声”“时代格言”意义上来观照的重大问题。这一研究成为中国当下的“显学”绝非偶然。作为我们这个时代精神状态的一种反映，它意味着中国的文化软实力经历了长期的“潜在”状态之后，正在向“显在”状态转变。正如党的十九大报告所指出的那样，“文化自信得到彰

---

① 《马克思恩格斯全集》第1卷，人民出版社1995年版，第203页。

② 参见张国祚：《文化软实力研究》，《中国高校社会科学》2015年第1期。

显，国家文化软实力和中华文化影响力大幅提升”[①]。

何谓文化软实力的“潜”与“显”？要理解这一问题，首先需要对“潜”“显”作一解释。“潜”即潜在。处于潜在状态的事物、特质并非不存在，而只是没有表现出来，没有或极少被认识到。“显”即显在。某一事物、特质处于显在状态，则意味着它被认识得较为充分。从一般意义上而言，“潜”“显”只是一种对事物或特质发展状态的客观界定和描述，并不带有价值评价的意义。但是，在谈论文化软实力这一问题时，这种情况就有所不同，“潜”与“显”带有价值评价的意味。文化有其民族性，每一个民族都会在自己的历史发展进程中形成具有自身特点的文化。历经世世代代的积淀和传承，民族文化始终保持自身同一性的倾向，具有较强的稳定性和历史延续性，成为一个民族之所以区别于他民族的重要标识。文化软实力作为一个民族的文化影响力、吸引力、感召力，是在与他民族文化比较的意义中凸显出来的。在不同的历史阶段，同一个民族的文化，其软实力却有着“潜”“显”的显著差别。文化软实力之“潜”是指在某一个历史阶段，一个民族的文化在本民族内部被大加批判，同时也对他民族丧失吸引力。文化软实力之“显”意味着在某一历史阶段，一个民族的文化在本民族内部被认可、尊奉，并引以为豪，同时又对他民族形成强大的吸引力和感召力。换言之，文化软实力的“潜”“显”之别并非仅仅表现在他民族对某一民族文化的态度上，这一区别还与本民族对的总体态度直接对应。

一民族对自我文化的态度是判断其文化主体性是否确立的主要标准。讨论文化主体性，要有一个“非我”（他民族文化）与之相对照。两种异质文化的相遇，为讨论这一问题提供了前提与语境。借助他民族文化提供的参照与反省条件，一民族才得以对自我文化存在及其特质加以确认。在这一过程中，一民族对他民族文化有三种可能的姿态：仰视、俯视、平视。仰视对方同时意味着一种自我矮化，会导致对自我文化的极度自卑，并由此形成文化焦虑。俯视对方则意味着一种自我膨胀，会导致对自我文化自视过高，并由此形成文化自负。这两种姿态，显然是一民族在面对外来文化时自觉自省结果的不同呈现。这两种自觉自省，虽由不同的立场出发，并且经由不同

---

① 习近平：《决胜全面建成小康社会　夺取新时代中国特色社会主义伟大胜利——在中国共产党第十九次全国代表大会上的报告》，人民出版社 2017 年版，第 5 页。

路径，但在正确认识自我文化方面最终殊途同归，都走向自尊自重的反面：或者陷入自怨自艾甚至自轻自贱的状态，或者陷入于一种目中无人、唯我独尊的迷幻，都无法形成对自我文化的恰当认识。这两种状态的任何一种，都无法催生面对未来的积极适应性与创造性。对他民族文化的平视，方才是一种既尊重自我又尊重他者、平等以待的恰当态度。面对一种外来文化，对自我文化保持同情和敬意的理解、尊重，确立一种"以我为主"的基本立场，并在此基础上吸收、借鉴外来文化，并促进形成应对现实与未来挑战的积极的适应性与创造性，才意味着文化主体性的确立。

文化软实力凸显的是文化的吸引力和影响力，一种文化在自我迷失的状态中显然无法产生这种力量。只有在其主体性得以确立之时，一种文化的软实力才能得到真正的彰显。如果其主体性陷入迷失状态，则文化软实力必然被遮蔽，进入潜在状态。换言之，文化软实力的彰显、提升，都以文化主体性的确立为前提、基础和条件。如果说文化软实力的"潜""显"之别是其状态上的质的区别的话，那么文化软实力的大小问题则是一个量的差异的问题。用辩证法的观点看，量要受到质的限制，而同一种质在一定范围内则可以有不同的量。也就是说，文化软实力的"潜"与"显"，作为不同的状态，其程度高低又可以通过文化软实力的大小来具体体现。处于显在状态的文化软实力，其吸引力与影响力总体上必然大。处于潜在状态下的文化软实力，其吸引力与影响力总体上必然小。文化软实力的提升是一个动态的过程，其大小会有具体的差异。但是，这一提升一定是建立在文化主体性确立基础之上的。

（二）文化软实力"潜"与"显"的互现

回望历史，可以发现，近代以来中国文化主体性经历了性质不同、程度不同的两次迷失。在这两个历史阶段，中国的文化软实力都处于一种潜在状态。

第一次迷失发生在鸦片战争之后，深入经济、政治、文化、日常生活诸方面，特征显著。对于拥有五千多年未曾中断文明发展进程的泱泱中华而言，文化原本应是国人自豪的源泉之一。近代以前，中国传统文化以一种"百姓日用而不知"的状态存在，在"六经注我"与"我注六经"模式中变迁，体现为一种嬗变式的自我延伸，几乎没有外来因素的干扰，外来威胁更是无从谈起。鸦片战争之后，完全异于中国文化的西方文化以一种胁迫生存的方式呈现在中国人面前。历史的展开，为我们提供了借助他民族文化提供的参照与反省条件认识自身的机会。在这个过程中，国人产生了强烈的挫败感，产生了对传统文化焦虑、失望甚至痛恨的情绪。自卑于本民族文化的心理在当时中国人的认知中相当普遍。梁漱溟曾说："中国文化之相形见绌，中国文化因外来文化之影响而起变化，以致根本动摇，皆只是最近一百余年之事而已。"①在人们看来，战争的失败已经将西方文明的优势尽数反映出来，作为中国文化组成部分的衣食住行生活诸方面都不及西洋。胡适的概括相当直白尖锐：我们的百事不如人表现在各个领域，从物质机械的层面到政治制度层面，再到道德领域，从知识到文学到音乐到艺术各个方面，再加上身体，样样不如人。② 这些表达如此通俗、直接，愈发反映了学者对中国文化哀怒兼具的态度。尽管其间也有保守派对中国文化的竭力辩护，但是人们对信仰的动摇还是普遍而深刻地发生了。那种曾经把中国视作开化、发达，堪称天下之中央，"夷"（西方）则是未开化的地方，位于天下边缘的观念崩塌了，"中国"一词在新的叙事话语体系中成为一种与西方对立并低于西方的文化存在。应该说，这样一种对待本民族文化的态度，仍然是以意识到自我与他者的不同为前提的，也是文化自觉的一种表现形式。但是，它基于一种对自我文化的切割、分类、挑拣、摒弃与褒贬，这种自觉导致的只是严重的文化自卑和文化焦虑。中国文化的主体性几近于无，文化软实力因而被严重遮蔽。

中华人民共和国的建立标志着这一次文化主体性迷失的终结。人民掌握了国家政权，中国的文化建设也随之进入了新的历史阶段。毛泽东在第一届全国政协会议上对中国文化未来发展前景的判断显示了共产党人对文化建设的信心。他说："随着经济建设的高潮的到来，不可避免地将要出现一个文化建设的高潮。中国人被人认为不文明的时代已经过去了，我们将以一个具有高度文化的民族出现于世界。"③这一论断，显示了毛泽东一贯的气魄与胸襟，其中所蕴含的文化发展依赖于经济发展的立场也彰显了他深

---

① 《梁漱溟全集》第 3 卷，山东人民出版社 1990 年版，第 11 页。

② 参见葛懋春、李兴芝编：《胡适哲学思想资料选》上册，华东师范大学出版社 1981 年版，第 345 页。

③ 《毛泽东文集》第 5 卷，人民出版社 1996 年版，第 345 页。

厚的唯物史观理论素养。

唯物辩证法认为，事物的发展是通过一次又一次的辩证否定来开辟自身发展道路的。中国文化主体性的确立也是如此。伴随着中国进入社会主义初级阶段而确立起来的中国文化主体性，在改革开放以后又经历了第二次迷失，表现为改革开放初期一些社会思潮中的西化倾向，具有局部性质。党的十八大报告强调要扎实推进社会主义文化强国建设，明确提出："一定要坚持社会主义先进文化前进方向，树立高度的文化自觉和文化自信，向着建设社会主义文化强国宏伟目标阔步前进。"①从一方面来看，这是第二次迷失走向终结的标志。从另一个方面看，恰恰是对这一次迷失的全面反思和深度觉醒，"文化自信"才得以与"道路自信""理论自信""制度自信"并列在一起。

伴随着改革开放的进程，西方的生活方式、思维方式逐渐从为国人所知晓发展到被一部分人推崇。在日常生活层面，有些人在衣食住行中推崇西方生活模式并刻意模仿；在理论层面，人文社会科学研究在一定程度上存在视西学为标准的倾向。诸如史学研究领域有学者套用西方模式来研究中国历史，法学领域一度出现过于强调对现代法各种学术成果继受的情形，经济学领域也不乏过于推崇西方经济学的声音。② 作为中国思想文化走向活跃的显著表征，20 世纪 80 年代中期以后出现的"文化热"将文化引进和文化比较放在了重要位置。有些丛书和译丛的主题名为"当代学术""西方学术""现代文化"，但其主要内容多为"西方学术"。在一定意义上说，这种学术引进和学术比较或多或少地隐含着将中国学术视为对于西方落后的潜在立场。尽管这一次对中国文化的批判性检讨，并不像鸦片战争之后那样使用彻底否定的语言来表明急迫的心态，但其出发点仍然包含着对本民族文化的不自信，甚至曾一度出现的资产阶级自由化思潮即是这一心态的典型例证。

当然，必须指出的是，鸦片战争之后的文化主体性迷失源于整体性的民族生存危机，是中华民族对未来发展道路的深度迷茫在文化问题上的一种反映。在这个意义上说，第一次迷失是全局性的，第二次则与之有着根本性

① 《胡锦涛文选》第 3 卷，人民出版社 2016 年版，第 640 页。

② 参见郝书翠：《中西文化比较中二元对立倾向的文化学依据》，《科学技术哲学研究》2010 年第 2 期。

的不同，它产生于中国特色社会主义理论与实践不断发展完善的进程中，国家解放、民族独立的历史任务已经完成，建设社会主义、实现现代化的选择已经确立。作为先进阶级代表的中国共产党始终发挥着领导核心的作用，始终重视并坚持不懈地推进文化建设，文化发展的根本方向是合理的、先进的。但是，由于经济发展迅速、社会转型急剧，文化建设未能与之同步，以至于一部分人群在文化心态上产生了一些模糊性认识。因此，在这个意义上说，这一次迷失源自改革开放过程中难以避免的、对自我文化的某些认识偏差，具有局部性质。正因如此，在这一次迷失中，反思、反省并不鲜见。有学者指出，1989 年的“纪念孔子诞辰 2540 周年国际学术讨论会”可以看作文化研究开始转向的标志，自此人们的态度“从激烈地批判、否定传统，开始调整为重新认识传统、肯定传统”[①]。20 世纪 90 年代费孝通提出“文化自觉”这一概念之后，强调中国文化独特性及其价值的声音更是逐渐多了起来。不仅如此，学界还在传统文化与马克思主义的结合方面有了深入认识，最具代表性的乃是方克立先生就中国新文化领域提出的“马魂、中体、西用”论。[②] 正是由于在深层次上逐步认识到了传统文化、革命文化与社会主义先进文化的统一，继党的十六大报告开启了每一届党的代表大会政治报告都要专辟文化建设部分的先河之后，党的十七大报告明确提出“中华文化”概念，提出“弘扬中华文化，建设中华民族共有精神家园”，使传统文化“与当代社会相适应，与现代文明相协调，保持民族性，体现时代性”[③]的目标。中共十七届六中全会专门作了关于《中共中央关于深化文化体制改革推动社会主义文化大发展大繁荣若干重大问题的决定》的说明。党的十八大报告明确提出树立高度的文化自觉与文化自信。[④] 而党的十九大报告则明确强调“发展中国特色社会主义文化，就是以马克思主义为指导，坚守中华文化立场”[⑤]。这一进程既是文明和文化发展的内在逻辑，也是认识不断深入的结果。

对两次文化主体性迷失作一归纳，就可以看出，20 世纪初被隐约提出或

---

① 李宗桂：《40 年文化研究的反思和前景展望》，《社会科学战线》2018 年第 10 期。

② 参见方克立：《关于文化体用问题》，《社会科学战线》2006 年第 4 期。

③ 《胡锦涛文选》第 2 卷，人民出版社 2016 年版，第 640～641 页。

④ 参见《胡锦涛文选》第 3 卷，人民出版社 2016 年版，第 640 页。

⑤ 习近平：《决胜全面建成小康社会　夺取新时代中国特色社会主义伟大胜利——在中国共产党第十九次全国代表大会上的报告》，人民出版社 2017 年版，第 5 页。

初步讨论的“中国有没有哲学”“中国有没有美学”“中国有没有科学”“中国有没有知识分子”“中国有没有思想家”“中国有没有真正的逻辑学”等问题，都在中国文化主体性的第二次迷失中又一次被学术界广泛讨论。这些问题背后隐含着一个基于西方标准的参照系，或多或少地蕴含着希望中国学术在被裁剪、拼接甚至再造之后能够嵌入到西方学术框架内的理论期待，或隐或显、或激烈或平和地存在“西强我弱”“西进步我保守”“西先进我落后”之类的“西方中心论”的视野和态度。在此背景下，文化主体性的确立仍然阻力重重，文化软实力也依然处于潜在状态。可见，尽管中国文化主体性的两次迷失发生于截然不同的历史情境，且性质、程度均有显著差异，但他们具有相似的外在表现，而且人们的心态重合度较高。这就意味着，文化软实力的“潜”与“显”背后有着强大的历史逻辑。对于文化问题的理解，需要进一步挖掘其背后的理论解释框架。

(三)文化软实力“潜”与“显”的经济因素

唯物史观强调社会存在决定社会意识，这是辩证把握社会存在与社会意识关系的前提。文化作为社会意识的重要内容之一，其存在和发展显然无法孤立于社会存在变迁之外。《共产党宣言》这样阐释“世界的文学”形成的物质条件：“资产阶级，由于开拓了世界市场，使一切国家的生产和消费都成为世界性的了……物质的生产是如此，精神的生产也是如此。各民族的精神产品成了公共的财产。民族的片面性和局限性日益成为不可能，于是由许多种民族的和地方的文学形成了一种世界的文学。”[1]唯物史观诚然不是机械唯物论和历史宿命论，它将辩证法运用到历史领域，在承认并肯定物质资料的生产方式对历史发展的根本决定作用的同时，又承认社会意识的相对独立地位和能动作用。但是，社会意识的独立性只是相对的，建立在社会存在的决定性基础之上。对社会意识所作的任何超历史的理解，都是唯心史观的表现。唯物史观之所以能够作为认识、分析、解决社会问题、推动历史进步的强大思想武器，其原因就在于它正确地揭示了纷繁复杂的社会历史现象背后的本质。对于中国文化主体性的迷失及其文化软实力“潜”与“显”演变的分析，同样不能摆脱这一历史逻辑。

---

① 《马克思恩格斯选集》第1卷，人民出版社2012年版，第404页。

鸦片战争之前，中国文化没有遭到国人的怀疑，更谈不上文化危机。在对外文化交往中，中国文化从总体上处于高势位，是被学习的对象，同时还表现出很强的包容性。印度佛教文化的传入和阿拉伯文化的东来，其结果都是“以夏变夷”。这诚然绝非单一的经济因素可以解释。但是，经济因素的重要性是无法回避的。鸦片战争之前，西方文化和中国文化都各自在自己的轨道上发展。此时，马克思所言的世界历史并没有展开，世界市场还未形成，不同的文化还没有真正相遇，也就不存在真正意义上的文化比较。需要追问的是，鸦片战争何以成为历史的转折点？从唯物史观的角度来看，鸦片战争的胜负表面看起来是两个国家的胜负，其实质则是两种生产方式的胜负，是资本主义时代的工业生产方式战胜了封建社会的农业生产方式。在明代中期以前，中国是世界上最发达的国家，这绝不仅仅是因为中国拥有众所周知的诸子百家、盛唐气象、两宋文化，其更重要、更根本的原因乃是中国当时是世界上经济最为繁荣发达的国家。直到18世纪，与当时作为欧洲名片的著名城市巴黎、伦敦、罗马相比，“在城市规模、人口数量、财富积聚、文化含量等方面，北京仍具有无可比拟的明显优势”①。但是，当西方资本主义兴起时，中国仍然是农业生产方式占主导的社会。中国“乾嘉盛世”之际，英国完成工业革命，成为世界工厂。生产力的迅猛发展大大加快了其物质财富积累的速度。“西学东渐”之所以在鸦片战争之后成为文化的基本趋向，乃是由于西方在经济上大大超过了东方。这既是唯物史观的逻辑，亦是历史本身的逻辑。马克思认为，随着工业革命的发生和世界市场的开辟，生产力和人类交往获得了普遍的发展，从而推动了“历史向世界历史的转变”。在先进生产方式的推动下，西方成为“世界历史”的主宰者，西方文化因而被贴上先进的标签，成为被效仿和学习的对象。中国文化则沦为西方话语霸权之下落后的“他者”。中西文化吸引力此消彼长的历史轨迹，归根结底是被世界资本主义潮流裹挟的结果，是世界资本主义开辟市场的必然进程在文化领域的反映。在中西历史与现实有着如此显著的反差、中西文化有着如此时代差距的情况下，中国学习西方先进文化的愿望如此强烈的背景下，在中国文化主体性的衰落即成为不可避免的历史命运。

---

① 欧阳哲生:《盛世下的忧患——中西关系视角下的康雍乾盛世》,《北京大学学报》(哲学社会科学版)2014年第5期。

中国文化主体性的第二次迷失，同样可以从经济的角度获得解释。第二次世界大战结束之后，人类开始了世界性的工业革命浪潮，经济全球化迅速发展。众多发展中国家开始了加速工业化进程，成为新兴工业国。像美国这样工业化程度原本就处于高水平的国家，开始掀起高科技革命的浪潮，揭开了第三次工业革命的大幕。按照美国学者伊曼纽尔·沃勒斯坦的观点，在经济体系的全球化这一历史进程中，经济向民族国家国民经济发展的趋势在20世纪50～60年代达到了顶峰。[①] 而20世纪70年代末中国的工业化还刚刚起步，其经济水平远远落后于世界平均水平。有数据显示，中国1978年的人均国民生产总值大致相当于美国的1/66、日本的1/56、世界平均水平的1/13[②]。这种物质层面巨大的反差，可以说为人们对自我文化价值的怀疑提供了源动因。

不仅是文化主体性迷失的根由可以从唯物史观中得到解释，这一问题的历史演进从总体上也蕴含着这一逻辑。中国文化主体性第一次迷失之后，中华民族设计、选择、实践了一系列自救路径：从追求物质文明进步的洋务运动到变革制度文明的戊戌变法和辛亥革命，再到反思精神文明的五四新文化运动。它们在历史进程中展现了历时性，在逻辑进程中则蕴含着经济→政治→文化这样一种由表及里、由浅入深的层层递进关系。改革开放以来，中国重提"现代化"，中共中央先后通过了《关于经济体制改革的决定》（中共十二届三中全会）、《政治体制改革的长远目标和近期要求》（中共十三大）、《关于文化体制改革的决定》（中共十七届六中全会）。这一进程同样蕴含着突出和强调经济基础作用的逻辑。党的十七大报告将"文化软实力"定位为综合国力的重要组成部分，这意味着在突出"文化"在软实力中核心地位的同时，明确"文化软实力"要放在综合国力的范围内考虑。而所谓综合国力，则显然不能简化为文化建设，它是经济、政治、文化各方面力量的集合与综合，排在第一位的是经济建设。文化赖以附着的基础是经济。在提升文化软实力这一问题上，党的十八大报告和十九大报告同样延续了这一逻辑，社会存在决定社会意识的唯物史观原则依然深刻地体现在提升文化软

① 参见崔兆玉、张晓忠：《学术界关于"全球化"阶段划分的若干观点》，《当代世界与社会主义》2002年第3期。

② 参见臧旭恒、李扬、贺洋：《中国崛起与世界经济版图的改变》，《经济学家》2014年第1期。

实力的战略谋划中。

当下，文化软实力正日益成为全球国际竞争的重要内涵之一，几乎人人都能意识到文化地位之显赫。然而，是否文化问题就成了首要问题，是否近代以来中国落后的首要原因在于文化，是否文化软实力已经成为国家建设最重要的领域？唯物史观的回答是否定的。有学者认为，近代以来，中国与西方的落差，有硬实力（经济、军事）方面的差距，“但更重要的是在文化软实力方面”[①]。这种观点难免有文化决定论之嫌。从根本上说，文化决定论乃是唯心史观的一种表现形式，它从根本上倒置社会存在与社会意识的关系。这就涉及对文化定位的理解问题，也涉及唯物史观立场的贯彻问题。文化，诚然会在某些历史阶段成为被特别关注的热点问题和重要方面，但是揭开历史的面纱就会看到其被关注的背后总是会有经济发展的因素。20 世纪末，有一股思潮大力肯定中国文化。考察其背景，经济的要素仍然是首要的。东亚地区出现新兴工业化经济，日本和亚洲四小龙这些受到中国儒家文化影响的国家和地区人均收入与发达国家的差距大大缩小。正是这样的经济影响力，吸引了人们关注的目光，进而去寻求支撑其经济发展的要素，去探讨其文化支撑。时至今日，对于中国文化软实力增强的热望强烈涌动。支撑它的，仍然是经济要素。数据显示，相较于 1978 年，2011 年中国人均国内生产总值与美国等世界主要经济体之间的差距，总体上降低超过 7 倍。[②]而中国人口基数巨大则是众所周知的现实。将整体差距的迅速缩小和巨大的人口基数两个因素综合起来考虑，即可以理解“中国”一词广受关注的背后是其令世人惊异的经济发展速度。这恰恰构成了文化软实力建立在硬实力之上的历史实践证据。换言之，中国当前对文化软实力的热切关注，恰恰是唯物史观历史逻辑的现实注脚。坚持这一历史逻辑，方能对中国文化主体性的迷失作出根本解释，为中国文化软实力的彰显奠定坚实基础。

（四）确立文化问题在唯物史观中恰当位置的现实意义

强调文化软实力背后是唯物史观的逻辑，绝不意味着要漠视文化自身

---

① 徐艳、夏文斌：《民族复兴视角下的文化软实力建设》，《深圳大学学报》（哲学社会科学版）2016 年第 2 期。

② 参见臧旭恒、李扬、贺洋：《中国崛起与世界经济版图的改变》，《经济学家》2014 年第 1 期。

价值及其能动的反作用，更不是要走向机械唯物主义。唯物史观反对文化决定论，同时强调文化在社会发展中的重要能动作用。只要尊重历史的辩证法，就会确立文化软实力的恰当定位。一方面，重建中国文化的主体性，提升中国文化软实力，需要以中国的发展为前提。逐渐强大起来的中国已经不再是百年前奄奄一息的"东亚病夫"，整个世界的格局都因为中国的崛起而发生深刻变化。这一历史性变化促使世界关注中国的发展实践及其成功经验，启发人们去挖掘其中蕴含的文化方面的独特贡献，以获得推动全人类文明进步的智慧启迪。中国道路因而开始进入国际的期待视野。这乃是中国文化软实力彰显的坚实社会基础。可以说，如果没有中国经济社会的高速发展，人们难免依然难以摆脱对西方文化的深度羡慕与推崇。即便是有学理上的反思出现，文化软实力提升也很难成为备受关注的学术热点，更难成为社会的普遍心态。另一方面，中国文化软实力的提升反过来又将极大地促进中国的发展，进而有力地推动中华民族伟大复兴的历史进程。

习近平总书记说："中国人民的特质、禀赋不仅铸就了绵延几千年发展至今的中华文明，而且深刻影响着当代中国发展进步，深刻影响着当代中国人的精神世界。中国人民在长期奋斗中培育、继承、发展起来的伟大民族精神，为中国发展和人类文明进步提供了强大精神动力。"①文化主体性的觉醒意味着对本位文化的认同，有助于凝聚民族向心力、确保文化的独立与安全。缺少对本位文化的认同，社会主义现代化强国的建成就是无法想象的。有了文化自信这一基石，政治制度、意识形态、文化价值观的认同皆可稳固，并为社会发展提供持续不竭的精神动力。中国特色社会主义进入新时代，中华民族从站起来、富起来到强起来，文化要承担起更大的责任和使命。正是基于这一认识，站在新的历史方位上，党的十九大报告将文化自信的重要性提升到了前所未有的高度，"文化兴国运兴，文化强民族强。没有高度的文化自信，没有文化的繁荣兴盛，就没有中华民族伟大复兴"②。

文化主体性的重建、文化软实力的提升，具有重要的历史意义。在新的历史语境下，中国文化主体性意识已经觉醒，国人已经越来越深刻地认识到

---

① 习近平：《在第十三届全国人民代表大会第一次会议上的讲话》，《人民日报》2018年3月21日。

② 习近平：《决胜全面建成小康社会　夺取新时代中国特色社会主义伟大胜利——在中国共产党第十九次全国代表大会上的报告》，人民出版社2017年版，第41～42页。

重新认识和评价中华优秀传统文化、重新理解中华民族国民精神和民族性格的重要性，认识到中华优秀传统文化、革命文化与社会主义先进文化的内在一致性。这一趋势在人文社会科学诸领域中开始显著表现出来。譬如，政治学领域产生了一系列反思西方政体思维模式，从中国角度提出合适的治理之道的学术成果。社会学领域积极推进社会学的中国化，努力使之成为本质上有别于西方各国的、密切结合中国实际、为社会主义建设服务的社会学。[①] 中国文学理论研究领域提出要聚焦于“本土化、现实化、中国化”文学问题，突出对西方文化研究理论进行中国式的“再语境化”的理论任务。[②] 历史学领域则出现了强调中国自古以来的政治模式和社会结构对中国模式的型塑作用至关重要的观点。[③] 学术领域持续了两个世纪的、大量甚至全盘“引进来”的姿态与局面也由此有所改观。“中国学术正在恢复元气，重建信心，并为走向世界做着准备……中国学术再创辉煌的历史时刻正在逼近。”[④] 何中华则认为，儒家的“诚”与历史本真性的开显、“天人合一”与马克思的自然界的人化和人的自然化、儒家与马克思主义对人性的超越性的指认、“生生之谓易”与实践辩证法、强调“践履”功夫与实践唯物主义、“大同”理想与共产主义，这些维度都在文化原型的层面上显示出马克思主义与儒学会通的学理上的可能性。[⑤] 这一研究意味着学界在中华优秀传统文化、革命文化与社会主义先进文化的内在一致性方面，已经并将继续走向深入。学术领域的这种当下转向，体现了学术界建构具有中国特色、中国风格、中国气派、中国特色的哲学社会科学的自觉性及其努力，意味着中国特色社会主义的文化自信正在积淀更为坚实的理论基础。这既是中国文化软实力转向显在状态的表现，也是其进一步彰显的促进因素。

深入的学术研究，可以为文化软实力的提升提供更为宏阔的理论视野、更加扎实的理论基础和更加翔实的理论论证，使其免于沦为单纯的情感诉求和脆弱的心理期待，从而不断走向成熟。明确文化软实力的恰当定位，不仅可以更好地理解中国文化软实力“潜”与“显”的历史依据，而且可以更好

---

① 参见郑杭生：《学术话语权与中国社会学发展》，《中国社会科学》2011 年第 2 期。

② 参见朱羿：《建构文学理论的中国话语》，《中国社会科学报》2015 年 6 月 15 日。

③ 参见王学典：《崛起的中国需要历史学家的在场》，《史学月刊》2013 年第 5 期。

④ 俞吾金：《中国学术走向世界正当其时》，《中国社会科学报》2012 年 11 月 2 日。

⑤ 参见何中华：《马克思主义与儒学的会通何以可能？》，《文史哲》2018 年第 1 期。

地创新中国文化软实力的现实发挥路径。习近平总书记高度强调对于马克思主义关于文化建设思想的学习和实践，他说："马克思认为，在不同的经济和社会环境中，人们生产不同的思想和文化，思想文化建设虽然决定于经济基础，但又对经济基础发生反作用。先进的思想文化一旦被群众掌握，就会转化为强大的物质力量；反之，落后的、错误的观念如果不破除，就会成为社会发展进步的桎梏。理论自觉、文化自信，是一个民族进步的力量。"[①]这乃是对唯物史观和历史辩证法的正确理解和具体运用。在这方面，"一带一路"倡议堪称典范。它把不可替代的、具有决定性力量的"经济合作"放在首要位置，以对参与国家经济利益的维护和关照为基础，在互惠互利、合作共赢的交往模式下，着力打造"人类命运共同体"，传播"各美其美、美人之美、美美与共、天下大同"的中国文化魅力。这样一种将文化影响力置于经济发展中、非战争而是和平的方式，必将成为中国文化软实力提升的有效路径。借由中国经济社会的发展，中国文化软实力已经处于井喷式复兴的前夜。而中国在崛起过程中，面临以超时空的方式叠加呈现出来的种种问题。文化主体性的觉醒，有助于大大提升解决这些问题的能力。这便是明确文化软实力"潜"与"显"历史逻辑的现实启示。

德性文化作为中华民族的文化基因，在历史的传承中为中华民族凝聚力的形成作出了重要贡献。这一文化特质在促进个人的修养，人与他人、与自然关系的改善方面有着无可替代的地位。对其进行创造性转换、创新性发展，赋予其新的时代内涵，使它继续在中国的社会转型中发挥独特的作用。而肯定德性文化的现实价值，则意味着对中国文化主体性的确认。唯其如此，中国特色社会主义文化强国的建成、中国梦的实现才有了精神依托。

① 习近平：《在纪念马克思诞辰200周年大会上的讲话》，人民出版社2018年版，第19页。

第三章

中国文化主体性重树的现实问题

要想重树中国文化的主体性，充分发挥中华优秀传统文化作为软实力的突出优势乃是其题中之义。现阶段，这一突出优势暂未充分发挥。其根本原因在于这一优势的发挥面临经济、文化、意识形态等一系列挑战。若要改变这一状况，将中华传统文化的固有凝聚力和影响力转换为现时中国的文化软实力，就要积极实现传统文化资源的现代性转化，保持清醒的文化安全意识与意识形态斗争意识，实现文化软实力的商业化输出，构筑软实力传播的硬实力平台。同时，地域广阔、人口众多的乡村，对于中国文化主体性的确立意义非凡。在现代性的冲击下，“离土性”使乡村社会的“历史感”与“当地感”被剥离，破坏了乡村旧有之意，也带来了传统乡村文化的坍塌。当我们用“他者”的视角、以现代性模式来改造农村时，却在实践中发现农村现代性转变既缺乏产业基础，也缺乏精神基础。双重缺失使中国农村现代性无法确立，也使得乡村文化的重构未能完成。多元现代性理论为中国农村现代性实现提供新路径的同时，也为传统乡村文化的重建提供了可能。现代性模式的确立与乡村文化的重建，是一个内生于中国农村的同构过程。目前，关注多方博弈中各种力量的均衡，给予农民更多的“话语权”是现代性与乡村文化共建的关键。此外，在市场经济条件下，文化主体性的重树问题，离不开文化产业发展。尤其需要注意的是，文化产业发展具有双重维度，对内的文化维度即价值理念，对外的产业维度即产业竞争力。文化产业竞争力倚重于产品中的人文价值内涵，而内涵的提升又仰赖于文化自信的建立。同时，文化产业发展也为文化自信的建立提供了广阔平台。看似相互促进的关系却在现实中因为中国文化产业与文化发展的特征而带来三大悖论，同时制约了二者的发展。而基于文化自信的文化产业制度创新则是解决这一问题的根本途径。

一、中华优秀传统文化软实力优势发挥的现实挑战与宏观应对

全球化时代，国际竞争的内涵发生变化，文化软实力在综合国力中的角色越发重要。20 世纪 80 年代末 90 年代初，美国学者约瑟夫·奈提出“软实力”概念，将其定义为“通过吸引而非强迫或收买的手段来达己所愿的能力，它源自一个国家的文化、政治观念和政策的吸引力”①。奈持续对“软实力”理论进行发展完善，认为软实力包括一国有魅力的文化、有说服力的意识形态、令人羡慕的制度等②，左右美国软实力的资源分为三种，即文化、政治价值观和对外政策③，强调软实力就是一种吸引力。④ 习近平总书记在主持中共中央政治局第十二次集体学习时强调指出：“提高国家文化软实力，关系‘两个一百年’奋斗目标和中华民族伟大复兴中国梦的实现。”⑤改善中国崛起的舆论环境、创造大国文化气象已成为中国政府的当务之急。

---

① [美]约瑟夫·奈：《软力量：世界政坛成功之道》，吴晓辉、钱程译，东方出版社 2005 年版，前言第 2 页。

② 参见[美]约瑟夫·奈：《美国霸权的困惑——为什么美国不能独断专行》，郑治国、何向东、杨德、唐建文译，世界知识出版社 2002 年版，第 10 页。

③ 参见[美]约瑟夫·奈：《软力量：世界政坛成功之道》，吴晓辉、钱程译，东方出版社 2006 年版，第 5 页。

④ 参见[美]约瑟夫·奈：《“软权力”再思索》，《国外社会科学》2006 年第 4 期。

⑤ 《习近平谈治国理政》，外文出版社 2014 年版，第 160 页。

中国学界对于软实力的研究自一开始就关注中华优秀传统文化。[①] 中共十七届六中全会之后，对中华优秀传统文化作为软实力的研究开始成为热点。学界认识到大力弘扬和培育传统文化将不仅有助于提升中华民族的聚合力、中华文明对外的感染力和中国的综合国力，而且也有助于向世界提供具有感召力的“中国制造”的思想、价值观、话语体系，从而在国际社会中发挥更积极的作用[②]；强调中国文明的价值原理在当今时代对全球建立关联社群、合作政治、和谐世界仍具有普遍的意义[③]；意识到习近平总书记“8·19讲话”提出的“中华优秀传统文化是中华民族的突出优势，是我们最深厚的文化软实力”[④]，首次凸显了与约瑟夫·奈的重大差异，在文化软实力问题上表现出了新的自觉意识，标志着中国国家价值观进入新阶段[⑤]，深化了对中国传统文化的软实力及对中国传统文化中软实力要素的认识[⑥]。

然而，从中国软实力现状看，现阶段中华传统文化发挥其作为软实力优势的作用还不充分。本书致力于系统梳理中华优秀传统文化作为民族和国家软实力突出优势发挥面临的困境与挑战，为这一优势的发挥提出宏观应对，以期避免盲目空谈、文化自负与文化自卑心态。

(一)突出优势发挥的现实不足

中华文化历史悠久、积淀厚重。早在80多年前，英国著名思想家罗素

---

① 吴潜涛认为，中华优秀传统文化是中华传统文化中的优秀成分，凝结着中华民族最深层次的精神追求，包含着中华民族最根本的精神基因，呈现着中华民族独特的精神标志。（参见吴潜涛：《推动优秀传统文化的现代性转化》，《人民日报》2015年7月15日）张岂之明确提出研究和弘扬中华优秀传统文化对于中国特色社会主义建设、对于促进国家和平统一、对于加强全民爱国主义教育具有重要意义。（参见张岂之：《科学地对待传统文化》，《求是》1995年第11期）费孝通呼吁，在和西方世界进行交流的过程中，要把我们文化中好的东西讲清楚，使其变成世界性的东西。（参见费孝通：《文化自觉的思想来源与现实意义》，《文史哲》2003年第3期）汤一介提出，文化的民族性与世界性相结合是今日每个民族发展自身文化的必由之路。（参见汤一介：《论新轴心时代的文化建设》，《探索与争鸣》2004年第1期）陈来提出，天人合一、以人为本、崇德尚义、群体优先作为中国传统文化的优秀部分的主要内容，对于加速实现中华文化的伟大复兴有积极意义。（参见陈来：《优秀文化的传承与民族精神的弘扬》，《新视野》2005年第3期）

② 参见刘晓丽、孙爱芹：《从中国传统文化的弘扬看中国文化软实力的提升》，《当代世界与社会主义》2012年第3期。

③ 参见陈来：《中华文明的价值观与世界观》，《中华文化论坛》2013年第3期。

④ 人民出版社编：《学习习近平总书记“8·19”重要讲话》，人民出版社2013年版，第4页。

⑤ 参见黄力之：《从文化软实力看中国国家价值观的历史与现实》，《毛泽东邓小平理论研究》2014年第1期。

⑥ 参见张国祚：《谈谈“软实力”在中国的发展》，《思想政治工作研究》2014年第6期。

便从人类文明的角度审视中国文明，他认为“西方文明的显著长处在于科学的方法；中国文明的长处则在于对人生归宿的合理理解”，“中国人如能对我们的文明扬善弃恶，再结合自身的传统文化，必将取得辉煌的成就”。[①] 2005年，“软实力”概念的提出者约瑟夫·奈在《华尔街日报》上发表文章，明确承认中国的传统文化一向就具有吸引力。[②] 在生态危机和金融危机阴影下，外国媒体高度评价东方传统文化对世界生态文明作出的贡献，隐隐希望东方智慧能够对这个星球起到救助作用。[③] 2013年8月19日，习近平总书记发表了关于意识形态工作的重要讲话，提出“中华优秀传统文化是中华民族的突出优势，是我们最深厚的文化软实力”[④]。何中华从对提高国家国际竞争力与对整个人类的未来前景提供智慧和启迪双重贡献角度，系统梳理了中华优秀传统文化作为民族和国家软实力的突出优势：为中华民族的文化认同提供坚实基础，为缓解人与自然的紧张、寻求可持续发展提供重要理念，为重建国际新秩序提供国际伦理原则与道德支撑，为调整人类共同价值追求提供世界观基础。[⑤] 然而，由于市场经济泛化带来的对精神的侵蚀，消费主义文化的负面影响，意识形态斗争、国际话语权斗争影响等原因，使社会对待传统文化的认识存在偏差，对传统文化资源的挖掘、利用和保护不足，传统文化的国际传播效果不佳。因而从国内看，整个社会的传统文化价值观过于弱势，难以对抗主流价值观；从国际上看，也没能向世界辐射，扩散其应有影响力。总体上看，中华优秀传统文化软实力的突出优势暂未得到充分发挥，文化软实力与我国不断增强的综合国力和国际地位不相匹配。

1.对传统文化的认识存在一定偏差

当前在对待中国传统文化的态度上，存在三种错误的倾向：一是“西方中心论”所标识的文化自卑。这种倾向将晚清以来中国“积贫积弱”“落后挨打”的根源归结于文化。其逻辑是国弱是因为国穷，国穷是因为制度落后，制度落后乃是文化不济。中国知识分子开始自认愚昧、落后、劣根。胡适的认识最典型：“我们必须承认我们百事不如人，不但物质机械上不如人，不但

① [英]罗素：《中国问题》，秦悦译，学林出版社1996年版，第4页。
② 参见[美]约瑟夫·奈：《中国软实力的崛起》，《财经文摘》2006年第3期。
③ 参见潘岳：《中华传统与生态文明》，《光明日报》2009年1月14日。
④ 《习近平谈治国理政》，外文出版社2014年版，第155页。
⑤ 参见何中华：《中华优秀传统文化是国家文化软实力的突出优势》，《大众日报》2015年6月26日。

政治制度不如人，并且道德不如人，知识不如人，文学不如人，音乐不如人，艺术不如人，身体不如人。”[①]“五四”时期，西方的“民主”和“科学”从各个层面挑战传统文化的正当性，使文化自卑在激进的反传统主义荡涤下，衍生出以全盘西化为宗旨的文化虚无主义思潮，开始了全面的文化自我否定。新中国成立后的“文化大革命”对传统文化进行了从物质到精神的大规模破坏，中国文化传统因而开始出现某种断裂。这种文化自卑延续至今。

二是“东方中心论”所标识的文化自负。文化自负心态可追溯至封建王朝“泱泱大国”的文化中心优越感。在近代西方文化冲击下，国人出于捍卫民族尊严的心理以及强烈的危机感和复兴意识，大力宣扬本民族文化的优越性而形成的文化民族主义，存在明显的“隆中抑西”[②]倾向。这表现为“中体西用论”“儒学复兴论”“中国本位文化论”等，其中以东方文化派为典型。辛亥革命后的欧战暴露了西方文明的“没落”，梁启超、梁漱溟等人提出中国文化的自创性问题，提出东西方精神文明与物质文明之别、高雅与粗俗之别，要以中国文明去拯救哀哀欲绝的欧洲民族。梁漱溟更是断言全世界必将走上中国的路向，实现“东方化”，成为近代文化民族主义发展到巅峰的标志。[③] 这些思想显现出因循守旧的文化心理和顽固偏执的文化意识。20 世纪 90 年代以来，在海外新儒家归国带来的“国学热”浪潮中，精英与大众共同强调回归传统，文化民族主义浪潮再度激发了沉沦已久的文化自负意识。进入 21 世纪后，随着国力的增强和民族主义的发酵，在重拾传统以恢复民族自信心成为大众心理需求的背景下，一部分文化民族主义者出现盲目排外的“文化优越论”等倾向。

三是割裂传统文化的外在形式与内在精髓。一个民族的文化，积淀着这个民族深层的思维方式和行为准则，传承着这个民族的传统风俗和精神追求，进而在共同历史经历和未来前景的基础上形成全民族认同的价值取向。然而，在传统文化传播与普及过程中，偏重传统文化的外在形式的学习与传播而忽视其内在精髓的内化与传承的状况并不鲜见。“国学”仅限于文字古训、经典之学，甚至被径直等同于“儒学”，将国学狭隘化，或者将传统文

---

① 转引自葛懋春、李兴芝编：《胡适哲学思想资料选》上册，华东师范大学出版社 1981 年版，第 345 页。

② 郭湛波：《近五十年中国思想史》，山东人民出版社 1997 年版，第 140 页。

③ 参见郑师渠：《近代中国的文化民族主义》，《历史研究》1995 年第 5 期。

化作为高雅艺术，导致世俗化、大众化，程度较低，使普通百姓缺乏应有的共享文化盛宴的机会。

文化自卑与文化自负均是文化主体失落的表现，不利于形成对传统文化进行传承与发展的文化自觉的确立。而对传统文化浅层次的认知使其国内普及和对外传播均未达到理想效果。

2.对传统文化资源的挖掘、利用和保护尚不足

伴随着良渚古城遗址被列入《世界遗产名录》，我国世界遗产总数达到55处，成为拥有世界遗产数量最多的国家之一。[①] 但我们对这些优秀的文化遗产和资源的挖掘、利用和保护不足，传统文化资源的浪费现象较为严重。尽管这一状况自党的十八大以来发生了重要变化，但是下面这些情况仍然存在：一方面，许多文化资源长期处于一种静止的状态，许多文化成果无人问津，如许多具有丰厚文化底蕴的古老建筑因盲目追求城市的扩建而被人为地破坏，许多文物古迹已不复存在。另一方面，在日趋激烈的国际文化竞争中，我国的文化资源优势未能转变为文化竞争优势，甚至许多宝贵的文化资源正在为别国所侵占，从美国拍摄的动画片《花木兰》《功夫熊猫》到日本开发的具有中国风格的游戏软件，再到韩国申报“端午节”为非物质文化遗产，都警示我们，需要加强对我国传统文化资源的挖掘与保护。

3.传统文化的国际传播效果有待进一步提升

中华文化历经五千多年绵延不绝，一个重要的原因就是历史上形成了强大的对外辐射力。秦汉以降，中华文化“天人合一”的思想体系、礼制教化的文明秩序影响至整个东亚，并通过丝绸之路影响了沿途世界。尽管近年来，中国逐渐意识到软实力建设的重要性，通过各种方式推动中华文化走向世界，如在俄罗斯、美国、法国等国家推行“中国年”“中国文化节”，创办孔子学院、中国文化中心、宋庆龄基金会、中国对外文化集团公司、中国东方歌舞团等机构进行中外文化交流，我国人文跨国交流变得越来越活跃，然而从传统文化的国际传播效果来看，并没有将丰富的人文优势转化为影响力优势。这一情形，在党的十八大之前尤为突出。

第一，改革开放以来，西方文化凭借其强大的传播力冲击着大众生活的各个层面，潜移默化地影响着中国的不同阶层。但中国的传统文化对西方

---

① 参见刘修兵：《良渚古城遗址列入〈世界遗产名录〉》，《中国文化报》2019年7月8日。

国家来说却是一个神秘陌生的领域。除了一些汉学家和中国通之外，中国文化“走出去”也更多停留在海外华人圈内，很难走出华人社区。例如，在语言方面，汉语和汉字虽然在世界上使用人数最多，是联合国的工作语言之一，但是只有中国和新加坡把汉语作为官方用语。中国文化的对外翻译传播状况同样不容乐观。如 2011 年，中国从美国引进图书 5182 种，输出 1077 种；从英国引进 2595 种，输出 422 种；从日本引进 2161 种，输出 161 种；从韩国引进 1098 种，输出 446 种；从德国引进 895 种，输出 127 种。[①] 这说明，中国在输出自己的文化以影响其他民族达到对自己的认同和理解方面不仅落后于西方国家，甚至落后于日韩。

第二，传统文化的国际传播深度未及内在精神和基本价值。早在 20 世纪 90 年代，王沪宁在分析“软权力”概念时就指出：“文化的世界性传播不是一种猎奇式的爱好，而是对一种文化的内在精神和基本价值的体认。”[②]然而，长期以来，在对外传播中，中国所呈现给外界的往往是中国文化的一些表现形式，比如中国功夫、茶酒文化、唐装汉服、中医中药等，这些文化形式中蕴含的文化理念未被充分挖掘，缺乏对文化价值观的凝练和提升。这些古老的文化形式和符号固然有着一定的魅力，但却不能体现中华文明绵延数千年所蕴藏的精髓和生命力，因而也不可能真正深入人心，从而获得持久的共鸣与影响。所以，尽管随着奥运会、世博会和孔子学院等一系列公共外交活动的举办，中外交流大幅度拓展，中华文化知名度有了很大提升，但依然没有从根本上解决软实力滞后的问题。

（二）突出优势发挥的现实挑战

中华优秀传统文化作为民族和国家软实力的突出优势暂未充分发挥出来，其根本原因在于这一优势的发挥面临经济、文化、意识形态等一系列挑战。

1.市场经济泛化带来对精神的侵蚀

中华优秀传统文化的传承、发展与其软实力优势的发挥首先面临市场经济带来的挑战。市场经济与文化建设有着目标与价值上的基本矛盾。首

---

① 参见张洪波：《2011 年全国图书版权贸易分析报告》，《中国新闻出版报》2012 年 8 月 29 日。

② 王沪宁：《作为国家实力的文化：软权力》，《复旦学报》（社会科学版）1993 年第 3 期。

先是目标上的不同：文化建设目的是通过满足人的物质和精神需要来促进人的发展，而市场经济的目的是实现商品价值和财富增值。其次是价值上的落差：文化建设是以是否有利于人的健康发展为价值取向，这个取向即真、善、美；而市场经济以获利多少为取舍标准，只要能带来可观的利润就是有价值的。[①] 因此，市场经济的发展必然会给传统文化的传承与发展带来一定的障碍。

20 世纪 90 年代以来，经济的市场化改革在以下方面侵蚀着人文精神：首先，市场意识和消费主义的恣肆张扬，使承载着精神价值的传统文化被资本征服。德国哲学家阿多诺指出："文化工业的全部实践就在于把赤裸裸的营利动机投放到各种文化形式上。"[②]在市场竞争导致的生活节奏加快的情形下，人们更多的是以消遣的态度选择文化作品，那些内涵丰富、底蕴深厚的作品反而让人难以接受。中国的传统文化往往因抵挡不住以营利为旨归的文化工业的诱惑而被俘获，出现了大量投市场之所好、哗众取宠、充分媚俗的文化产品，而置传统文化的美学价值和精神价值于不顾。同时，为了迎合当代人的浮躁心态和口味，经典作品的白话化、卡通化日益流行。这种文化的"快餐化"固然使经典作品更适合人们的一般接受习惯和体认能力，但同时也销蚀着经典的权威地位。其次，市场经济必然带来经济活动和社会生活的多样化，而经济活动和社会生活的多样化又使社会意识趋向复杂多样。在多元社会意识下，各种思想文化相互激荡，社会思潮纷繁变幻，必然使传统文化和价值观念的合法性受到巨大的冲击和挑战。何中华认为，现代化的文化形态不是中国文化的价值取向和旨趣所在。以纯任自然、无为而治为特征的中国文化同西方文化的那种追求省力、有效的戡天役物大异其趣。[③] 再次，整个社会的市场化取向带来了人文精神的失落，削弱了传统文化的强大凝聚力。人文精神是一个民族的文化基因和文化原型。随着市场化进程的深入，社会竞争和生活节奏不断强化，人们对生存本身的关注超越了对生存意义的关注，因而价值真空和信念淡化的趋势凸现，拜金主义、享乐主义和极端个人主义等现象大量出现，人文精神日益边缘化，最终造成

---

① 参见韩旭：《文化建设中的三个关系述议》，《哲学动态》1998 年第 1 期。

② Theoder Wiesengrund Adorno, " Culture Industry Reconsidered", *New German Critique*, 6, Fall 1975, p. 13.

③ 参见何中华：《"现代化"概念辨析》，《山东大学学报》（哲学社会科学版）1995 年第 1 期。

文化厚重感的丧失和文化认同的危机。

2. 发展主义价值观的负面影响

黄力之将中国国家价值观划分为改革开放前的革命取向价值观、改革开放后的发展主义价值观和2003年以来的以人为本价值观。[①] 改革开放后，发展主义价值观在“以经济建设为中心”“发展是硬道理”的政策下逐渐形成。发展主义价值观要求对外开放、争取国际和平环境、致力于经济发展、保持国内稳定，这对中国来说都是正确和必要的选择。然而，发展主义价值观在实践中逐渐演变为唯GDP论或经济增长主义。这一现实趋势在两方面对中华优秀传统文化软实力优势的发挥产生负面影响：一方面，经济发展或者增长缺失了以文化为基础的软性力量，无论是在理论上还是在实践中，都形成了对社会价值观或者精神文明的解构。另一方面，作为一个社会生存要求的基本表述，“发展主义”不足以表达与展现中华民族的精神需求和精神行为。其后果是外界虽不否认中国发展经济的主张，但却不一定认同中国的价值观，从而使中国易遭到来自价值观诉求的批评。典型的表现是“中国威胁论”甚嚣尘上。正如郑永年分析“中国威胁论”产生的根源之一：“中国周边有众多小国，他们不知道身边这个越来越巨大的国家要做些什么——处理国际关系不仅仅是外交政策的事情，也需要有个文化上的交代。”[②]

尽管“以人为本”价值观的提出意在纠正发展主义价值观的负面影响，使中国的国家价值观真正与世界文明的发展接轨，但当下还未能从根本上消除发展主义价值观的深远影响和巨大惯性。

3. 意识形态斗争、国际话语权斗争的影响

二战后，东西方阵营的冷战主要表现为意识形态领导权争夺战的延伸与深化。20世纪80年代末90年代初，东欧剧变、苏联解体，冷战以资本主义阵营的获胜而结束，西方国家意识形态狂热分子因此沉浸在一片胜利的欣喜之中，弗朗西斯·福山将西方国家的意识形态和民主制度称为“历史的终结”，认为“自由民主制度始终作为唯一一个被不懈追求的政治理想，在全

---

① 参见黄力之：《从文化软实力看中国国家价值观的历史与现实》，《毛泽东邓小平理论研究》2014年第1期。

② 郑永年：《中国怎样追求“文化的崛起”》，《北方音乐》2006年第4期。

球各个地区和文化中得到广泛传播”[①]。约瑟夫·奈的文化软实力学说也产生在这样的历史语境中，其初衷便是为西方国家提供颠覆异质国家的文化意识形态策略。[②] 西方国家借助其经济优势，掌控国际传媒，主导价值观念。意识形态斗争、国际话语权斗争成为冷战后国际竞争的新领域。信息化时代，威胁国家安全的头号因素不再是军事侵犯和武力攻击，西方国家的文化霸权主义正在向全球渗透，使世界文化的多样性和各民族文化的独特性面临危机，文化安全问题日益凸显。

虽然中华优秀传统文化蕴含着丰富的价值和精神资源，但限于社会发展程度和国际影响力，依托于制度和物质层面的中华传统文化的吸引力无法得到充分展现。加之与西方文化形态的差异，甚至被视为对西方文化的挑战和威胁，因而处处被防范和遏制，使得中国的文化软实力发展面临许多障碍和困难。当下我国传统文化的弱势状态，主流意识形态的信仰危机，价值观念的西化趋势等，已经威胁到我国社会的稳定发展和民族文化的传承创新。

（三）中华优秀传统文化软实力优势发挥的宏观应对

中国优秀传统文化本身就具有巨大的软实力优势，但是若要让这些优势得到充分发挥，将中华传统文化的固有凝聚力和影响力转换为现时中国的文化软实力，就要积极实现传统文化资源的现代性转化，保持清醒的文化安全意识与意识形态斗争意识，实现文化软实力的商业化输出，构筑软实力传播的硬实力平台。

1. 恰当处理市场经济与传统文化资源现代性转化的关系

市场经济与文化建设固然有着目标和价值的不同，但在实践中二者存在着密切的相互作用关系。市场经济不仅为文化建设提供物质基础，而且也为文化建设提供运作模式。而文化建设以其教化、导向、意识形态、社会心理、批判等功能又反过来影响市场经济的进程。[③] 传承发扬传统文化必须

---

① ［美］弗朗西斯·福山：《历史的终结及最后之人》，黄胜强、许铭源译，中国社会科学出版社 2003 年版，第 4 页。

② 参见赖永兵：《葛兰西文化霸权学说与文化软实力的提升——以互文性观念为视阈》，《云南社会科学》2012 年第 3 期。

③ 参见韩旭：《文化建设中的三个关系述议》，《哲学动态》1998 年第 1 期。

遵循市场经济下文化发展的特有规律。

市场经济下传统文化如何在传承与转换之间平衡是一个亟待解决而很难解决的问题。一方面，要保持传统文化传承的非市场化。“易中天热”和“于丹热”，都说明了市场化下人们对传统文化回归的广泛需求。传统文化是文化建设的生长点和借鉴外来文化的切入点。这方面政府要起主导作用，包括重点文物保护、文化典籍整理、中华善本再造、非物质文化遗产保护；组织开展中华传统文化普及教育和弘扬推广；加强对文献资料的整理研究，推出一批对文化传承创新具有重大影响的标志性成果；努力挖掘、弘扬中华民族传统节庆文化，丰富传统节日的文化内涵，推动中国传统佳节走出国门；切实推动各类博物馆、纪念馆、文化馆、展览馆等资源共享，使中国文化符号得以潜移默化地传递；重视国学教育对于中华民族文化延续的重要意义，加强中华经典教育课程资源建设，打造普及推广传统文化的平台，建立一批研究基地。另一方面，根据市场化的需要实现传统文化资源的现代性转化，赋予传统文化新的意义和新的生命。从世界范围看，传统文化与市场经济结合的结果就是各国市场经济在共性（即资源配置的基础、手段都在于市场）之外展现出特殊性。美国的个人主义传统之上的“自由市场经济”、日本效忠文化传统之上的“政府导向型市场经济”、东南亚“儒家资本主义”都是不同历史文化传统与市场经济结合的典范。特别是“儒家资本主义”被视作现代化对传统文化进行创造性转换的典范。从国内看，在多元化的世界文化格局中，挖掘提炼中华优秀传统文化，有针对性地实现其现代性转化、创造性转换和创新性发展，是继承和弘扬中华优秀传统文化的着力点和关键环节。[①] 以“去其糟粕，取其精华”为原则的“抽象继承”“儒学第三期发展”“创造性转化”“融合中西”“综合创新”等都是对传统文化创造性转化的有益尝试。具体来说，其一，建构一种以传统文化为核心的能够被世界普遍接受和理解并取得共识的文化价值体系。如以“和而不同”增进区域与全球认同意识，超越国际政治中的“森林法则”逻辑，致力于全球新秩序的合理建构和积极作为。其二，以传统文化对现实问题作出积极回应。近年来，国外媒体高度评价东方传统文化对世界生态文明作出的贡献，“处于生态危机和

① 参见吴潜涛：《推动优秀传统文化的现代性转化》，《人民日报》2015 年 7 月 15 日。

金融危机阴影中的西方人也隐隐希望东方智慧能够对这个星球起到救助作用”[①]。现实表明，延续了数千年的传统东方智慧诸如儒学的“天人合一”、道家的“道法自然”、佛教的“众生平等”，如今可以成为缓解环境危机与建设和谐世界的理念指导。其三，利用“互联网＋”推动传统文化资源现代性转化。“互联网＋”模式中的“＋”是指用互联网思维改造或改变传统行业，旨在促进互联网与各产业的融合创新。“互联网＋”理念之于文化发展的核心要义在于通过更新思维方式和文化产业运作方式，通过“大众创业、万众创新”激发传统文化活力，积极探索传统文化创新及成果转化，带动和实现文化产业发展路径和模式的升级，繁荣和活跃文化市场。

2.兼顾文化商品属性与意识形态属性

陈宇宙认为，“国家文化安全就是国家之间文化软实力的比较优势，是指国家为了防止异质文化对本民族文化的渗透和侵蚀时，保护本国人民的民族传统、价值观念、意识形态、行为方式、社会制度等不被重塑和同化，免受外来强势文化威胁和危害而呈现出来的状态”[②]。从各国文化软实力建设与发展状况看，文化软实力建设往往以思想观念的形式进行思想上的说服与说教，具有明显的意识形态倾向。从国内看，袁祖社认为，文化软实力理论的提出，是“试图从根本上摆脱百年历史变迁中民族文化观念一直受制于西方现代化实践逻辑以及相应的‘现代性文化’的‘他者’逻辑的束缚，要让民族文化按照自己的方式自主地与世界对话，真正地以‘中华性’的方式确立自身，显示自己的内在伦理性力量，与世界自主对话”[③]。可见，文化软实力建设不可避免地带有商品与意识形态双重属性。

我们承认多元存在的事实，因此致力于中国文化的产业化、国际化，努力借鉴多元文化丰富传统文化，提高文化和文化产品的影响力和竞争力。但必须坚持指导思想的一元性，反对指导思想的多元化，将主流意识形态融入民族文化，不断增强民族凝聚力。然而，众所周知，作为当前中国主流意识形态的马克思主义并不是中华民族原生意识形态，而是西方文化的产物。陈宇宙认为，非原生的意识形态能否本土化，是决定该意识形态生命力与传

---

① 吴东晋：《潘岳中国传统文化促生态文明说引起东西方关注》，《第一财经日报》2009年7月6日。

② 陈宇宙：《文化软实力与当代中国的国家文化安全》，《天府新论》2008年第6期。

③ 袁祖社：《面向人类共同福祉的国家伦理反思：“文化软实力”研究之忧思》，《求是学刊》2012年第1期。

播力的重要因素。而对传统文化来说,“意识形态与民族文化的融合程度越高,其文化自觉程度也越高,而其政权依赖性就相对降低”[①]。在我国主要是由政权来推动马克思主义意识形态的创新与传播,其路径是致力于推动马克思主义中国化。迄今为止,马克思主义在与中国革命和建设实际的结合过程中产生了毛泽东思想和中国特色社会主义理论体系,并在实践中指导了中国各个阶段的革命和建设。然而,这只是在政治层面完成了马克思主义的中国化。马克思主义并没有完全融入民族文化的观念、认知、价值、素养、心理等层面,进而内化为中国人的思维特质和行为习惯。作为重要战略资源的意识形态与民族文化长期“分离”的状态大大削弱了中国文化软实力的竞争力和影响力。因此,努力使主流意识形态融入民族文化之中,保持清醒的文化安全意识与意识形态斗争意识,兼顾文化商品属性与意识形态属性,这是增强国家文化力,维护国家文化安全的重要举措。这一点还将在后文继续阐述。

3.实现文化软实力的商业化输出

文化不必然等同于文化软实力,拥有丰富的传统文化资源并不必然导致国家文化软实力的强大。中国虽有着5000多年的文化传统,但是中国的文化软实力在世界排名却靠后。文化资源转化为文化软实力关键就在于文化生产力,西方文化之所以能迅速传播到世界各地,与西方国家快速的文化产业化进程密切相关。中西文化软实力差距也主要体现为文化生产力的巨大差距。而文化生产力往往是围绕着核心价值观的构建和认同而形成的。对价值观的构建与认同而言,价值观的内容与形式同等重要。价值观内容通过具体的形式来展现就形成了文化产品。只有数量多、质量高的文化产品才能形成强大的文化生产力,才能对人的思想产生持续的冲击效应,从而不断促进国家文化软实力的发展。因此,要进一步挖掘整理传统文化资源,大力开发拥有自主知识产权、具有民族优势特色的民族文化品牌,向国内外市场提供蕴含中华优秀传统文化价值的文化产品及服务,促进传统文化产业的发展,不断增强中国传统文化产品的感召力。

4.构筑软实力传播的硬实力平台

充分发挥中华优秀传统文化软实力突出优势,还需“内外兼修”。周兰

---

① 陈宇宙:《文化软实力与当代中国的国家文化安全》,《天府新论》2008年第6期。

珍等认为，文化软实力有三大基本形态：一是向内的凝聚力、感召力、向心力，二是对外的传播力、辐射力、影响力和竞争力，三是内外交互而形成的相互发展力。[①] 提升文化软实力不仅要注重对内建设，也要注重对外传播。在文化的对外传播上，赵可金等提出了“文化的杠杆化”：“任何文化要想成为更大范围内大众追随的生活方式，均需要具有一系列功能强大的支点和杠杆。”[②]近代以来，工业革命、市场经济、民主政治等成为西方文化精神融汇到普通民众的日常生活的权力杠杆，逐渐转化为在世界范围内无所不在、不可抗拒的文化影响力。从这个意义上说，近代以来国力的衰落使中华文化在海外传播时缺乏这样的权力杠杆，因而大大限制了中华文化走向世界的能力和空间。随着近年来中国综合国力的提升，如何从总体上为中华文化走向世界提供有效的杠杆，建立一整套将中华文化资源转化为文化权力的体制和机制，是提升中华文化软实力的关键所在。

中国近年来积极开展多种形式的对外文化交流活动，如通过奥运会、“文化节”“中国年”等重大节日和活动宣传中国传统文化，展示了中国灿烂卓越的文明；推动汉语国际传播，带动了中国传统文化的国际传播；通过吸收外国留学生来华学习、向外国优秀人才提供政府奖学金及各种优惠政策促进文化教育交流；投入资金宣传自身形象，如在纽约时代广场投放广告等。但这些举措都是非机制化的对外文化传播，并未成为文化软实力对外传播的有效杠杆，因而收效甚微，这是有待反思的。

随着国力的增强，我们应该大胆实施文化“走出去”战略，主动、多层次、全方位、立体化地开展国际传播，构建软实力传播的硬实力平台，形成系统化、机制化的对外传播渠道。其一，继续扩大国际广播、电视频道、网络媒体在海外的落地工程，使中国原创文艺作品成为中国传统文化传播的重要载体，制造更多有利于中国议程的媒体事件，积极地向世界展示中国特有的文化，并借助文化传播来建构中国形象。其二，推动非政府组织参与文化软实力的国际传播。长期以来，随着公民社会的发展与非政府组织的发展壮大，民间团体、大学、研究机构、媒体、宗教组织等通过公共外交，更直接、更广泛

① 参见周兰珍、侯新兵：《“文化软实力”话语理解及其特性解读》，《南京政治学院学报》2013年第6期。

② 赵可金、彭萍萍：《中国文化软实力面临的困境及其解决路径》，《当代世界与社会主义》2012年第3期。

地面对外国公众和主流社会人士,能更有效地传播本国文化,塑造国民形象。其三,充分发掘和发挥具有深厚中华传统文化情结的文化人士的积极作用,他们对于中华优秀传统文化的践行、传承、研究及拓展无疑将大幅提升当代中国的文化软实力。当今时代,中国迅速发展与成长的故事已为全球瞩目,世界范围内也由此正在形成一个热爱中华文化、学习中华文化、研究中华文化的庞大群体。他们在各自领域践行、传承、研究中华传统文化及其当代转换的工作,影响甚至是重塑着世界人民的中国观,为世界人民理解当代中国发挥了独特的作用。他们成为当代中国增强文化凝聚力、扩大文化影响力的主要智力支撑。

二、背离与共建:现代性视阈下乡村文化的危机与重建

地域广阔、人口众多的乡村,对于中国文化主体性的确立意义非凡。当全球化裹挟着现代性的因子席卷而来时,异于西方文明的各国文化在强力冲击下几无立锥之地。在西方现代性标准衡量下,其他文明都面临着解构与重建的命运。其中,由于同时受城市化与工业化的冲击,中国乡村文化似乎成了解构"重灾区"。在现代性的冲击下,"离土性"使乡村社会的"历史感"与"当地感"被剥离,破坏了乡村旧有之意,也在一定程度上导致了传统乡村文化的坍塌。学界对于乡村文化在现代性冲击下的命运,存在着两种对立的观点:一是"乡村文化危机论",王晓明、贺雪峰等社会学学者秉持这一观点;另一种是"乡村文化存续论",黄应贵、赵旭东等人类学学者秉持这一观点。当我们从"他者"的视角以现代性模式来改造农村时,却在实践中发现农村现代性转变既缺乏产业基础,也缺乏精神基础。双重缺失使中国农村现代性无法确立,也使乡村文化的重构未能完成。多元现代性理论为中国农村现代性的实现提供新的路径的同时,也为传统乡村文化的重建提供了可能。现代性模式的确立与乡村文化的重建,是一个内生于中国农村的同构过程。

(一)成为问题的乡村文化

乡土性是费孝通对中国社会特点的判断,他指出在乡村中生活的人们是"生于斯、死于斯"。乡土社会中,人们生活的核心是"土地",在土地上的

耕作以及人与人间的交往衍生出了相应的社会制度及文化形态。乡村生活的意义就由围绕"乡土性"而带来的"当地感"和"历史感"构成。村民们往往在某一村落长期生活，即使迫于外界原因迁徙至其他地方，只要适应了当地的生活，就会祖祖辈辈扎根在那里，没有战乱或其他特殊原因不会离开，一个家族会少则数百年、多则上千年地在某一村落生活。长期在一个固定地方的生活一方面会形成对该地的占有和依赖意识，因为地理环境是人们"当地感"形成的空间载体。另一方面，在某一固定地域的长期生活及自祖辈一代代留存下来的记忆，就形成了"历史感"，这些记忆成了人们情感上的依托。土地是有效的黏合剂，以"当地感"与"历史感"为依托，在这二维空间中建构了乡村的意义。这一过程在20世纪上半叶发生了变化，工业化使乡村原有的生活、生产方式都无以延续。固守封闭、发展缓慢的中国乡村自然经济已无法延续，人们为了获得更多的收益，寻找新的出路，不得不离开土地，因此，城市吸引了大量的破产农民。改革开放后，这一过程并未消逝，仍然延续并加剧。在市场经济确立过程中，城乡间的差别，使农村收益低于城市，农民纷纷进入城市。20世纪以来农民生活、生产方式的变动影响了社会的基本构成，整个社会的构成基础由"乡土"向"离土"转变。

随着农村青年有规律地迁徙，大量劳动力离开了祖祖辈辈生活的土地，开始了"候鸟"式的生活。青壮年农民从故土的离开，形成中国乡土社会目前的特点"离土"，"留守儿童""留守妇女"成为乡村社会的主体。"离土"社会对"历史感"和"当地感"产生破坏，村民离开故土，隔断了建立在土地基础上的共同记忆，造成"集体记忆"的缺失。与此同时，城市又难以吸纳数亿的农民，或给予其与城市人同等的身份与收入，农民被冠以"农民工"的称谓。未能有效"接洽"的新旧生活破坏了原有的生存环境与秩序，同时也未能建立新的范式，损害了农民生活的空间与时间体系。建立在土地基础上的生产与生活方式被破坏，以此为基础的文化被否定。以土地为基础的乡村行动逻辑与行动导向被瓦解，"差序格局"基础上的"礼俗秩序"需进行重构。原有的一系列庆典活动，如春节、中秋等民俗，本是与农耕社会下的生产和生活相对应的，这些活动同时也是乡土文化的载体，但如今，随着农民进入城市，割裂了与土地的联系，与"土地"相连接的民俗活动随之式微，即使存在也失去了原有的意义。有学者指出，农村的年长者在传统与现代之间游离，并由于知识更新慢，被认为不合时宜。青年一代不再局限于通过土地来增加收益，成为乡村秩序构建的缺席者，原有的民俗仪式已失去了它的文化功能，民俗仪式变成“仪式体操”，主要目的是通过这一仪式推动旅游业的发展，增加收益。贺雪峰曾经总结道，现代性不仅是器物层面的，更应是观念层面的。

马凌诺斯基与宁山横夫分别将文化分成两个层次[①]与三个层次[②]，但他们都认为就文化变迁的内在进程而言，往往始于物质文化，随后进入制度与精神文化。这一变化过程中，物质文化往往最先变化，最容易被人们接受。而精神文化由于须经过人们长期生活和生产的变迁、认同、接纳这一过程方能形成，因此变化最为困难，但影响也最为深远。当我们以积极、主动的姿态，以现代性为坐标去推动社会发展时，却发现“嫁接”来的西方现代性，虽然彻底改变了农村的生产、生活方式，却不能“嫁接”西方文化。而且，西方模式的生产方式，也未能如预期设想在中国乡村畅行无阻。由此，在现代性冲刷下的中国乡村社会与乡村文化面临的境况，一方面是原有居住环境、生活方式、价值取向、人际交往范围甚至语言都不断地变化着，农民对土地的依赖减少了，原来的归属感、家园感逐渐丧失；但另一方面，“水土不服”的西方式现代性未能帮助我们建立起现代的农业生产体系，建立新的现代性文化，发展滞涸下的乡村现代性带来了乡村文化的凌乱。那么现代性对乡村社会与乡村文化究竟意味着什么？

（二）乡村文化现代性转变的基础缺失

乡村文化的根本属性即农业的生产性及农民的生活性，即农民生产与生活的变化带来文化的变迁。“经济为人生基本之事，谁亦莫能外，则在全部文化中其影响势力之大，自不难想见。随着社会经济的变迁，而家庭制度

---

① 马林诺夫斯基将文化分为两个方面：物质文化与精神文化。他指出，人因为要生活，需创造器具，构成一个人工的环境，即形成物质文化，它是“文化中最易明白、最易捉摸的一面，它们决定了文化的水准，它们决定了工作的效率”。而“一物的运用及占有，包含着相对于它的价值的欣赏，于是较深的精神能力亦在起作用了”，由此形成了较为复杂的、难于分类或分析的精神文化。（参见[英]马凌诺斯基：《文化论》，费孝通译，华夏出版社 2002 年版）

② 日本学者横山宁夫则进一步将文化分为三个层次：物质文化、制度文化和理念文化。物质文化主要指生产工具、生产条件等，制度文化则包括国家机器、政治组织等，理念文化主要是指风俗、习惯、价值观念等。这三个层次是一个有机整体，不可分割。（参见[日]横山宁夫：《社会学概论》，毛良鸿译，上海译文出版社 1983 年版）

不得不变,固亦人所共见之事实。"[①]除物质层面外,精神层面的基础也影响到中国乡村文化是否能够顺利完成现代性转变。由于现代性是"舶来品",它运行的模式是来自于先行的西方社会,不可避免带有西方的视角与先见。但是,现代性的后发国家本土化过程使得它的扩张虽然具有强势性的特征,却不免要受到前现代化国家接受异质时的实践检验与文化对接。

1. 乡村文化现代产业基础的缺失

西方的现代性追求的是资源的不断开发和财富的持续增长,强调不断进化。而中国农业发展的特点是"内卷式"的[②],这一特点带来的是生产的低效性。西双版纳的橡胶种植业即在这一生产特点下日趋衰败。[③] 青田稻鱼共生系统,亦是如此。它形成的平衡机制实现了可持续性的农业发展,但制约了生产力的发展,影响了当地农民生活水平的提高。为了提高效率,获取更多收益,当地农民把稻田养鱼的泥制田埂变成了水泥田埂。既然中国传统农业发展模式被认为是落后的,那么与之配套的乡村文化也被视为落后的、即将消亡的文化。刘世定、邱泽奇认为,任何试图留存与保护乡村文化的做法就"像是在与风车战斗"。但是,当我们按照西方现代化模式进行社会建设时,却出现了"水土不服"现象。

中国传统农业的目标是满足生产者自给自足的消费。这一目标使传统农业改革动力匮乏。虽然粮食需求及农业人口的就业能够得到基本解决,可资源配置是低效的,它对社会经济的贡献是较低的。技术先进与大量资本投入的现代化农业,可以大大降低对乡村劳动力的需求。但这一趋势却遭遇中国地少人多以及农村剩余劳动力持续增加的困境。温铁军针对中国21世纪初出现的问题指出,中国问题的解决需要建立在一个基本的前提之上,这一前提尽人皆知,即中国是资源短缺而人口过剩的农业国家。要想实现工业化,都绕不开"三农问题",任何内生或外来的理想都不得不接受这一环境的考验。[④] 就农业劳动力占总劳动力的比例而言,发达国家在6%以下,

---

① 梁漱溟:《中国文化要义》,上海人民出版社2011年版,第36页。

② 参见黄宗智:《明清以来的乡村社会经济变迁:历史、理论与现实》,法律出版社2014年版,第156页。

③ "在云南省西双版纳,橡胶种植业的丰厚收入使傣族稻作农业的传统地位下降。这里种一亩水稻纯收入288.95元,而种一亩橡胶纯收入500元且可以连续受益几十年。在高额利润的驱使下,曼远村的个别农民已开始将祖辈传下来的薪炭林(黑心树)砍掉种植橡胶。"(郭家骥:《人类学与西南民族》,云南大学出版社1998年版,第535页)

④ 参见温铁军:《"三农问题":世纪末的反思》,《读书》1999年第12期。

而中国却高达50%以上。农业人口能否合理转化，直接影响到传统农业要素是否会被现代农业要素替代，并进而影响到工业化的进程，而且机械化农场对能源的大量耗费在中国也不具备可行性。为了加快农业发展速度，发展中国家往往直接移植发达国家的先进技术。但是，这些技术通常需要资金投入。对于劳动力丰富而资金匮乏的发展中国家来说，无异于用稀缺资源取代廉价资源，既不合理也不具有可持续性。①

中国农业生产规模也无法达到西方标准。近年来，关于中国农村的“家庭农场”模式屡屡被提及。其中，加速土地的流转、推进家庭农场规模化的主张映现出美国农业模式的影响。但是，人们不禁提出疑问：美国农业的特点是“地多人少”，而“人多地少”的中国，忽视国情，照搬这一模式是否可行？2012年7月上海市松江区的调查结果显示，承包、转入200亩的土地承包者，其收益主要来自政府补贴，而非大规模耕作的经营模式。陈义媛的研究也揭示“家庭农场”这一规模化经营方式对中国农村来说并非“资源最佳配置”方式，仅仅是“通过政府行为扭曲了经济逻辑的资源配置”②。贺雪峰在安徽平镇的调查也证实了相同的结论，并提出“中农”小规模家庭农场，以家庭为单位的劳动力使用，最能够“高效使用土地、为农业从业者提供充分就业和小康收入”③。这些调查结果已对美国“大而粗”经营模式的可适用性作了解答。④

当我们按照西方模式进行农业现代化推进时，却发现短期有效，而后继乏力。这种现象不单单出现在中国，其他发展中国家也多面临这一命运。墨西哥诗人巴斯认为，“命定的现代化”不是墨西哥的福音。但是，墨西哥又似乎难以避免“现代化的命运”。其实，现代化“悖论”导致破坏性大的大都

---

① 孙庆忠用劳动效率指标（每个劳动者单位时间可以生产出的粮食所含卡路里的量）和能源效率指标（单位能源投入和产出的比率）衡量农业生产率，提出现代化的农业科技是以高能源投入为代价的，这在能源缺乏的发展中国家是难以为继的。

② 陈义媛：《资本主义式家庭农场的兴起与农业经营主体分化的再思考——以水稻生产为例》，《开放时代》2013年第4期。

③ 贺雪峰：《土地流转和资本下乡弊病丛生》，《广州日报》2013年10月31日。

④ 黄宗智强调，美国农业现代化模式的主导逻辑是节省劳动力，而中国过去三十年来已经走出来的“劳动和资本双密集化”“小而精”模式的关键则在节省土地。美国的“大而粗”模式不符合当前中国农业的实际，更不符合具有厚重传统的关于真正的小农经济家庭农场的理论洞见。中国近三十年来已经相当广泛兴起的适度规模的、“小而精”的真正家庭农场才是中国农业正确的发展道路。（参见黄宗智：《明清以来的乡村社会经济变迁：历史、理论与现实》，法律出版社2014年版）

是后发现代化国家。当它们试图以西方现代性模式推动本国发展时，首先就在物质生产过程中出现了困境，遭遇了无力突破的发展瓶颈。

2.乡村文化现代精神基础的缺失

现代性是什么？福柯指出它是“一种态度”，即推动现代化实现之精神。杨春时指出，现代性是整体结构，而不是单指某一层面。[①] 它包括感性、理性与反思-超越三个层面，中西现代性基于此展开时，具有不同的社会背景与特点。中世纪的欧洲是被神学统治的时代，人们的感性与理性都被神学压制。文艺复兴运动使神圣与普罗大众分享，冲破了宗教束缚，使感性与理性逐渐独立，并完成了对其自身的反思与超越，即韦伯所提的“祛魅”的过程。首先，在感性层面上，人们的欲望被解禁。马克思提出，物质欲望是人类发展与历史进程的动力，它在原始社会被压制，而在资本主义得到肯定与刺激，能够刺激物质产品大批量生产与增加的资本主义经济形态随之出现。[②] 其后，在理性层面上，人的欲望逐渐获得肯定。通过民主精神，建构合理的社会结构，制定合宜的制度，进一步推动科学进步，促进生产力发展，推动西方社会走向现代化，理性权威替代上帝权威。但是，与此同时，也产生了物质与人的异化。物质生产的推崇带来生存环境的恶化及人的精神空虚。人们发现，无论追求科学抑或民主，大都要牺牲自由。人被符号化、平均化，逐渐成为技术的奴隶。于是具有现代特点的超越（理念）层面便应运而生，它包括审美、艺术和哲学现代性。审美和艺术现代性恢复了人的神性，超越了世俗化。而现代性哲学则对物质与人的异化进行了批判，强调恢复人的自我意识。中国的现代性，不是内生于本土，而是引进西方的，产生的精神基础与西方既有共同之处，又有特殊之处。如果说“脱神入俗”这一突破宗教的方式是西方现代性形成的特点，那么“脱圣入俗”就是中国现代性的形成方式。中国传统的儒家文化强调天人合一，未分化出超验的形上与经验的形下。它把天道、天理转为人道、人伦，同时具备美学、宗教与意识形态等意义，并形成了“内在的超越”。因此，中国传统文化既建立了人们在现实世界的行为准则，又帮助人们找到终极价值，具备了双重整合功能。中国与西方社会之差异，直接影响其对西方现代性的接受。首先，在物质层面，中国传

---

① 参见杨春时：《现代性与中国现代性的总体构成》，《求是学刊》2003年第1期。

② 参见[美]萨林斯：《甜蜜的悲哀》，王铭铭、胡宗泽译，三联书店2000年版，第75页。

统文化虽然提出了“义利之辨”，但与此同时也强调中庸之道，承认“食色，性也”，并没有完全禁锢人们对物质的追求，为物质追求留下一定空间。但是，传统中国农业“内卷式”的生产方式，使农民无法一夜暴富，因此“小富即安”的思想根深蒂固。这也使得现代性模式在确立过程中对物质追求的刺激性不如西方强烈。其次，在制度层面，传统文化的特点导致科学精神未得到充分发展，变革动力不足。而就强调“人人平等”的民主而言，中国的“差序格局”也使得我们对待周围的人存在亲疏差异。即使模仿西方构建制度，但往往由于“人情”与“面子”，制度难以推行。西方的民主大致可分为两种类型，一种是卢梭的“基于平等”的民主，一种是孟德斯鸠的“基于自由”的民主。这两种民主理念，分别导致了法国革命模式、人民民主制度与英国革命模式、自由民主制度。中国由于地理环境因素，土地无法无限度地扩张。农作物耕作的特点，使产量无法大幅度提高，整个社会的收益是相对固定的，人们只能在现有的社会物质中争取更多的分配份额。因此，人们更加关注分配的公正与否。再次，在超越层面，脱圣入俗的儒家文化被打倒，梁漱溟认为具有宗教功能的“伦理”秩序被破坏，却未能接受西方的宗教、哲学、美学等形上文化，甚至被批判为迷信。西方的艺术、哲学与宗教被黑格尔认定为“绝对精神自我复归的三种形式”，即人的精神的反思与超越。但在中国这些被片面地归为意义形态，导致中国的现代性缺乏反思、自我批判的主体性意识与能力。

(三)现代性模式与中国乡村文化的共建

坚守传统农业，经济滞后；发展西方现代性，却又弊端丛生。似乎中国乡村现代化无论是否走西方现代化道路，都无法避免惨淡的前景。中国乡村文化在这一进程中当如何自处？

1. 多元现代性与中国乡村文化

其实，现代性自诞生至今，对其诟病就从未停止。现代化进程中同时具备破坏性因素与积极性因素。人们憧憬现代化的积极作用，如科技进步、物质生活水平提高，但往往忽视其破坏作用，这一现象已逐步被人们关注。阿里夫·德里克在其著作《全球现代性》中指出了中国建构“他种现代性”(altenative modenity)的可能。与西方模式迥异国家的发展，表现出了多种模式的可能性与不同的优势，也拓展了多元现代性的现实模板。多元现代性的提出者、以色列学者艾森斯塔特也认为,由于外界自然环境、传统、文化等差异,西方化不是人们对现代性的唯一理想与构建途径,它应该具备不同的形式与发展历程,具有多元性。恰如吉尔伯特·罗兹曼所认为的,现代性无论对于先来者还是后来者,都应该是内在的转变。而中国"西方现代化"之路也在印证"植入式"的被迫转型道路在中国行不通,中国的现代化过程应该是根植于传统社会的"内在化"的自主转型。①

符合中国发展需要的现代性模式应该是什么样的,仍需我们进一步摸索。而这一过程又不能脱离传统,即在现代性的过程中如何有效地运用与整合传统文化资源,关系到传统乡村文化能否完成传统与现代的交接和融合。其实,传统与现代本身并非泾渭分明,这两者不是对立,而应是传承。现代化须扎根于现实土壤,它不能建立在一片虚无之上。中国的现代化首先应该完成传统的自我更新,这是在保守基础上的新陈代谢,是持续不断的创造。正是基于多元的自然环境与文化传统,现代性模式也应是多样的,"多元现代性"萌生于传统社会的土壤之中,现代性模式的构建须从传统文化中汲取营养。特别是当我们看到西方现代性模式中的弊端,看到西方现代性下人的生存困境,理性与价值的背离、生存意义的遮蔽、物质欲望的过度膨胀带来的精神空虚等,人们会转而向传统文化寻求"解救"的灵药。

当中国农业发展面临环境污染、资源枯竭等诸多问题时,人们试图从传统文化体系中寻求解决方案。以云南西双版纳地区的稻作文化体系为例②,其独特的结构与功能在于人们无法在生产过程中直接设定目标为保护生物多样性,但可以构建相应的文化。通过这一文化,包括技能与知识,来帮助多样性文化与社会的管理和维持,并进而带来生态多样性。这是在跨学科、整体论的框架下完成的。稻作文化体系已表明传统文化具有这样的功能,

---

① 以色列学者艾森斯塔特在反思现代性时指出,现代性内部蕴含着极大的破坏潜能,理解当代世界的最佳方式就是把它看成多元现代性文化模式和文化方案的持续构建与重建的故事。20世纪末,不可否认的趋势是对现代性的理解、不同现代社会基本的文化议事日程日益多样化,这种多样化远远超出20世纪50年代的现代性的同质化图景和霸权图景。其他学者也有相关的论述,杜维明教授提出,西化和现代化最大的不同,是地域观念和时间观念的差别。如把地域观念变成时间观念,就可以说是从西方地域发展出来的这一套转化世界的模式,可以在其他的地方发展。虽然是从西方一根而发,一定打上了西方的烙印,但在不同地方可以有不同的发展形态。现代性更多的是表达为一种工具,如果缺少了价值理性和人文关怀,从而割裂了工具性和价值性的统一,就会导致现代性的悖论。

② 以适宜稻作农耕的自然生态环境为基础,以稻作生计方式为核心,以相应的资源管理制度、农耕礼俗、精神信仰和优长互补的山坝民族关系为调试器,保证这一地区自然生态与人文生态的平衡和谐。

因此，当现代化发展面临一系列环境、生态问题及价值观迷茫时，社会文化价值成为农业生产保护与恢复的重要维度，人们将目光转向了传统文化，看到其价值所在。

探寻中国现代性模式的过程，其实是传统文化与现代性互相试探、互相摸索、共同建构的过程。现代性推动了传统农村社会、传统乡村文化的变革，而传统乡村文化并非被动回应社会的变迁，往往以主动的姿态为现代性模式的确立提供精神导向。农村现代性与传统乡村文化是在特定的地理环境、生产方式等因素的交互作用下产生的，在特定的“自然环境、经济环境、社会组织环境”中孕育出自身的文化并加以传播的。“因地制宜”是现代性模式建立与传统乡村文化发展的“药方”。传统文化也在现代性模式摸索过程中潜移默化地萌发了新的特点。黄应贵指出，台湾农村社会新近的发展均立足于原来地方社会——聚落之特殊自然及人文条件而来，在 1999 年“9·21”震灾后，受现代性影响越来越大，但仍然体现了原有文化的特色。①在重建过程中，将宗教、信仰、文化与跨国资本主义相结合，形成了结合经济与宗教而产生的“神秘经济”，新的经济与文化形式被创造出来。② 大陆农村的现代化发展亦是如此，既形成了自己的生产方式，也产生了新的文化特点。当“小而精”的家庭农场带来的经济收益更高时，乡村文化也随之出现了与之相适应的变迁。谭同学指出，中国自改革开放后，乡村社会结构巨变，其基础既非传统的“宗氏家族”，也并非西方所崇尚之“个人”。改革开放初以“主干家庭”为主，即夫妻两人再加已婚子女。随着现代性的进一步深入，夫妻及未婚孩子构成的“核心家庭”逐渐占据主要地位，并已成为当代中国乡村社会结构的文化特征。乡村中“伦常”的基础既非西方的“个人”，也非传统的“家族”，而是中国农村在现代性模式摸索中，在乡村文化重建过程中完成的。③

① 东部阿美人由台湾大社会的边陲移住到台北或桃园，在都市中形成新的阿美人小区的同时，并未放弃原居地的家乡，反而常常往返于两地，节日（如丰年祭）时更是如此。这使得当地阿美人同时在台湾大社会的中心大都会与边陲原居地建立家园，创造出新的文化形式。

② 参见黄应贵：《农村社会的崩解？当代台湾农村新发展的启示》，《中国农业大学学报》（社会科学版）2007 年第 2 期。

③ 参见谭同学：《从伦理本位迈向核心家庭本位——论当代中国乡村社会结构的文化特征》，《思想战线》2013 年第 1 期。

2.多方博弈中现代性与乡村文化的共建

现代性模式的选择与乡村文化重建处于多方力量博弈之下，为了这一进程的顺利完成，需要澄清观念并均衡各方的博弈力量。

其一，消除传统与现代的二元对立观念。中国知识分子自鸦片战争以来即试图为中国乡村文化开出药方，以期做到“药到病除”。可现实中屡屡碰壁，证明都是“药不对症”。出现这种情况的根本原因，在于中国知识分子是以“他者”的身份对待中国乡村文化，即用西方现代化的标准来进行诊断的。如费孝通批评晏阳初以传教精神拯救农村，先假定了自己是进步的，是用“先进”教育“落后”。他指出，西方传教的目的是“以正克邪”，这一出发点首先设定了被传教的对象是有“原罪”的，充满邪恶，只有在皈依宗教后才能获得宽恕，最终改邪归正。而晏阳初传教式的姿态，就是先设定了农村地区“愚昧”，需要采用“教育”的方式教导农民，“以知识去愚，以生产去贫，以卫生去弱，以组织去私”[①]。这一工业与农业、现代与传统二元对立的心态，在导致乡村传统文化认同丧失的同时，也未能建立起西方标准的现代化。中国乡村未来的发展，须避免落入西方模式的“窠臼”，否则我们自身迟早又会作为一种“异文化”而陷入西方为我们设定好的他者文化模式中。所以，首先在意识上，我们要警醒，避免这一现象的发生。多元现代性的主张已证明传统与现代是可以完成“对接”的，我们可以考量自己文化的个性，减少对外来思想的“排异反应”，使乡村文化像社会有机体一样，形成其独有的特征。

在传统与现代对接中，要处理好两个相互关联的内容：一是乡村的文化传承。文化本身沿着传统的惯性向前滑动，不可能也无法与过去彻底断裂。无论外部环境有多大的能量，产生多大的影响力，文化的变迁总无法割裂与“过去的”文化的承接。但是，这个文化的传承并非简单地复原乡村文化，而是了解其中蕴含的价值与理念。其实，文化的发展、累积并非单纯为物质生产提供基础，更为深层的是对人心的抚慰，满足人们内心深处的愿望与期盼，完成最终信仰的构建。因此，“我们归根结底保护的不是这一块儿梯田，不是这一块儿稻鱼共生系统，而是通过这些看到我们祖先在变化多端的自然条件下，怎么样对待大自然，怎么样从大自然那儿摄取精华，怎么样去寻

① 《费孝通文集》第5卷，群言出版社1999年版，第505页。

找整个人类的共同利益，而不是一家一户的温饱”[①]。二是乡村文化的延展。乡村社会已经不可能回到过去，且不论农田耕作方式的变化，信息革命、网络技术也使得农民的生活发生了巨大变化。在此基础上，文化的延展是建立在乡村建设从如何实现西方现代化向如何超越西方现代化建设转变这一主题之上的，既有对文化客体的批判吸收，也要完成文化主体的重新建构。

其二，多方博弈力量的均衡培养。在现代性模式选择与乡村文化发展的影响力量中，有三者集中发挥作用，分别是农民、市场与政府，而其中政府与市场的力量远大于农民。不同时期，政府与市场皆起过巨大作用。民国时期，依靠政府的强制力，国民政府以保甲制代替士绅统治，试图削弱血缘宗法的基础性作用，但结果适得其反，既无法吸引乡村精英，也缺乏足够的财政支持，最终仍不得不采用原有的乡村体制。新中国成立后，依靠政府的强制力，乡村社会的传统组织与士绅权威退出政治舞台，乡村干部作为革命权威成为替代性的力量。现代性模式与传统文化都是在外力强迫下进行变化，是一个“突然”而非“应然”的过程。而改革开放后，市场的力量凸显出来。人们所做的一切事情都须符合市场发展的需要，满足人们利益的最大化。此举虽然促进了生产力的快速发展，却出现了道德衰败与伦理危机。自近代以来，农民在农村现代性与乡村文化的变迁过程中，始终处于“失语”状态。我们关注与采取的方式是国家“自上而下”的方式，而非发挥农民的自主性，采取“自下而上”的方式，农民的自主性被人们忽略掉。如费边(Johannes Fabian)所说，当地人处于“失语”状态，对事关自己的重要事务往往是“缺席”的。[②] 其实，农村建设的主体是农民，而且也只能是农民。农民有愿望也有能力根据环境的变迁进行生活与生产的调适，传承与创新乡村文化，将原有文化与外来文化进行融合，发展出符合自己生活特点的新文化，做到真正的“吐故纳新”。而且，也只有依赖农民自身的力量，才能在现代性与文化创新发展中同时具备广度与深度。农民对传统、对自身文化的态度，直接影响到能否确立现代性模式与能否继续发展乡村文化。其自主愿望越强烈，现代性模式的确立与文化传承、创新就越容易。这其中应加强发挥乡

---

① 乌丙安、孙庆忠：《农业文化研究与农业文化遗产保护——乌丙安教授访谈录》，《中国农业大学学报》(社会科学版)2012年第3期。

② Johannes Fabian, *Anthropology with an Attitude*, California: Stanford University Press, 2001, p. 77.

村精英的作用。目前，乡村精英主要集中于经济领域，导致文化的传承失去了“传道人”和固有的发展空间。部分村民的小团体活动受经济等多种因素的影响难以发展。文化的重构陷入无序状态，各种非正式的宗教活动吸引了越来越多的村民。村民、市场与政府虽然来自不同方向，有着各自的利益诉求，有不同的运行轨迹与准则，但在现代性模式确立与乡村文化发展中却可相互影响、相互促进。现代性与乡村文化本身并非固定不变，而是一个流动的过程，各方力量的此消彼长，决定了现代性与乡村文化的走向。

近代以来，乡村文化始终面临如何“守本开新”的问题，对这一问题的研究过程也伴随着中国现代化的逐步深入。自现代性出现以来，人们从社会组织层面、主体性层面、现代性与理性的关系等多个角度对其进行分析，现代性也在人们的阐释、争论与质疑中经历了启蒙时期、探索时期及拓展时期。在这一过程中，现代性孕育出其基本内核——自由、平等、理性等。但是如何理解、实践其内核？西方社会进行了前提预设，即现代性的解读、实践与模式是单一的。欧美式的现代性是人类唯一可以选择与模仿的。这样做导致的结果是，人类发展的多样性与差异性只能终结于西方现代性的普适性。但由于西方现代性在发展中国家实践中的挫败，人们在现代性的实践摸索中逐渐发展出现代性的普遍性与地方性的相统一，在不同地区开始结出风采各异的果实。

当传统乡村文化与现代性进程相遇时，文化的“守本开新”与现代性模式的选择始终交织在一起。文化并非历史器物的存留，也非祭祀仪式的复制，而是活生生的人们正在进行着的生活方式，是在自我实践及与他者的妥协中按照自我的逻辑不断进行着的重构，如雷蒙·威廉斯认为的“作为一种特殊生活方式”是文化建构的根本。而这种特殊的生活方式变迁与确立的过程恰恰是现代性构建过程。现代性视阈下乡村文化的重建，也就不再是单纯的文化问题，它涉及经济、社会、文化的共同发展。若农村的生活、生产方式已发生颠覆性变化，乡村文化仍旧固守传统，其发展最终会成为“无本之木，无源之水”，仅出于情感需要保留下来，只会成为文化的“活化石”。同时，由外来势力强行植入的生活方式，难以形成“集体记忆”并获得归属感，也就无法具有延续性。乡村文化能否如同社会有机体，获得鲜活的存留与发展，皆取决于现代性模式的选择。抛开这个基础谈乡村文化，便不可避免地在“拆除”与“建立”这两个极端概念间不停地摇摆。

乡村文化与现代性之间是良性互动还是截然对立，取决于人类实践本身。作为生活方式的文化，须获得文化主体的认可。在前现代社会，人们的文化认同是单一的，而在现代社会则具有多样性与可选择性。即文化在现代社会已无法通过行政命令强制推行，而应通过培养农民的自觉意识、发挥其能动性，使农民在自我生活方式的选择中自觉地参与社会变迁，形成农民、市场与政府间的合力，探索适合中国的现代性模式，以一种更好的方式保持人和自然、人与人、现在与传统的平衡。

三、中国文化产业发展与文化自信的悖论和消解

文化产业发展具有双重维度，对内的文化维度即价值理念，对外的产业维度即产业竞争力。文化产业竞争力倚重于产品中的人文价值内涵，而内涵的提升又仰赖于文化自信的建立。同时，文化产业发展也为文化自信建立提供了广阔平台。看似相互促进的关系却在现实中因为中国文化产业与文化发展的特征而带来三大悖论，同时制约了二者的发展。基于文化自信的文化产业制度创新是解决这一问题的根本途径。

文化自信的确立，仅靠底蕴深厚的传统文化积淀或清醒的意识、强烈的愿望是不够的，培育的过程需要社会、经济、文化各方面共同发力、协调发展，而文化产业无疑是目前情况下诸因素相互作用、相互影响的一个良好的结合点。但是，必须看到，一方面，作为一种产品具有人文价值内涵的产业，文化产业竞争力与文化自信建立是正向过程；另一方面，如果降低文化要求能减少成本而获利，“逐利”的本性使得文化企业也很难避免在文化内涵上“偷工减料”。因此，文化产业发展与文化自信确立的关系，可以是建设性的，也可以是否定性的，关键在于如何把握。本节试图揭示、消解二者的矛盾，由否定性走向建设性，会加强文化产业发展与文化自信确立的良性互动，实现彼此成就，而基于文化自信的文化产业制度创新，即是解决这一问题的根本途径。

（一）文化产业发展与文化自信建立的三大悖论

什么是文化？费孝通提出即“人为、为人”[①]四个字。“人为”指文化由人

① 费孝通：《中国文化的前途》，《社会科学报》2002年6月6日。

而制，而如何“为人”带来的扬己与克己的区别正是东西文化差异的关键。差异带来了文化交流的需求，也带来了碰撞与嬗递，由此产生了对待自我文化与外来文化的态度问题。费孝通先生提出了文化交流中的态度应该是“各美其美和美人之美”①，一方面认识到自己文化的优势，大胆地推介和宣扬自己的文化；另一方面对其他先进文化或优秀文化因素自觉追求，即建立在文化自觉基础上的文化自信应是我们对待自我文化及外来文化的态度。

“产业”即工业，强调的是一种生产过程、一种流水线上批量生产的过程。而文化产业指的是将价值、理念、精神需求转化为产品，满足人们的文化消费需要，获取利润的过程。产品的特殊性使文化产业同时具备两个维度的属性，对内的文化维度即价值理念，对外的产业维度即产业竞争力。基于快速革新的技术、高度专业的分工、完备的市场体系，文化产业在提高了文化产品生产与传播效率的前提下获得收益。文化产业的可持续发展要求完善的产业化体系与强有力的文化支撑，即其产业维度与文化维度不可偏颇，须同步发展。但在经济全球化语境下的中国，当起步晚、发展慢、规模小的文化产业遭遇晚清以来的文化焦虑、文化自卑时，就在文化产业发展与文化自信可良性互动的关系中增添了许多不和谐的音符，带来了二者关系上的三大悖论。

1. 悖论一：文化产业发展与文化自信确立定位的耦合和差异

处于初级阶段的中国文化产业，如何处理产业发展与文化自信的关系，实际上是完成“生存还是发展”的选择。这似乎是个伪问题，因为只有“生存”才能“发展”，而“生存”后也一定会求“发展”，而且无论是生存还是发展，文化产品与服务都需包含文化内涵。但实际上，初期选择不同，侧重点不同，提供的文化服务也不一样。

文化产业的核心价值是具有原创性的文化内容，文化内涵决定了文化产品附加值的大小。但社会所需的文化内涵不是一成不变的，随着时代的变化，人们对文化的需求是不断变化的。在历史唯物主义视阈下，文化的生成、延续与变化都是在人的实践活动中完成的。当实践方式发生变化、实践能力得以提高时，文化也会随着物质生产方式的嬗变与社会政治结构的调整而发生变化。因此，文化变化自身是不断经历吐故纳新的过程，是对传统

① 费孝通：《文化自觉的思想来源与现实意义》，《文史哲》2003 年第 3 期。

文化批判性选择与继承的过程，是学习外来文化对其借鉴与吸纳的过程，是在文化自信基础上化约贯通、实现质变的过程。作为提供文化产品与服务的文化产业，既参与了文化的这一嬗变过程，也在其产品中反映着这些变化。但无论是支撑还是反映文化产品的创生性转换与壮大，除了文化还需要技术、资金、人力的支持。

白远指出，文化与文化历史并非文化产业发展的决定性因素。“在欧洲，英国而不是意大利和希腊成为文化产品最大的出口国……文化也不等于文化历史，它既包括历史的也包括当代的，历史短暂，并不表明文化薄弱。”①美国虽然历史短，历史文化底蕴不够，但善于接纳多样性的文化并加以内化。出现这种现象的原因在于，“在市场自发式的发展模式下，‘人才’、‘文化’和‘技术’是支撑城市文化产业起步的重要因素，尤其‘人才’是关键”②。即完成文化的整合除基本的技术配备外，人才的培养也至关重要，因为文化的挖掘与吸纳是由人来完成的。但是，人才培养是一个耗时耗钱的过程。中国的文化企业在生存之初，为实现“生存”目标，会尽可能降低成本。最便捷的解决途径就是减少文化产品中文化内容的创新，通过已成熟的技术，不断复制，完成同质化产品的生产，以量取胜。文化产业在出现之初就已经因为“同质化”问题而饱受诟病，这一问题在中国在一定意义上则更为严重。当中国文化企业把着眼点放在“生存”上时，文化产品就会存在“有数量缺质量、有‘高原’缺‘高峰’的现象，存在抄袭模仿、千篇一律的问题，存在机械化生产、快餐式消费”③。

如果说中国文化产业在发展之初为求“生存”而降低文化产品的价值内涵，那么在随着经济发展，人们的文化消费数量急剧增长的今天，传统文化的传承、外来文化的合理采撷，并将其整合、融入于文化产品与服务中，才是文化产业的“发展”之道。消费者对文化产品的消费是为了其中的文化价值与情感，对作品的文化认同是其消费的驱动力。产业是基础和载体，蕴涵其中的文化是灵魂，如果没有文化，文化产业就会成为无源之水、无本之木。

---

① 白远：《文化创意产业释义与产业发展条件》，《中国经济时报》2007 年 2 月 2 日。

② 张懿玮、刘士林：《对文化创意产业与其支撑要素的关系探讨》，《现代城市研究》2013 年第 11 期。

③ 中共中央文献研究室编：《十八大以来重要文献选编》(中)，中央文献出版社 2016 年版，第 124 页。

2. 悖论二：经济全球化背景下文化产业发展与文化自信确立的契合和背离

将文化发展置于经济全球化背景下讨论，是因为经济全球化趋势不可逆转且对我们的生活产生了重大影响，这一影响也作用于各国文化的交往与走向上。在全球文化交往中，除了宣扬自己的文化，还需研究其他文化的特质并加以借鉴，通过对其他民族文化的借鉴，丰富和提升本民族的创造力。根据哈贝马斯的观点，“文化交往有助于实现民族文化的创新，合理的交往能够在公众领域确保大众的参与，从而能构成文化、社会以及个性结构形成与再生的媒介”，“文化交往也能帮助培养起文化宽容理解的心态，避免文化冲突和排斥”。[①] 而这正是一个民族自觉借鉴其他文化形成文化自信的重要前提。文化产业发展有助于这一过程，能有效地消除跨文化交际中的障碍，例如语言问题、对异质文化的陌生等，加速对他国文化的了解，进行文化选择。同时，各国文化的差异使不同地区文化产业在发展中带来了不同的文化内核，彼此产生交流、沟通的需要，使各地文化产业的发展有了各自的文化基石。

但是，在经济全球化背景下，文化存在方式又带来了文化产业发展与文化自信建立的背离。赵汀阳指出：“不能独占而不得不分享的文化，事实天生是‘侵略性的’或者说是‘扩张性的’。”[②]由于各国实力不同，西方国家凭借技术大力传播本国文化，带来了“文化殖民”。如勒内·贝尔热在《符号突变》一书中提到：“当两种文化产生联系并相互作用时，会产生三种情况：第一，较为脆弱的民族让步，最终被瓦解（当今几乎所有的原住民社会都是如此了）；第二，最稳固的民族之间在社会文化上达成妥协；第三，新的社会意识形成，并从一种文化转化为另一种文化。每个社会在其历史中都曾被‘濡化’和‘渗透’过。这三种情况在今天文化发展历程中都曾出现过，并以第一种和第三种居多，即目前普遍认为的这种‘文化转型’是‘去文化’与‘新生文化’并存的过程。”[③]这一过程包括前一种弱势文化的消亡，与此同时，另一种新的文化被创造。

近代以来，中国文化认同的轨迹是：一方面，相信自己有优秀的文化；另一方面，由于物质上的落后，又对原来的文化产生怀疑。为了让自己成功，

---

① [德]于尔根·哈贝马斯：《后形而上学思想》，曹卫东、付德根译，译林出版社 2001 年版，第 82 页。

② 赵汀阳：《文化为什么成了个问题》，《世界哲学》2004 年第 3 期。

③ 转引自[法]米歇尔·苏盖：《他者的智慧》，刘娟娟、张怡、孙凯译，北京大学出版社 2008 年版，第 22 页。

必须把自己变成西方。因此，在现代性语境下，中国的文化认同成了“全盘接受西方文化”这一认同悖论。虽然有文化自强的愿望，但却是以否认自我文化为前提。在未做好充分准备的情况下，经济全球化进程下的文化产业发展加快了西方文化产品进入中国的步伐，其中蕴涵的思想、理念对我们的“占有”、对文化自信的建立是灾难性的。大量外来文化的冲击使我们既无能力也无愿望站在历史的、时代的角度恢复传统文化的本来面目，客观评判它的历史作用，从中发掘积极因素，实现对传统文化的超越。文化自信丧失状态下对外来文化的“臣服”与不加拣选的“克隆”，也使我们始终无法真正拥有西方文化，将其内化成自己文化的一部分。在消费这些文化产品时，既丧失了对自有文化价值的认同，也未能对外来文化进行客观评价。

3. 悖论三：制度构建中文化产业发展与文化自信确立的“度”的确立

单纯强调文化产业的经济属性，会导致文化“同质化”与文化“克隆”问题；而过分强调文化产业的文化属性或其价值导向功能，又会因为管束过多而影响文化产业发展的活跃度。低效带来的低利润既不利于提升文化产业的竞争力，也不利于最大限度地挖掘、宣传、整合传统及外来文化资源。由此，实现文化产业与文化自信建立共同发展，需在制度构建中进行“度”的把握。这里需要解决两个“两难”问题：导向的确立与结果的衡量。

首先，需确认文化产业发展导向的确立主体是市场还是政府。人们在消费文化产品时，归根结底是要满足人的文化消费需求，即对美的追求、生存意义的解答。希望能在消费中产生情感上的愉悦、思想的影响与观念的引导，会将作品与现实中人的情感经验、是非观念和价值取向进行对比，并进而引发共鸣与思考。因此，市场体系通过自身的淘汰机制将符合人们要求的文化产品保留下来，完成文化产业发展与文化自信的互相成就。但在现实中，文化产业不但使文化产品能够被生产出来，就连人的文化消费取向也可以被生产出来。有学者指出，自由领域的文化一旦受工具性理性支配，虽然文化产品种类繁多，但不过是虚假繁荣，是‘编制’出的虚假个性。因此，机械化生产出的产品最终被证明总是相同的，甚至连购买与消费者也被分类了。文化产品控制了人们的消费喜好，在不得不接受文化工业提供的产品时放弃了思想的权利。市场化导向使人们只关注生存本身，忽略生存的意义。而如果文化产业发展导向确立的主体是政府，政府会倾向于文化功能，但往往带来文化产业的低效。即政府过于强调意识形态功能而忽视经济功能，严重延缓了文化产业发展速度。党的十六大正式把文化领域划分为文化事业和文化产业，也是防止政府过多干预文化产品的生产与供给而降低文化产业的活跃度。把握市场激励与政府导向有效结合的“度”，才能实现文化产业与文化自信的共同发展。

其次，需明晰文化产业衡量标准是经营收益还是文化导向。文化的“二元化”划分，规范了文化发展的不同着力点，并对其产生的作用作了明确的划分。作为经营性质的文化产业，针对的是从事文化产品生产及提供各种类型文化服务的经营性行业，遵循的原则、衡量的标准似乎就应该是市场经济和价值规律，以市场运行的方式不断扩大生产规模，获取利润。但文化产业竞争激烈，因此比文化事业更具活力。能否梳理得当，决定着文化产业在增强经济实力的同时是否有助于激发大众的创造力及对道德提升的追求。事实上，美国文化产品能够在世界文化贸易中占据主导地位，进而带来文化霸权，就在于其将平等、自由的价值理念蕴涵于文化产品中并被大家接受。因此，中国文化产业放弃社会责任而单纯考虑经营收益受到越来越多的社会质疑。可以说，文化产业因衡量标准的单一化愈演愈烈、引发诸多问题而备受关注。习近平总书记指出：“一部好的作品，应该是经得起人民评价、专家评价、市场检验的作品，应该是把社会效益放在首位，同时也应该是社会效益和经济效益相统一的作品。在发展社会主义市场经济的条件下，许多文化产品要通过市场实现价值，当然不能完全不考虑经济效益。然而，同社会效益相比，经济效益是第二位的，当两个效益、两种价值发生矛盾时，经济效益要服从社会效益，市场价值要服从社会价值。文艺不能当市场的奴隶，不要沾满了铜臭气。”①

（二）文化产业与文化自信矛盾消解的必要性和可能性

1. 矛盾消解的必要性

目前，中国文化产业与文化自信的建立都遭遇了发展的瓶颈。随着经济的发展，人们对文化消费提出了更高的要求，文化产业与文化自信的背离，加剧了二者面临的问题，使中国文化产业与文化认知状况已远不能满足人们的需求。

---

① 中共中央文献研究室编：《十八大以来重要文献选编》（中），中央文献出版社2016年版，第132页。

国际数据表明,当一个国家或地区人均国内生产总值超过5000美元时,居民对文化产品的消费会急剧增加。2013年,中国人均国内生产总值已超过6700美元,对文化产品的需求与消费进入快速增长期。据中国人民大学文化消费指数课题组测算,“我国文化消费潜在规模为4.7万亿元,占居民消费总支出的30%,而2013年文化消费实际规模约为1.038万亿元,仅占居民消费总支出的6.6%,存在3.662万亿元的文化消费缺口”[①]。经济发展催生的文化需求为中国文化产业发展带来机遇,但由于国内文化产品缺乏新内容,高质量文化产品匮乏,产品数量与质量不成正比,导致我国文化产品消费中,欧美进口文化产品受欢迎度远高于国内文化产品。以电视剧作品为例,根据国家新闻出版广电总局《中国广播电影电视发展报告(2012)》中的数据,2011年我国国产电视剧获得“发行许可证”的共计469部(14942集),产量已高居世界首位,但全球电视节目的主要输出国依然是美国,“美国生产的影片只占全球影片总产量的6.7%,却占据了世界电影市场份额的85%”[②]。未能反映社会现实、传递价值观念、将文化意蕴与人文精神传递给观众,促使社会成员对其中的文化产生认同与归属感的现状,使我国文化产业在面临发展机遇时处境尴尬。

文化的生成归根到底依赖于人的实践活动,生产方式与交换方式发生变化,文化也会随之变化。在社会快速发展的今天,人们已不再单纯满足于物质的富足,精神上的诉求也越来越迫切。不绝于耳的是对精神家园的呼唤。然而,滞后的文化观念已远不能适应新的社会实践,导致人们在精神上陷入困顿与迷茫,无所适从。当精神层面的“危机”在现代文化产品中无法找到答案时,人们便转向传统文化去寻找慰藉与解决的良策,希望在传统文化中获得价值观念与情感的支持。然而,传统文化所赖以存在的农业社会环境已发生根本性变化,全盘接纳的结果与全盘“西化”一样,不可能完全消除人们的精神困惑。总而言之,当下文化重建的速度已远不能满足人们的文化需求。

2.矛盾消解的可能性

中国传统文化的现代性建构是解决文化产业发展滞后与文化自信建立

---

① 朱正威、王勇等:《论当代文化创意产业的核心要素:在历史和未来间寻求创新的最佳结合》,《西安交通大学学报》(社会科学版)2013年第3期。

② 唐月民、阮南燕:《文化资源、文化产业与文化强国建设》,《理论学刊》2013年第4期。

困境的重要途径，也是开启二者发展悖论的“突破口”。我国文化产业的问题，一方面在于起步晚、发展慢，这些可通过国家资金注入、政策调整来解决；但另一方面，文化内核的缺失却需要通过对传统文化的深度挖掘与文化整合来完成。

赵汀阳认为中国文化与西方文化非常不同[①]，但是这种不同不是对立性的，而是互补性的。与阿拉伯文化和西方文化之间的矛盾不同，中国文化和西方文化之间的矛盾大多属于宗教矛盾，来自原教旨主义，是树立“他者”之后对自己文化的意义觉醒。但中国文化具有极大的包容性，能够弥补西方文化的不足。何中华就现代性与后现代性下西方文化的问题提出：“西方现代性强调理性，其结果是‘戡天役物’。这种逆自然单维度取向带来了20世纪的人类生存大危机。”[②]西方现代性最典型的特征即依据人的欲望对大自然的过度占有，带来的是人与自然、人与人、人与自我之间的背离和矛盾。这是西方现代性下人的生存困境缘由。当西方社会由现代向后现代转变时，西方文化的问题愈加凸显，表现为理性与价值的背离、生存意义的遮蔽、物质欲望的过度膨胀带来的精神空虚等。出现这些现象的原因，即在于西方文化从技术与艺术的统一发展为科学与人文的对立，造成科学方式主宰人生活的各个方面。海德格尔对西方技术的发展非常警惕，认为在运用技术及技术发展过程中，我们观察世界的角度发生了变化。技术也加剧了我们对自然资源毫无节制的利用，因此海德格尔在技术中看到了不可抗拒的危险，并呼吁技术的艺术化，即马克思提出的人的自然化（艺术）和自然的人化（技术）的历史的统一。

由此可以看出，中国文化成为现代性问题补偏救弊的“药方”。这种补救既是中国文化重建自信的根基，也为文化产品生产提供了导向。文化自信建立与文化产业发展都是在特定的地理环境、生产方式等因素的交互作用下产生的，是在特定的“自然环境、经济环境、社会组织环境”[③]中孕育出自身的文化并加以传播的。“因地制宜”是解决文化自信建立与文化产业发展的“药方”。

---

① 参见赵汀阳：《文化为什么成了个问题》，《世界哲学》2004年第3期。

② 何中华：《中国文化与现代性在相互参照中的建构》，《学习论坛》2011年第3期。

③ 孙燕青：《文化自觉与文化自信视野下的传统文化定位》，《哲学动态》2012年第8期。

(三)走出悖论:基于文化自信建立的文化产业制度创新

1. 理念创新:构建以文化重建为旨归的文化产业理念

中国文化的“二元化”划分,是不是代表了文化产业发展目标只剩下经济目标,文化内涵只是为了完成经济目标的必备条件而非主要任务? 考林·霍斯金斯(Colin Hoskins)指出:“大部分国家把本国文化产业的产品看作是保留本国独特价值观以及维护民族国家福祉的根本所在。”[①]范玉刚指出:“文化产业不但是意识形态传播的基础,而且还强化了意识形态的时效性和影响的广延性,文化产业发展的上游化趋势使意识形态传播的隐蔽性进一步增强。”[②]因此,文化产业的竞争力不仅关乎市场占有与收益,还关系到文化理念的辐射力与影响力。

文化是各个国家与民族的灵魂,是社会变革与进步的推动力量。柏定国提出“文化产业应以意义重建为旨归”[③],并指出文化产业发展应肩负双重使命,即文化复兴与产业振兴,偏颇某一方面是造成目前文化自信建立与文化产业发展困境的重要因素。事实上,很多国家都依托强大的文化产业强行推行本国的价值理念,中国在产业发展中最大的问题即内容缺失、价值迷失。美国文化产品能够在世界文化贸易中占据主导地位,进而带来文化霸权,就在于其将平等、自由的价值理念蕴含于文化产品中并被大众接受。以文化重建为核心的文化产业理念有助于二者和谐共处、共同发展。

2. 尺度创新:构建具有文化路标导向的中国文化产业发展指标体系

文化产业发展表现为一系列选择行为。选择的意义不在于选择什么,而在于如何选择,即选择不在于内容的拣择,而在于标准的确立。选择的尺度即产业发展准则,选择的失衡即准则的迷失。文化是认识生命的开始,也是我们对待生命的态度。文化产业已成为我们认识世界、表述价值观的重要手段,不同的路标导向即为不同的社会价值观确立的导向,解决的是文化产业如何发展、发展什么样的文化的战略选择。

文化产业发展的导向,可以分为两类:一种是收益至上,即把经济发展

---

① [英]考林·霍斯金斯、[加]斯图亚特·历克法蒂耶、[澳]亚当·费恩:《全球电视和电影:产业经济学导论》,刘丰海、张慧宇译,新华出版社 2004 年版,第 8 页。

② 范玉刚:《以社会核心价值的有效融入提升文化产业竞争力》,《中国党政干部论坛》2011 年第 12 期。

③ 柏定国:《文化产业学科应以意义重建为旨归》,《福建论坛》(人文社会科学版)2011 年第 2 期。

目标放在文化产业上;另一种是把价值坐标的探讨放在首位,即强调文化产业的文化属性。前者的特点是周期短、收益快但后续发展力弱,后者的特点是周期长、收益慢但挖掘潜力大。由于中国各地区文化产业发展晚、起点低,在绩效标准下,经济指标往往成为一个地区文化产业发展的首要指标,而文化指标遭到漠视。这种指标体系的缺失,不利于文化产业与文化自信共同发展。

胡惠林在其《中国文化产业发展指数报告》(CCIDI)建立的"2+3+5分析模型",强调文化产业的发展应同时兼顾"文化产业的外部关系和文化产业内部关系"[①]。中国文化产业发展中不论只关注哪一方面都不利于其快速、持续性发展。因此,中国文化产业发展指标体系应理性构建,同时包括物本指标(经济效益的提高)、人本指标(人的精神世界的满足)以及社会指标(文明进步),通过产业发展指标体系的构建,提高文化创造力,加快人的文化生产力的转化,满足人的精神需求,实现国民财富的增加。

3.体制创新:多元化"和谐"的文化体制改革

中国是一个文化产业大国,但不是文化产业强国。在制度建设上受观念影响,往往出现单一维度现象,不利于文化产业发展与文化整合。投资主体、文化产品、发展模式多元化和谐发展利于文化产业发展与文化自信建立。

首先,投资主体多元化。由于文化与意识形态的关系,在传统思维定式下,人们往往把文化纳入意识形态领域。为加强意识形态导向,认为凡是涉及文化的都应该在政府的行政管理范围下,文化兴办模式就应该是事业模式。当经营性文化产业混同于公益性文化事业时,文化产业投资主体便成了国企。这种文化产品供给模式既限定了文化产业的投资主体,也扼杀了文化产业的经营活力,不利于文化产业竞争力的提升,也不利于多种主体进入到文化资源中进行深度挖掘。其实,只有合理的产业准入与经营准入,允许更多的文化产业主体进入文化领域,才能有效促进文化产业发展与建立文化自信。"在国外,不仅多元化的资本介入文化领域,跨媒体、跨行业、跨地区、跨国界的集团化经营也已成为一种不可逆转的趋势,文化产业在GDP中的比重日益增大。美国文化产业实现的增加值占GDP的比重已超过

---

① 胡惠林:《文化产业理性发展的尺度——构建具有路标导向的中国文化产业发展指标体系》,《上海交通大学学报》(哲学社会科学版)2014年第4期。

20%,400家最富有的公司有72家是文化企业。”[①]

其次,文化产品多元化。文化产品多元化包括内容的多元化与表现形式的多元化。文化产品是为了满足人类对世界的认知,世界发生变化,人类对世界的认知也会随之变化,文化产品内容只有多样化才能满足不同人群的不同需求。另外,随着技术的发展,为了使人类的认知更直接、更感性,文化产品的外在表现形式也会多样化。作为世界最大的文化传媒集团之一的时代华纳集团,其主要业务版块包括出版、电视电影、音乐产业及网络业务,传统的出版业务占其收入的比重不到10%,文化产品多元化已成为未来文化产业发展趋势,它带来了产业能量的“聚变”,也为文化的传播提供了多种可能性。

最后,发展模式多元化。我国东西部地区经济水平、生活方式、风俗习惯都有所不同,针对不同地区采取不同文化产业发展模式,能有效利用现有文化资源。例如,西部地区民族文化资源种类多、数量大,以此为依托发展文化产业,形成具有地方特色的资源型文化产业,既有效保存与发展了传统文化,也为文化产业增加了附加值。李峰峰、周意指出,为实现文化资源的最优效率配置,各地区应根据地区文化特点采取不同模式,北京、上海、深圳、广州文化产业发展模式各有特色、因地制宜,保证了文化产业持续、健康、快速发展。

经济全球化给中国文化产业与文化自信建立既带来挑战,也带来机遇,人们开始反省我国文化产业发展的理念与模式,提出文化产业发展的核心与本质就是价值体系的营造。基于文化自信建立的文化产业制度创新促使中国文化产业发展进入文化自觉、文化自信与文化产业自觉、自信的新阶段,不但会成为经济发展新的增长点,也会实现中国文化的繁荣。

---

① 彭南林:《发展文化产业与构建多元化的产业主体探讨》,《中国软科学》2004年第10期。

下编　大学生文化自信提升及其实践

第四章

中华优秀传统文化高校宣传教育探究

在当今全球化时代，国际竞争很大程度上正在或者已经成为文化的竞争，与此同时，我们比历史上任何时期都更接近中华民族伟大复兴的目标，前景光明。在这样的国际、国内形势下，复兴中华优秀传统文化势在必行，而加强高校中华优秀传统文化宣传教育则是其中重要一环。这项工作对于中华文明发展、对于高校教育、对于大学生成长成才、对于当前社会发展都具有极其重要的现实意义。因此，我们在以山东大学为案例大致了解当前高校中华优秀传统文化宣传教育基本情况的基础上，从宣传教育的意义和目的、宣传教育的渠道和途径、宣传教育的内容、宣传教育存在的问题及学生传统文化基本素养等方面设计了调查问卷并开展了调查，通过对调查数据的分析得出一系列富有启发性的结论。在调查研究和以往相关研究的基础上，对高校中华优秀传统文化软实力宣传教育工作创新进行了探讨。

一、高校中华优秀传统文化宣传教育的现实意义

在当今世界各种思想相互碰撞与融合的大背景下，整个世界既呈现出全球一体化的倾向，同时又在此倾向下呈现出文化多元的发展态势。在这种态势下，中国所受影响颇大，尤其自改革开放以来，随着社会的急速转型，

国人传统的价值观念也发生深刻变化，金钱至上、功利主义的价值评判标准在一定程度上、一定范围内蔓延开来。这一点在年轻人身上表现甚为明显。在高校内部，随着互联网的应用与普及，种种消极思想不断侵入，直接导致少数学生三观失守走歪，或成为精致的利己主义者，或在走入社会后成为各领域的高级蛀虫。因此，无论是从国际大势来说，还是为了年轻一代的健康成长，高校实施中华优秀传统文化的宣传教育已经成为势在必行之举。这一工作对于各方都有极为重要的意义。对于传统文化本身来说，不仅可以把握此应时而兴的契机，为往圣继绝学，同时更可以在年轻人中开出传统文化的一片新天地；对高校教育来说，传统文化的进入为文史哲等人文学科的转变提供了一个契机，对于减少学科专业壁垒有重要意义。同时，传统文化更加注重人的道德教化与培育，对于今日之大学的功利化更有积极的对治作用；而对于学生来说，更可以提升大学生的传统文化素养，增强大学生的思想道德意识，对于培养学生追求高尚，有趣的生活也有重要意义；对当前社会来说，不仅可以为社会发展输出可靠人才，而且对增强中华民族的凝聚力、向心力，对实现“中国梦”都有极大的促进作用。

（一）新时代中国特色社会主义的召唤

自20世纪80年代末期以来，随着冷战的结束以及互联网技术的迅猛发展，整个世界日益呈现出全球化与多元化并存的发展态势。全球化与多元化看似矛盾，实际上二者之间却有深刻的内在逻辑联系。全球化最初是指各个国家在经济上的密切来往，而经济上的互通有无又促进了各国之间政治文化的交流。尤其在互联网普及之后，种种思想与文化相互碰撞与融合，整个世界看似在互联网的联系之下不断趋向一体化，但这种表面的一体化下却是多元化的政治文化诉求。这种诉求是基于两个拥有完全不同文化背景的人相互交流而自然产生的一种身份认同感。在此认同感的基础之上，以竞争为动力、以利益为连接纽带的区域性组织才有可能形成长期稳定的关系。欧盟就是一个典型的例子。因此，这种多元化的诉求本质上是关乎个体与群体生存意义的文化乃至文明的必然要求。正如亨廷顿在《文明的冲突》中所言：“在冷战后的世界中，人民之间最重要的区别不是意识形态的、政治的或经济的，而是文化的区别。人民和民族正试图回答人类可能面对的最基本的问题：我们是谁……他们认同于部落、种族集团、宗教社团、民族，以及在最广泛的层面上认同于文明。”[①]亨廷顿认为，在未来的世界中，全球政治将表现为文明的政治，世界范围内的国与国间的冲突会转变为几大文明之间的冲突。以现在的眼光来看，文明之间的冲突确实在国际事务上有愈演愈烈的趋势，这也可以在某种意义上佐证亨廷顿的预言。

在这种大的时代趋势下，国家之间的竞争必然在经济与军事实力发展的基础上趋向于文化软实力的提升，以此增强整体综合国力，在国际社会上拥有可以影响其他国家与民族的话语权。而中华优秀传统文化作为中国传承几千年的底蕴有其独特的存在价值与存在根基，这种价值与根基并不会因时间的推移而流失，甚至在某种意义上来说具有一种永恒性。而在与西方文化的对比中，可以发现中国文化所注重的天人合一、和而不同、义战、兼爱非攻等传统理念对当今世界的种种问题有非常积极的对治作用，对维护世界的和平与发展会起到极大的促进作用。因此，把中华优秀传统文化作为中国文化软实力的象征不仅是历史理性的要求，更是时代发展的现实性要求。

就国内发展形势而言，中华文化的繁荣也是中华民族伟大复兴的必要条件。一个国家、一个民族的强盛，总是以文化兴盛为支撑的，中华民族伟大复兴需要以中华文化发展繁荣为条件。文化作为一个国家的软实力，也确实无时无刻不在引导着社会的发展方向，为社会经济发展源源不断地提供精神动力。同时，它也是民族凝聚力与创造力的精神源泉，只有自己国家的文化真正繁荣了，国民才会有安全感、认同感与归属感，因此文化作为民族内部互相认同的核心，其越是繁荣兴盛，民族的凝聚力与创造力也就越强，从而也就越有利于中华民族的崛起与复兴。

在这样的时代强音呼唤下，对高校实施中华优秀传统文化的宣传就显得尤为迫切。大学作为一个文化平台，不仅是追求真理、研究高深学问的场所，更是为国家培养人才的基地，而正是由于高校的这种文化职能，就使得在高校内部宣传传统文化兼具“攻守”两方面的必要性。一方面，传统文化的发展与创新在整体性的综合国力竞争中愈发占据重要的位置，而能够促进这种发展与创新的无疑要属处在时代前进潮流中的年轻知识分子。在当今的工业化与信息化社会完全复兴古老的传统文化并不现实，相反还会引

---

① [美]塞缪尔·亨廷顿《文明的冲突与世界秩序的重建》，周琪等译，新华出版社2010年版，第5页。

来诸多反感，所以关键是要把传统文化中的价值观念与现代生活方式相结合，使形式上的创新逐步带来移风易俗的效果。《中庸》言：“苟日新，日日新，又日新。”[①]只有在不断创新的过程中，传统文化才能够真正地在现代社会得以重生并转化为综合国力的重要组成部分。而承担这个任务的最佳人选当然要属年轻一代的大学生，他们对新鲜事物接受能力强，是现代生活方式的主要受益者，同时他们的创新能力也正处在人生巅峰期，一旦接受传统文化的熏陶，相信必然能够促进传统文化的进一步发展。另一方面，传统文化对于重塑当代大学生的价值观亦有重要作用。而优秀的中华传统文化则与此相反，它更加重视人的价值与道德教化的作用，相信在对治这些消极思潮中将会产生不可替代的作用，真正起到道德重塑的积极作用。

费孝通先生在其晚年大力提倡“文化自觉”，他认为在这个新的世纪中，中华文明有能力也有条件为人类开辟出一条新的发展道路，他说：“人的思想是由时势造成的，也反映了所处时势的地位。因此我们发生了文化自觉的要求，文化自觉就是生活在某种文化之中的人们的自知之明，目的就是在争取文化发展的自觉权和自主权。”[②]需要重点说明的是，只有让年轻一代重拾自己的文化传统，在心中建立起对本国文化的自信，这种文化自觉才会更具有生命力，从而真正让中华文明发展出一条属于自己的道路，使中华民族能够强立于世界民族之林，由此可见在高校中宣传传统文化确已成为势在必行之举。

（二）中华优秀传统文化传承传播作用

作为中华民族之根的中国传统文化历经数千年而生生不息，它在塑造中华民族整体性格中起到了至为关键的作用，正是由于传统文化的存在我们才能明确的回答“我们来自哪里、我们是谁”这种终极性问题，可以说它为整个中华民族的整合奠定了精神基础。但是自近代以来，传统文化却饱受打击，经历了全方位的撕裂性创伤，使得它在现代的传承中出现过大断层，不只是儒家成了“游魂”般的存在，整个传统文化实际上都处于这种境况。这样的情况下，在高校中宣传中华优秀传统文化的意义就更加突出。

---

① （宋）朱熹：《四书章句集注》，中华书局2011年版，第5页。

② 费孝通：《中国文化的重建》，华东师范大学出版社2014年版，第62页。

在高校宣传中华优秀传统文化有利于传统文化继承工作的开展，为进一步更广泛地在社会上弘扬传统文化打下基础。为什么在高校宣传传统文化会非常有利于传统文化的继承呢？要想回答这个问题首先要清楚什么是传统文化。从字面上来理解的话，“传”字有薪火相传的意思，代表时间上的一种延续；“统”字有统御、统领的含义，《春秋》经首句即言大一统，所以“统”字其实还有总括的意思，象征空间意义上的涵盖；文化虽可泛指人的所有活动的总和，但是这里的文化其实更加偏向于人的精神层面的创造性活动。就此而言，传统文化实际上是指古代遗留下来的或者有形的无形的物质与精神活动的总和。庞朴先生对文化的解释很公允：“传统文化的全称大概是传统的文化，落脚在文化，对应于当代文化和外来文化而谓。其内容当为历代存在过的种种物质的、制度的和精神的文化实体和文化意识。”①而无论是物质层面的、制度层面的还是精神层面的，它们都具备某种实体性，亦即它们的存在必然是以某种承载物为基础，或人或遗迹或书本等等，这样也就决定了传统文化的可继承性与可延续性。同时也需要看到文化的最终承载物仍旧是活生生的人，传统文化只有表现在人的身上才是真正意义上的复活，因此在高校中宣传传统文化实际上就是把这种承载物不断扩大，所谓薪尽火传，只要把传统文化的精神扩散开来，那么传统文化之火也就能够不断延续下去。

高校的传统文化宣传工作非常有利于传统文化的继承。这是因为高校本身就具备深厚的人文底蕴，不管是老师还是学生都属于这个时代最为开明的一类人。从教师的角度看，某种意义上来说，他们就是已被启蒙的少数人。康德认为：“启蒙运动就是人类脱离自己所加之于自己的不成熟状态。Sapereaude(要敢于认识)！要有勇气运用你自己的理智！这就是启蒙运动的口号。”②由此可见高校中的多数老师很明显是具备自由意志且处于成熟状态的人，这样他们在批判地接受传统文化方面就有着学理方面的优势，只有这样的接受才是对传统文化最好的继承。从高校学生的角度看，他们不仅是这个时代最具活力的一批人，同时他们的学习能力与接受能力也是同龄人中的佼佼者。如果青年学生能够接受优秀传统文化，那么势必将对传

① 庞朴：《文化的民族性与时代性》，中国和平出版社1988年版，第162页。
② [德]康德：《历史理性批判文集》，何兆武译，商务印书馆1990年版，第23页。

统文化的继承与传播起到意想不到的作用。

此外，在高校宣传中华优秀传统文化也更有利于促进传统文化的创新，使之更加适应现代社会的发展。习近平主席在纪念孔子2565周年诞辰国际学术研讨会暨国际儒学联合会第五届会员大会开幕会上强调："传统文化在其形成和发展过程中，不可避免会受到当时人们的认识水平、时代条件、社会制度的局限性的制约和影响，因而也不可避免会存在陈旧过时或已成为糟粕性的东西。这就要求人们在学习、研究、应用传统文化时坚持古为今用、推陈出新，结合新的实践和时代要求进行正确取舍，而不能一股脑儿都拿到今天来照套照用。"[①]传统文化本身就注重革故鼎新，它之所以具有强大的生命力，就在于它能够顺应每个时代作出相应的变化。而高校作为一国文化重地，不仅承担着育人的百年大计，实际上也承担着继承与创新本国文化的重任，二者缺一不可。文化之所以重要，是因为只要民族文化存在一天，民族也就不会灭亡；同样，只有文化跟随时代而变，国家才会随之愈加繁荣兴盛。由此可见对传统文化进行创新的重要性。

以高校之底蕴对传统文化的创新是全方位的，但主要可分为两个大的方面：理论创新与形式创新。理论创新的主要内容是对传统文化进行理论上的解释再创新以使得这种"新型"文化能够对社会各方面产生积极影响。如在政治与伦理等领域，传统文化因其绵延数千年的底蕴而具有先天优势，在政治方面中国古代非常注重"民本""德治"等理念，并延伸出诸多可实施的政治行为，因此完全可以以此为基点，结合马克思主义的政治理论和中国共产党的执政实践，进行某种理论上的创新，从而促进中国当代的政治改革。形式创新主要是指在根本理念未变的情况下对传统文化进行表现形式上"改造"，以使其适应现代人的生活习惯。比如"礼"，中国本是一个礼乐古国，但近几十年关于"礼"的文化却遭到严重破坏，致使国人在各方面都有"失礼"行为，因此对礼进行复兴是非常有必要的。但是礼不只是理论层面上的事情，更是实践层面上的事情，这样就涉及对古代成文礼进行改造以适应现代生活方式的问题。礼学家彭林曾说："《礼记》中多次谈到'礼，时为大'的道理，不要求后人拘泥古代的仪式，而应该与时俱变，今天的礼也应该在继承传统的基础上有所创新。需要说明的是，这种变化，主要是指礼的形

---

① 《习近平谈治国理政》第2卷，外文出版社2017年版，第313页。

式，至于它的合理内核，即道德理性、人与人彼此尊重，则是始终被承传的。”[①]这样，礼的形式虽变，其精神却一直延续下去。此外，形式上的创新也包括把传统文化和现代发达的传媒与科技相结合，这类创新的任务当然以高校中的大学生为主力，他们相比于中老年人更懂得操作现代各类新型工具，必然能够为传统文化的形式创新提供强大助力。

(三)对高等教育领域的特殊意义

当前，高校肩负着人才培养、科学研究、社会服务、文化传承创新、国际交流合作的重要使命。在我国高等教育发展初期，大学有两个最为根本的宗旨：一是追求真理，研究高深的学问；二是培养学生成人成才。但随着科学技术的发展和市场经济思维的强化与介入，当前中国大学的“异化”颇为严重，主要表现为它的办学理念、发展模式等日益功利化、工具化、实用化，而作为大学立身之本的育人成才理念却不断削弱，甚至“成才”概念本身也被转换为世俗化的术语。在这样的情况下，文化传承创新成为高校的一项重要功能也成为时代的必然要求。因此，传统文化尤其是传统书院教育理念的进入，必将成为高等教育中的一股清流，对于改变目前高校教育的功利性，充分发挥文化传承创新功能产生积极的推动作用。

1.时代转换下的某些高校“异化”倾向

“异化”一词的含义非常丰富，通常意义上是指一个事物发展到一定阶段从而偏离其原定的发展轨迹，甚至反转到其对立面。这种“异化”现象在当代大学教育领域表现尤为突出。毋庸置疑，大学最初的理念是以人为本，它的目标是想要把学生培养成为心智健全、拥有理性、富有情趣的成熟状态的人，它重视的是人的全面发展。

大学重要的制度之一是学科制度，具体来讲就是学科分化制度。它的起源最早可追溯到古希腊哲学家亚里士多德对知识的分类，这种类似社会分工的学科分化制度在近现代对科学的蓬勃发展起到很大作用，但是随着科学的发展与学科的不断细化深入，学科制度越来越阻碍知识的进步。当一个人进入这个体系之内，他也就不可避免地要受学科的限制与约束。“人在作为主体分门别类地生产知识的时候，也在分门别类地被知识所重构，从

---

① 彭林：《家教与门风》，上海文艺出版社2015年版，第125页。

而被筛选、分类别地整合到既定的秩序之中，这正是典型的异化。”[①]这种异化导致学科制度成为学术交流与会通的壁垒，而要想打通这层壁垒，对于个人来说往往都要付出极大的代价，而学科本身在这种支离破碎中也会逐渐丧失掉前进的活力。同时，处于学科制下的学者在如此琐碎的知识分类中也会逐步失去其作为一个真正的人的全面发展的潜力，陷入单向度建构自己的存在中。另外，随着中国社会的发展，对大学的定位也在悄然发生变化，大学在一定意义上似乎越来越成为一个为社会发展服务的机构。自20世纪90年代中后期开始，高校在一定范围内尝试引入市场机制，把高校的科研功能和人才培养的功能直接与社会经济发展挂钩，这样就容易导致两个不好的倾向：一是高校的科学研究往往被市场绑架，极度强调短期转化的市场效益，尤其很多高校高度重视科研，反而轻视了学生教育，影响学生的后续人生发展；二是在学生的培养方向上过于注重实用化、专业化与职业化。这样培养出来的学生虽然能够很快地参与社会发展，但是由于在学校中没有受到良好的人文教育，他们往往容易出现只是片面发展的情形，其创新能力也往往较为低下，对于当前中国经济的发展也起不到应有的推动作用。其实大学为社会与经济发展提供服务无可厚非，但首要考虑的应该是对人的培养，而不应该是把人培养成工具性的存在，工具性的人只能当作一个机器零件来使用，而全面发展的人才具备强大的创新能力，能够更好地为国家的繁荣复兴提供助力。

2.传统书院文化对当前高校教育的启发

在中华优秀传统文化中，书院文化是很重要的一部分，它曾在文化传承和人才培养等方面作出了突出贡献。传统书院在20世纪虽然有式微的趋势，但是其影响力至今犹在，尤其是在近年传统文化复兴的大势席卷下，书院以及书院文化又有了复归的希望。可想而知，书院文化的复归必然会对当前高校教育产生广泛影响，并进一步促进高校教育改革。简单来说，其实主要是这三方面的影响。

一是传统国学进入高校会对社会科学尤其是文史哲等学科产生一定程度的冲击，为打破学科壁垒提供了一个契机，对促进高校通识教育的普及起到一定作用。国学的课程设置多以儒家经典为主，主要包括四书五经。当

---

① 章美锦：《论大学的异化：学科制、科层组织及功能演变》，《黑龙江高教研究》2009年第11期。

然，随着国学概念的扩大，经史子集乃至佛、道之学皆已成为教授学生的内容。正是由于国学的这种不对传统学问进行细目划分的教学，文科类学生可以在兼通的基础上进行深入研究，打破以往文学、史学、哲学分科研究的壁垒，获得学术上的整体视野，有利于恢复被肢解的传统文化。同时，国学的这种特点比较类似于现代高校正在实行的通识教育，通识教育是指“对所有大学生普遍进行的共同内容的教育，其目的是要将受教育者作为一个具有主体性的、完整的人而施以全面的教育，使受教育者在人格与学问、理智与情感、身与心等各方面得到自由、和谐的发展”①。正是由于二者的理念如此相似，国学进入高校对促进通识教育的普及也将有巨大作用。

二是传统书院“立德树人”的教育理念对于改善当前高校教育的功利化会有一定的积极作用。传统书院作为儒家文化的传承地，非常重视学生的道德素质培养，把以德育人作为书院最核心的原则。朱熹在《白鹿洞书院揭示》中言：“圣贤所以教人为学之意，莫非使之讲明义理以修身，然后推己及人。”②朱熹认为书院教学的根本目的就是让人学贵知理，知理而能够以此修身养性，并推己及人。在这里，“学”是为了己而不是为了别人，更讲求的是学生自身主体性的生发，“道德教育的本质是通过价值的引导和思想观念的建构来改造学生的主观世界，而这种引导和建构的本身就要去实现对学生个体自由的尊重，以及对学生接受教育的根源和动力、积极性和能动性的尊重”③。这样，当学生挺立起自身的主体性时，他也就知道自己要干什么，并会自觉地去承担自己的责任，而不是被动地去适应社会的需求，成为一个被外物控制的工具人。由此也可看出，传统书院文化中的这种以人为中心的德育观念非常有利于深化当前高校教育领域改革，对于全面提高教育教学质量、改善高校教育的功利化当有积极帮助。

三是书院“因材施教”的教育方法有利于提高学生素质，培育真正人才。关于因材施教的问题，早在《论语》中就多有表现，比如子游、子夏同时问孝是什么，孔子却根据二人的不同特点，给他们不同的回应。后来这种因学生天赋、品性不同而施以不同教育的方法被后世书院继承为教导学生的主要

---

① 张平、刘梅：《现代大学的异化教育与通识教育理辩》，《求索》2010年第1期。

② 转引自邓洪波编著：《中国书院学规》，湖南大学出版社2000年版，第115页。

③ 唐亚阳、吴增礼：《中国书院德育研究》，人民出版社2014年版，第175页。

方式。书院的老师主要是根据学生的资质差异、个性差异和优缺点等进行灵活的教学调整,保证来听课的学生都能够最大限度地学到有用的知识,真正地做到了有教无类。这样因材施教的教学方式还有一个很大的特点,那就是能够拉近学生和老师的关系,促进师生之间的交流,从而更加有利于学生知识能力与道德能力的培养。虽然目前的高校实施这种教学方法颇为费力,但只要在教学的过程中时时存有这种观念,想必会在一定程度上消除现代高校批量生产"知识人"的弊端,对于提高学生的整体素养应该会有显著效果。

(四)对大学生成就其人格的意义

当代社会,大学生要想真正成长成才脱离不了知识、道德与理想这三个方面的因素。一个人只有拥有了丰富的知识,积累了一定的智慧,才能独立地思考问题、解决难题;只有具备良好的道德品质,才能处理好身心关系、家庭关系和与其他人的关系;同时,年轻人也必须有高尚的理想、积极的生活追求,这样才能够成大事、立大业,实现自己的人生意义。而当前高校更加注重的是对学生知识方面的培养,其他两方面则不能不说存在着这样那样的欠缺。即使是知识方面也因为其过于重视职业化和实用化,造成了学生知识面过于狭窄、创新能力不足等问题。基于此,在高校中宣传中华优秀传统文化对大学生成才成长就具有了积极意义,因为传统文化恰好能够在以上三个方面弥补现代大学的一些不足之处。

首先是在知识方面,中华优秀传统文化能够直接提高大学生的传统文化素养,启发其思维创新。中华文明绵延数千年而不灭,在此过程中发展出一套区别于西方文明的独特世界观念与认识体系。最典型的就是阴阳五行学说。中国古人把这种学说应用在各个实用领域,如传统建筑学、天文学、中医学、艺术、武术等领域皆以阴阳五行作为其基本理论。在医学方面,这种学说应用得最为广泛,中医就是以阴阳五行作为其基本理论构架,可以说没有这套认识观念,中医的医理、药理等都将处于凌空无根的状态。与西方分析式思维不同的是,中国的这种认识体系更加注重的是整体观念,对事情的认识往往从整个系统出发,强调事物之间各部分的联系性与综合性,如此它就能够使人在纷繁复杂的社会网络中抓住问题的核心,不会迷失在无限分割式的思维迷宫中。因此,在高校教育中,非常有必要加强大学生在中国传统思维方面的训练,这样既有利于他们对专业知识的深入认识,增强其解决问题的能力，同时在中西思维的相互碰撞下也更加有利于他们的思维创新，扩展他们的思维广度，从而全面提高他们的知识能力。

其次，中华优秀传统文化在高校的传播能够提升大学生的道德素养。中国古代非常重视人的道德品质培养，尤其是自孔子以来的儒家，认为道德不仅是治国理政的基础，更是个体修身以获得人生幸福的源泉。孔子说："道之以政，齐之以刑，民免而无耻；道之以德，齐之以礼，有耻且格。"[①]《大学》首句即言："大学之道，在明明德，在亲民，在止于至善。"[②]由此可见道德在传统文化中的重要性。即使随着时代的发展，古代的一些道德品质未必完全适用于今天之社会，但儒家道德体系中的核心部分，即以"仁义礼智信"五德为主而衍生出的一系列德目对中国当下的社会情况，尤其是对当今大学生仍然具有极大的参考价值。如仁这个德目，子曰："克己复礼为仁。"[③]"己所不欲，勿施于人"也为仁，"刚、毅、木、讷"为近仁，孔子把仁规定为所有德目的基础，"仁而不仁如礼何，仁而不仁如乐何？"[④]在孔子看来，仁就是人的内在道德本性在与他人相处时所表现出来的一种恰当的行为，它的本质是"爱人"，它对于当下大学生处理人际关系有很好的参考作用；再如义，"君子喻于义，小人喻于利"[⑤]"不义而富且贵，于我如浮云"[⑥]。古人非常强调这个义利关系，而且自古以来这个问题就一直被很多儒者讨论与深化，它在某种程度上其实就是衡量君子与小人的标准，因此"义"这个德目尤其适合当代大学生，因为他们在市场主义的影响下，多数处理不好义利关系问题；还有就是儒家一直以来提倡的"孝"，它关乎的是人伦大事，"君子务本，本立而道生。孝弟也者，其为仁之本与"[⑦]。在当今社会，科学、信息技术发展迅速，代与代之间差异日益扩大，在这样的情况下，于高校内部宣传孝文化，不仅有助于缓解代与代之间的矛盾，而且也有利于社会的稳定。

再则，中华优秀传统文化在高校的传播也能够帮助大学生确立起坚定的理想信念，有利于他们实现自己的人生价值。中国当代高校的思政教育虽然

---

① (清)刘宝楠:《论语正义》，中华书局 2015 年版，第 41 页。
② (宋)朱熹:《四书章句集注》，中华书局 2011 年版，第 3 页。
③ (清)刘宝楠:《论语正义》，中华书局 2015 年版，第 483 页。
④ (清)刘宝楠:《论语正义》，中华书局 2015 年版，第 81 页。
⑤ (清)刘宝楠:《论语正义》，中华书局 2015 年版，第 154 页。
⑥ (清)刘宝楠:《论语正义》，中华书局 2015 年版，第 267 页。
⑦ (清)刘宝楠:《论语正义》，中华书局 2015 年版，第 7 页。

也在不断强调理想的重要性，但是多流于形式，老师不重视，学生不关心，如此就使得当代大学生在面对理想与现实的关系时，就会出现如下这样几种情况：一是没有明确的理想，毕业之后或依随大多数人的脚步或顺从父母，走上工作岗位，平凡生活一生，混混沌沌度日；二是虽然有自己的理想，但是囿于社会与生活中的各方面压力，也只能无奈走上第一种人的道路；三是思考的太多，却找不到生活的目标与意义，从而陷入虚无主义，痛苦地生活下去。对于上述问题，传统文化中拥有丰富的资源可进行解决。早在两千多年之前，《左传》中就有“太上有立德，其次立功，再次立言。经久不废，此之谓三不朽”[①]这样的话语，这三不朽其实一直是古人对自己一生的最高要求，“立德”是树立道德的榜样，传之千古，使人效法，周公与孔子可谓“立德”的典型；“立功”则是在自己的一生中建立功勋而流芳百世；“立言”就是从事著述，阐发往圣之微言大义，把自己对于天道人事之感悟落于笔端，流于后世。对于没有理想的年轻人，这三个不朽完全可以作为他们要树立的最高目标，即使实现不了，其崇高伟大的精神也能够鼓励年轻人不断奋斗。除了三不朽，最著名的还有横渠四句：“为天地立心，为生民立命，为往圣继绝学，为万世开太平。”这四句话分别代表四个理想，其愿望之深切、气魄之宏大，对人有振聋发聩的作用，这不仅是张载对自己一生的要求，也更代表了儒者生于天地之间的重要使命。自横渠四句问世以来，就有无数的儒者为此前赴后继，以求实现自己的人生价值。因此，在高校中宣传这样积极向上的文化，对于当代大学生树立起自己的人生理想、努力实现自己的人生价值是具有极大帮助的。

(五)对当前社会生活的深层意义

中华优秀传统文化在高校的宣传能够为年轻人提供一种民族认同感，这种认同感有利于增强中华民族的凝聚力、向心力。文化是一个民族历史的积淀，更是一个民族国家得以存在与发展的根基。而在中国，文化更加重要，因为严格来说，中国并不能算是一个单一的民族国家，相反，其地域之广大、民族之众多，在整个世界史上都是罕见的，而维系庞大的华夏民族延续五千年的根本动力就是中国自古以来逐渐形成的文化。早在春秋战国乃至更远的商周时期，文化就已经开始被作为评判敌我的标准。孔子与孟子就

---

① (春秋)左丘明:《左传》，岳麓书社1988年版，第226页。

非常支持尊王攘夷，这里的“夷”与本国的区别就在于它的文明程度，孟子说：“昔者禹抑洪水而天下平，周公兼夷狄，驱猛兽而百姓宁。”①孟子在这里把夷狄和猛兽放在一起来说，很明显是极不认同其没有文化而处于野蛮的状态。孔子言：“子欲居九夷。或曰：陋，如之何？子曰：君子居之，何陋之有。”②孔子认为君子即使居于九夷之中，也谈不上什么“陋”，因为在他看来，评定一个地方好坏的标准是礼乐文化和文明，并不是环境，所以他的《春秋》经中才会出现“内其国而外诸夏，内诸夏而外夷狄”③这样的“华夷之辨”。由此也可见，华夷之间其实并没有本质性的区别，关键还是文化的认同。即使在现代中国，这种民族认同的核心也并没有发生变化，仍然是文化，再具体一点讲就是过去发展数千年而不息的中华优秀传统文化，它承载着整个中华民族的共同记忆，更是无数华夏儿女的精神支柱。正是由于这种文化认同感的存在，每个中国人才能够对自己进行身份上的定位，从而明确自己的历史使命，增强整个中华民族的凝聚力与向心力。但是近年来，由于西方文化大量涌入中国，尤其是在互联网的影响下，种种思想发生激烈碰撞，年轻人在本位文化缺失的状况下失去了应有的民族信仰，陷入个人主义、自由主义、物质主义等流行文化之中，这极不利于中华民族凝聚力与向心力的形成和维持。因此，在这个时期，尤其要加强对大学生的传统文化教育，培养他们家国天下的情怀，这样才能够真正恢复中国人的文化自信，增强民族的凝聚力与向心力，为实现“中国梦”奠定坚实的基础。

同时，文化的作用从来不止于文化本身，如果运用得当，它不但能够促进社会经济进一步发展，对社会、政治改革也会有极大的推动作用。因此，就传统文化而言，它在高校的传播对社会的直接影响也主要表现在这样两个方面。一是朝气蓬勃的大学生在接受了传统文化的观念并且走上社会之后，在某种程度上可能会刺激中国经济的转型与进一步发展。马克斯·韦伯在他的《新教伦理与资本主义精神》一书中就详细分析了新教的入世禁欲主义精神为资本主义企业家提供心理驱动力与道德能量，从而促进了资本主义发展的文化心理模式。按照韦伯的理论，文化与经济是有着千丝万缕

① (宋)朱熹：《四书章句集注》，中华书局2011年版，第273页。
② (清)刘宝楠：《论语正义》，中华书局2015年版，第344页。
③ (战国)公羊高：《春秋公羊传》，辽宁教育出版社1997年版，第89页。

的关系的，而在以儒家文化为主的传统文化中，这种关系更为明显，因为儒家文化所重视的集体意识、由礼发展而来的道德意识等皆可以为经济发展提供精神动力，主要的案例可以参考亚洲四小龙的崛起过程。二是传统文化在高校的宣传会使高校进一步深入研究中国传统政治学、历史学等与现实社会联系密切的学科，从而促进现实领域内的政治与社会改革。近年来，随着中国整体综合国力的快速提升，社会领域和政治领域虽然都有长足发展，但其间产生的问题却有越积越多的趋势，因此党和国家对于这两方面的改革尤其重视。而传统政治学与历史学等学科恰能为此提供丰富的文本案例资源，如传统政治哲学中的"大一统"国家观念、民本观念、德治法治观念等，皆能为政治方面的改革提供某种借鉴，对历代社会与制度改革的历史学研究则能够为当今中国的社会改革提供详细的措施与路径。古人言：以史为鉴，则知兴替。相信党和国家在对历史与传统的从容把握中，会真正实现中华民族的伟大复兴与繁荣昌盛。

二、高校中华优秀传统文化宣传教育现状——以山东大学为案例

教育部于2014年印发的《完善中华优秀传统文化教育指导纲要》指出："加强中华优秀传统文化教育，是深化中国特色社会主义教育和中国梦宣传教育的重要组成部分。"[①]2017年1月，中共中央办公厅、国务院办公厅又印发《关于实施中华优秀传统文化传承发展工程的意见》，深刻分析了中华传统文化与中国特色社会主义之间的渊源关系，明确提出将着力构建"中华优秀传统文化传承发展体系"，并将这项工程定位为"建设社会主义文化强国的重大战略任务"，继而阐明了其对民族、国家、社会等多个方面所具有的重大意义。[②] 高等学校有着培养社会主义事业建设者和接班人的主要阵地、传承与创新传统文化的重要载体的双重身份，这使得高校中华优秀传统文化宣传教育现状备受关注。近年来，这一工作取得了长足进步。然而，随着社

① 《教育部关于印发〈完善中华优秀传统文化教育指导纲要〉的通知》，2014年4月1日，http://www.gov.cn/xinwen/2014-04/01/content_2651154.htm。

② 参见《中共中央办公厅、国务院办公厅印发〈关于实施中华优秀传统文化传承发展工程的意见〉》，2017年1月25日，http://www.gov.cn/zhengce/2017-01/25/content_5163472.htm。

会发展、高校学生群体知识背景、年龄结构等因素的动态变化，出现了一些亟须应对与解决的新问题。探索在新时代继续加强与改进中华优秀传统文化高校宣传教育的新路径、新方法，仍然任重道远。本节选取山东大学学生群体作为个案，从考察当前高校中华传统文化宣传教育工作的现状入手设计问卷并进行调查、分析，意在总结经验，发现存在的不足，并以此为基础为推动高校中华优秀传统文化的弘扬提供合理、积极、有效的方案。

通过有关中华优秀传统文化宣传教育的调研发现，大学生对高校加强中华优秀传统文化宣传教育的必要性和重要性认知充分；新兴媒体已成为大学生获得传统文化知识的主要渠道；传统文化中的文学、历史、艺术等内容广受欢迎；宏观性、整体性问题反映较为集中，具体性、操作性问题相对较少；不同专业的学生传统文化基本素养存在显著差异。基于此，为进一步做好中华优秀传统文化的高校宣传教育，需要加强宣传教育的顶层设计，处理好务虚与务实的辩证关系；积极拓展宣传新渠道，稳步实现由传统媒介向新媒体的过渡；依据不同学生群体需求，推动宣传教育内容的针对性与引导性有机融合；激发学生对于中华优秀传统文化的兴趣和学习动力，构建教师主导、学生主体的创新性宣传教育模式。

（一）研究方法及其操作方案

本书对高校中华优秀传统文化宣传教育现状的研究采用问卷调查结合量化统计分析的方法。

问卷调查是一种常用的社会研究方法。经过一定的科学严谨的抽样程序，从被研究总体中抽取出一个具有代表性的样本，对该样本进行问卷调查，并利用量化技术对调查得到的信息进行编码和统计分析，即可用从样本数据分析得到的结果推论总体。

问卷调查法的逻辑要害在于用样本推论总体，即“以小见大”，有事半功倍的效果。而这个“小”能准确地推论“大”，关键在于抽样环节的科学严谨。本调查采用多阶段抽样结合 PPS 抽样（Probability Proportionate to Size Sampling，即“按规模大小成比例的概率抽样”）的复合抽样方案进行。具体而言，在研究总体山东大学（不含青岛校区与威海校区）在校学生范围内，第一阶段以学院为单位进行抽样，按照人文学科、社会科学、理科、工科、医科、艺体的类别将全校所有学院依据其主要学科类属进行分类，然后在每一类别中随机抽取两个学院，得到文学院、历史文化学院、法学院、经济学院、数学学院、物理学院、电气工程学院、能源与动力工程学院、基础医学院、药学院、艺术学院、体育学院。第二阶段抽样结合 PPS 原则，依据设计样本规模及入样的各学院学生数量规模分配各学院调查样本量，然后在各学院内部依据其本科生、硕士生、博士生的数量比例分别抽取相应规模的学生进行调查。在此过程中，同时控制各学院接受调查的年级分布，确保样本覆盖所有年级。

调查问卷内容由基本信息、宣传必要性和目的及意义认知、宣传手段和途径、宣传内容、效果评估几个部分构成。考虑到受调查群体的特征，调查采用基于互联网的自填式问卷。在条件具备的情况下，基于互联网的问卷调查相比于传统的纸质问卷调查具有很多优势，不但省时省力、减少成本，而且因为自动化程度高，彻底规避了传统调查中从问卷到数据的中间环节里无法避免的差错，从而最大限度地保障了数据质量。当然，自填式问卷调查相比于面访式问卷调查也有缺陷，最突出的问题是很难保证受访者认真仔细而不是敷衍应付地完成问卷，不过调查完成后进行数据清理时可以对此进行筛查清理。

调查共发放问卷 1000 份，回收合格有效问卷 902 份，是一个合适的样本规模。样本中本科生 685 人，占比 75.94%；硕士生 172 人，占比 19.07%；博士生 45 人，占比 4.99%。应该说，从这个样本结构来看，该样本具有良好的代表性，可以很好地反映研究对象的总体情形。

（二）问卷数据分析

1. 大学生对于在高校加强中华优秀传统文化宣传教育的必要性和重要性有着较为充分的认知

对于“在高校加强中华优秀传统文化宣传教育的必要性”，65.63%的受调查学生认为“非常必要”，26.72%认为“有些必要”，二者相加超过 98%。认为“不太必要”或“毫无必要”的占比都不足 1%，详见图 4-1。

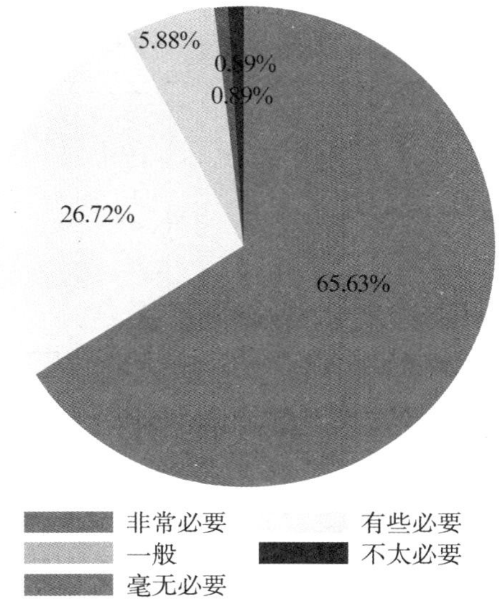

图 4-1 对于“在高校加强中华优秀传统文化宣传教育”必要性的认知

《关于加强和改进新形势下高校思想政治工作的意见》明确提出要把弘扬中华优秀传统文化和革命文化、社会主义先进文化同时作为强化思想理论教育和价值引领的重要任务，并且提出要推动中华优秀传统文化融入教育教学。① 这启发我们对高校中华优秀传统文化宣传教育工作的考察重点关注以下三方面的内容或任务：第一，强化思想政治教育。探索中华优秀传统文化宣传教育工作与高校学生思想政治教育工作有机结合的新形式；第二，推进文化传承。积极参与构建中华优秀传统文化传承体系，推动文化传承创新；第三，助力人才培养。配合专业知识的学习与训练，通过对中华优秀传统文化的宣传教育来提升学生的道德水平，落实立德树人根本任务。问卷中设置了五点式量表对这三方面的重要性进行测量，结果如图 4-2 所示。

① 参见《中共中央、国务院印发〈关于加强和改进新形势下高校思想政治工作的意见〉》，2017 年 2 月 27 日，http://www.gov.cn/xinwen/2017-02/27/content_5182502.htm。

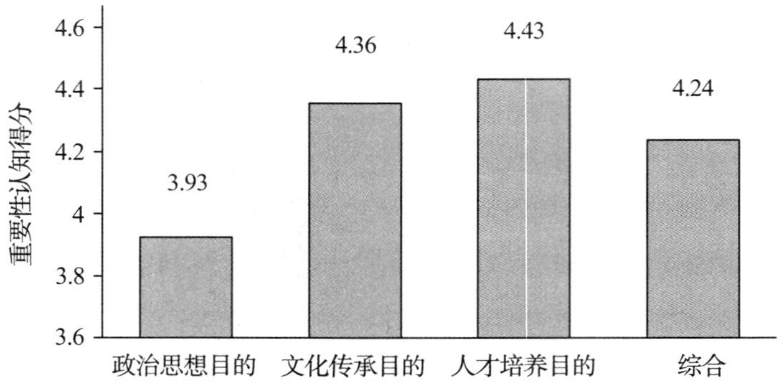

图 4-2 对在高校加强中华优秀传统文化宣传教育目的重要性的认识

可见,大学生对于高校加强中华优秀传统文化宣传教育重要性的认识较为充分。具体而言,三方面目的中,对政治思想目的的重要性评价最低,对人才培养目的的重要性评价最高,对文化传承目的的重要性评价居中。并且,通过相应的检验分析得知,这三者相互之间的差异都达到了显著水平,尤其是学生对政治思想目的重要性的评价结果明显低于其余二者。

本次调研还涉及对传统文化与现代文明及社会主义核心价值观相容性的认知问题,大多数学生认为具有较高的相容性,尤其认为传统文化与社会主义核心价值观之间的相容性更高。数据详见表 4-1。

表 4-1 对传统文化与现代文明及社会主义核心价值观相容性的认知

	具有很高契合度,完全可以共生		有共识也有分歧,有待甄别整合		有严重分歧冲突,完全无法协调	
	频数	百分比	频数	百分比	频数	百分比
传统文化与现代文明	264	29.27	632	70.07	6	0.67
传统文化与社会主义核心价值观	327	36.25	567	62.86	8	0.89

通过进一步分析发现,学历越高,越认可这两对关系的相容性。此外,对传统文化与现代文明相容性认知越来越正面的政治面貌依次是共青团员、群众和中共党员,而对传统文化与社会主义核心价值观相容性认知越来越正面的政治面貌依次是群众、共青团员、中共党员。

2. 大学生获得传统文化知识的渠道以新兴媒体等为主，学校教育仍然占据重要地位

调查数据显示，大学生获得中华优秀传统文化相关知识和资讯最主要的传播渠道依次是电影或纪录片、互联网、参观游览、讲座课程、电视等。尤其是电影或纪录片和互联网，有近八成大学生表示从中获得过与传统文化相关的信息。与之相对的是，实体宣传栏及广播甚至报纸杂志的影响力都比较微弱（见表 4-2）。由此可见，传统媒体或传播方式的影响力式微，相反，以互联网等为代表的新兴媒体或新传播方式的影响力已经显现无遗，这一结果对优秀传统文化宣传的渠道选择具有重要启发意义。

表 4-2　从中获得过有关中华优秀传统文化的知识或资讯的渠道

	频数	响应百分比（%）	个案百分比（%）
讲座课程	595	14.22	65.96
参观游览	599	14.32	66.41
报纸杂志	516	12.34	57.21
实体宣传栏	265	6.34	29.38
广播	236	5.64	26.16
电视	576	13.77	63.86
电影或纪录片	704	16.83	78.05
互联网	692	16.54	76.72
合计	4 183	100	463.75

通过对受影响最大的渠道进行分析可见，在中华优秀传统文化的传播方面，对学生影响最大的渠道依次是电影或纪录片、互联网、参观游览、讲座课程和电视，次序与上一问题的结果一致；同样，实体宣传栏、广播和报纸杂志的影响力已经非常微弱。数据详见图 4-3。

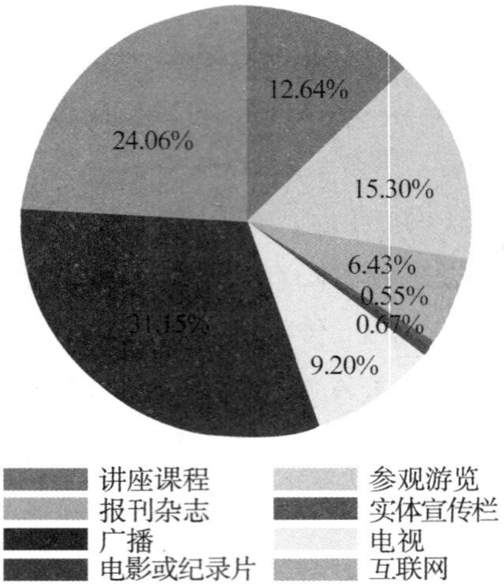

图 4-3 受影响最大的渠道

表 4-3 最喜欢的渠道

	频数	响应百分比(%)	个案百分比(%)
讲座课程	281	12.14	31.15
参观游览	474	20.48	52.55
报纸杂志	178	7.69	19.73
实体宣传栏	52	2.25	5.76
广播	31	1.34	3.44
电视	289	12.48	32.04
电影或纪录片	604	26.09	66.96
互联网	406	17.54	45.01
合计	2315	100	256.65

表 4-3 呈现了受调查学生对于最喜欢的传统文化宣传渠道的看法(问卷限定每人最多只能选择三项)。调查显示,尽管最受欢迎的渠道依次是电影或纪录片、参观游览、互联网、电视和讲座课程,这与受影响最大的渠道顺序不同。但是,最不受欢迎的渠道依次为广播、实体宣传栏和报纸杂志,这与影响力的弱势渠道是基本一致的。

对于传统文化方面主要知识来源的分析显示,“中学及以前的课程”(占比 44.01%)和"自主阅读学习"(占比 37.47%)是最主要的,大学课程通常不是最主要的知识来源,仅 4.88%的学生选择此项。详见图 4-4。

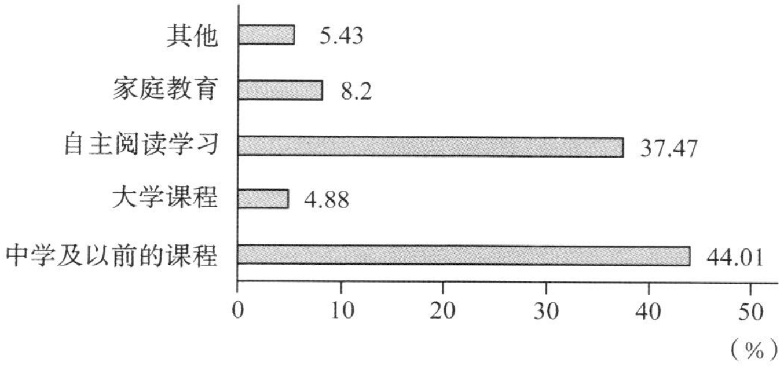

图 4-4 现有中华优秀传统文化知识的最主要来源

调查还显示,对大学生学习中华优秀传统文化影响最大的个人或组织,学校排在第一位,排在第二位的是父母。值得注意的是,新媒体(在问卷中界定为"通过互联网传播")的影响超过传统媒体(在问卷中界定为"报纸、杂志、广播、电视等")。详见图 4-5。

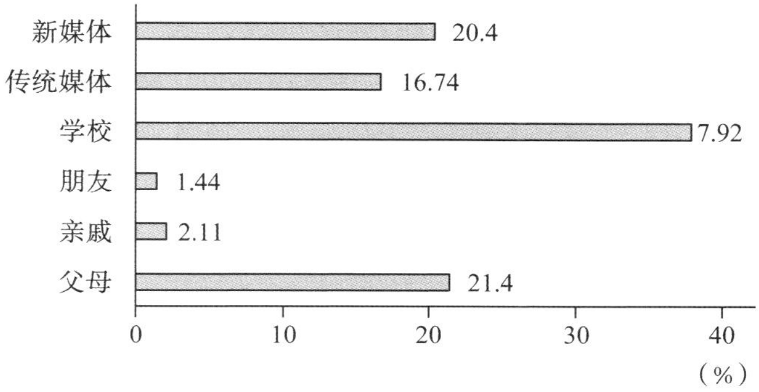

图 4-5 对学习中华优秀传统文化影响最大的个人或组织

3. 传统文化中文学、历史、艺术等内容广受欢迎,哲学、宗教、古代科技等内容受欢迎度较低,不同专业偏好相同

调查数据表明,在学生接触的传统文化的内容方面,最受欢迎的依次是文学、历史、艺术、民俗礼仪和非物质文化遗产,这几项都被超过半数的学生选择。较为冷僻的是宗教、哲学和中国古代科技。详见表 4-4。

表 4-4 接触过传统文化哪些方面的内容

	频数	响应百分比(%)	个案百分比(%)
文学	761	17.94	84.37
艺术	565	13.32	62.64
历史	752	17.73	83.37
哲学	395	9.31	43.79
宗教	324	7.64	35.92
民俗礼仪	544	12.83	60.31
非物质文化遗产	479	11.29	53.10
中国古代科技	421	9.93	46.67
合计	4241	100	470.18

调查问卷还询问了受调查学生的兴趣取向,每人最多允许选择三项,选项仍然同上,结果如表 4-5 所示。从中可见,学生们最感兴趣的依次是历史、文学、艺术、民俗礼仪和非物质文化遗产。相比之下,宗教、哲学和中国古代科技只有为数不多的学生表示喜欢。

表 4-5 对传统文化哪些方面的内容最感兴趣

	频数	响应百分比(%)	个案百分比(%)
文学	513	21.74	56.87
艺术	380	16.10	42.13
历史	522	22.12	57.87
哲学	178	7.54	19.73
宗教	93	3.94	10.31
民俗礼仪	259	10.97	28.71
非物质文化遗产	218	9.24	24.17
中国古代科技	197	8.35	21.84
合计	2360	100	261.64

在“哪些内容对我们今天价值最大”(每人被允许最多选择三项)这一问题上,被选中频率最高的,依次是文学、历史、哲学、艺术和非物质文化遗产;被认为最没有价值的,依次是宗教、民俗礼仪和古代科技。详见表4-6。

表4-6 认为传统文化哪些方面的内容对今天最有价值

	频数	响应百分比(%)	个案百分比(%)
文学	549	22.65	60.86
艺术	304	12.54	33.70
历史	485	20.01	53.77
哲学	310	12.79	34.37
宗教	62	2.56	6.87
民俗礼仪	191	7.88	21.18
非物质文化遗产	302	12.46	33.48
中国古代科技	221	9.12	24.50
合计	2424	100	268.74

值得注意的是,对以上选项,被调查学生对它们的接触度、喜爱度和价值认可度有较为明显的不同。例如哲学,学生对它的接触度和喜爱度都偏低,却普遍认可它的现实价值;而民俗礼仪虽然受欢迎程度并不低,大家对它的现实价值却评价不高。诸如此类现象值得进一步关注和思考。

4.宏观性、整体性问题反映较为集中,具体性、操作性问题相对较少

对于目前高校在加强中华优秀传统文化宣传教育方面存在的问题,学生的意见较为分散。超过50%的学生选择了“对中华优秀传统文化教育的重要性认识不足”和“教育内容的系统性、整体性明显不足”两个选项。超过40%的学生选择了“重知识讲授,轻精神内涵阐释”“宣传教育途径单一,脱离实际”和“课程和教材体系不健全”这三个选项。两个被选择较少的选项是“全社会共同参与的教育合力不足”和“教师队伍整体素质有待提升”。只有2%的学生表示“没什么问题”。总体来看,反映的问题相对集中于宏观性问题,一些具体的操作环节的问题反映率较低。

表 4-7　认为目前高校在加强中华优秀传统文化宣传教育方面存在的问题　（单位：%）

	频数	响应百分比	个案百分比
对中华优秀传统文化教育的重要性认识不足	522	18.31	57.87
教育内容的系统性、整体性明显不足	504	17.68	55.88
重知识讲授，轻精神内涵阐释	430	15.08	47.67
课程和教材体系不健全	371	13.01	41.13
教师队伍整体素质有待提升	241	8.45	26.72
全社会共同参与的教育合力不足	342	12.00	37.92
宣传教育途径单一，脱离实际	423	14.84	46.90
没什么问题	18	0.63	2.00
合计	2851	100	316.08

5. 传统文化基本素养存在显著专业类别差异，受到主要知识来源等因素较大影响

本次调查在问卷最后特别设置了 7 道涉及面广、难易分层的测评传统文化基本素养的题目，分别考察“四书”书目、“六艺”内容、《文心雕龙》历史地位、山水画“明四家”、王阳明的思想贡献、成语出处、古代历法。表 4-8 包含了各题正确率的数据。

为使综合得分更具科学性及统计分析更便利，我们对各题基于其综合正确率得出其难度系数（即错误率），再对难度系数进行百分标准化，得到一个权重系数，其实际意义为，当某受调查学生答对某题则得到与权重系数相等值的分数，即答对难题得分多，答对简单题得分少。标准化后的综合得分值区间在[0,100]。

表 4-8　传统文化基本素养测评汇总数据

题目要点	正确率(%)	难度系数	百分标准化权重
“六艺”内容	32.26	67.74	17.43764
《文心雕龙》历史地位	52.33	47.67	12.27122
山水画“明四家”	34.04	65.96	16.97943
王阳明	58.20	41.80	10.76016
成语出处	20.84	79.16	20.37738
古代历法	28.49	71.51	18.40811

标准化的总分均值为 36.80,标准差为 23.02。其分布直方图如图 4-6 所示。

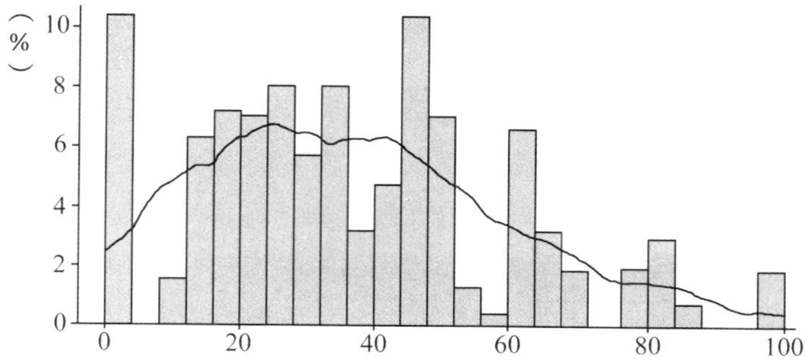

图 4-6　标准化总分分布直方

经过统计还发现,传统文化素养得分高低与其知识主要来源高度相关。主要知识来源为自主阅读学习和家庭教育的学生平均得分显著高于其他学生,详见图 4-7。受影响最大的个人或组织不同,也是得分差异显著的重要因素。主要受传统媒体和父母影响的学生得分总体较高.详见图 4-8。

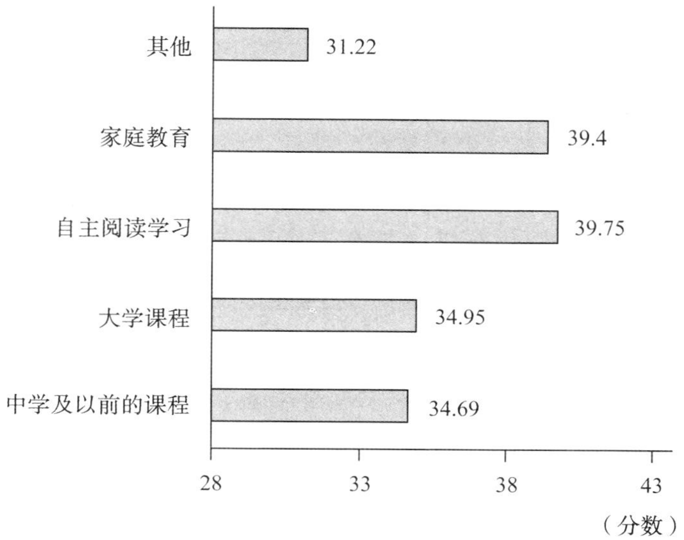

图 4-7　主要知识来源对传统文化基本素养得分的影响

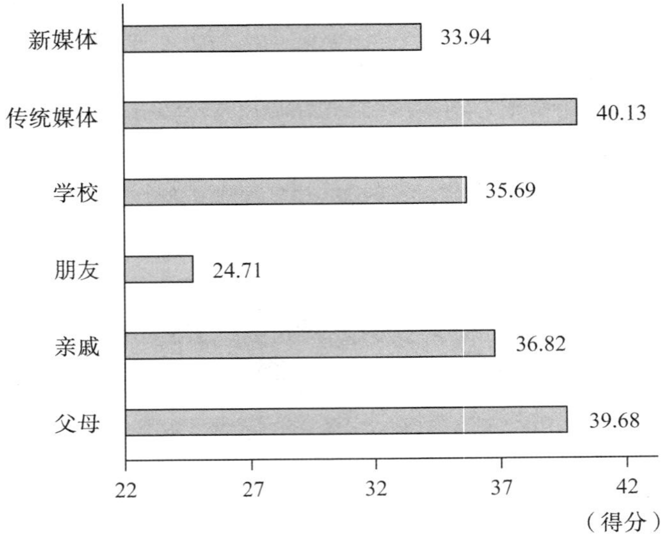

图 4-8　受影响最大的个人或组织对传统文化基本素养得分的影响

结合前文发现，传统媒体的影响虽然正在减弱，不再受广大学生欢迎。但总体上来说，真正受到传统媒体影响的学生具有较好的传统文化素养。这似乎是一个存在悖论的问题。通过进一步分析，可以发现其中的缘由。传统媒体提供的信息系统性、连贯性、整体性更强，而新媒体提供的信息碎片化程度更高。在文化消费快餐化的时代，新媒体的确更受欢迎，但它在传统文化素养提升方面还存在明显的短板。由此可以得到两方面的启发。其一，要认识到新媒体和传统媒体各有其长，不能一刀切式地盲目迷信、追逐新媒体。如何从传统媒体渠道开发出高效的传统文化宣传教育方案，是一个极为重大的、值得研究的问题。其二，如何在发挥新媒体吸引力优势的前提下，补齐其在系统性、连贯性、整体性上的短板，应该成为未来利用新媒体传播中华优秀传统文化工作中的重要课题。对新媒体的这一改造工作若能有显著成效，则对其他宣传工作，同样可以形成巨大助力。

（三）对现状的反思与应对策略

中华优秀传统文化可以为高校学生的人文教育、人格塑造提供丰厚的精神资源，而且也可以成为大学生树立文化自觉和文化自信的基础，与高等教育“立德树人”的根本任务十分契合。作为本调研对象的山东大学，其这方面的状况可以作为近年来我国高校中华优秀传统文化宣传教育工作总体情况的缩影。通过问卷分析可见，近年来中华优秀传统文化高校宣传教育工作取得的成绩是值得肯定的，这主要表现在，高校充分认识到中华优秀传统文化在育人过程中的重要意义，并且不断主动探索二者的有机结合；文史、艺术等传统文化内容课程逐渐增多，并且受到学生的欢迎；大学生对于高校加强中华优秀传统文化宣传教育的必要性和重要性已经有较为充分的认知；等等。同时，本次调研也反映出一些新形势带来的新问题。针对调查研究中存在的问题，给出合理的建议和应对策略，更是此次调研和本节的主旨所在。

1.加强宣传教育的顶层设计，处理好务虚与务实的辩证关系

通过调查可知，学生对于在高校加强中华优秀传统文化宣传教育的重要性有着较为充分的认识。但是通过对该工作三方面目的认同度的调查分析可知，学生对于政治思想目的重要性评价最低，而对人才培养目的重要性评价最高，对文化传承目的重要性评价居中。并且，通过相应的检验分析得知，这三者相互之间的差异都达到了显著水平。尤其是对政治思想目的重要性的评价结果明显低于其余二者。这一显著差异，反映出大学生仍然更多地停留在功利性层面来认识和接受中华优秀传统文化宣传教育，其主动性和接受效果将因此受到限制。结合学生群体在一定意义上普遍存在的轻视思想政治理论课的倾向，在今后的工作中，高校应该注重从更高层次来设计和贯彻教育理念，把中华优秀传统文化的宣传教育工作更加有机地与思想政治教育工作结合起来。建立健全中华优秀传统文化资源渗入思想政治教育的机制。这就需要从整体着眼，以正视认同主体所嵌入的文化结构、认同场域的状态和变化规律为前提，从中华优秀传统文化出发，激发和营造共享语境，达到视界融合。引导学生逐步走出并摆脱功利主义的精神束缚，在更高的价值坐标中定位自己的理想追求，以促进文化认同，提升文化自信。同时，在强化“务虚”的过程中，同时也要做好“务实”工作，积极探索和阐释中华优秀传统文化在学生德性培养以外的积极效用，以校正学生在认知方面的偏差，为中华优秀传统文化宣传教育工作的持续高效开展奠定基础。

2.积极拓展宣传新渠道，稳步实现由传统媒介向新媒体的过渡

近年来新媒体强势崛起、发展迅猛，在年轻人群体中的影响力不容忽

视。本次调查也反映出大学生群体对新媒体的接受和欢迎程度远高于传统媒体,传统媒体在宣传教育工作过程中影响力日渐式微。这是时代和社会发展所带来的新变化。未来的宣传教育工作只能主动适应这样的新形势,充分利用新媒体优势,发挥好新兴传播技术的战斗力。在宣传教育过程中,可以借鉴高校思政教育工作已经取得初步成效的“互联网+”理念和模式,建立并不断完善网络平台,以微信公众号、微博、贴吧、多元化应用客户端等移动终端,以图文并茂、音频视频同步的形式,开创中华优秀传统文化宣传教育工作的新局面。同时应该注意的是,在接受和使用新媒介的过程中,不宜盲目冒进,而应该认识到传统媒体尚存在不可替代的某些优势,并着重研究、解决在新媒体传播中如何吸取传统媒体优势这一问题。因此,高校在开展工作过程中不能仅仅专注于拓展新媒体宣传教育渠道,忽视乃至完全放弃传统媒体渠道。可以探索新媒体与课堂、讲座、纸媒、海报宣传等传统载体的对接,以微课、慕课、移动网络终端平台等形式和渠道进行创新,以实现传统与现代的有机结合、有序过渡,使宣传教育效果最优化。

3. 依据学生受众群体的不同需求,推进宣传教育内容的针对性与引导性有机融合

调查结果表明,大学生并非一个同质性群体,而是存在较强的内部异质性。性别、政治面貌、专业背景、家庭成长环境等方面的差异是该群体成员对于传统文化的认知以及自身传统文化素养呈现多元化的原因。而且,可以预见,随着社会发展、思想进步以及学生家庭背景差距的不断拉大,这种差异性、多元化将持续存在甚至更加复杂。在这种形势下,宣传教育工作必须更加有针对性地开展,不能简单粗暴地搞一刀切。客观看待个体差异,重视接受者面临的问题与诉求,结合中国当下经验与时代需求,从整体把握教育环境、整合教育资源,充分考虑学生“受众”群体的不同需求,制定有明确区分度的宣传教育方案。例如,可以针对学生党员、入党积极分子、优秀团员等群体进行先期宣传教育工作,培养出一支具有延伸性的宣传教育队伍,带动和影响一般学生群体对中华优秀传统文化的学习和接受;根据学科专业大类,开设或举办不同层次的传统文化通识教育课或相关活动,尤其应该适当增加面向理工类学生群体的中华优秀传统文化课程;盘点、整合现有课程资源,适当增加调查中反映出来的哲学、古代科技等冷门学科内容,以课程、讲座等多种方式引导、激发学生对这类内容的兴趣;可以研究考虑与基

层学生工作实现联动配合，对不同教学单位的学生进行调查摸底，在课堂之外做好不同家庭背景和成长环境学生的价值引导工作。

4.激发学生对中华优秀传统文化的兴趣和学习动力，构建教师主导、以学生为主体的创新性宣传教育模式

非专业类课程的教育教学工作面临的最大难题，往往是学生的自主性差，从而造成积极性缺失，最终导致不能取得预期教育效果。中华优秀传统文化高校宣传教育同样存在此类问题，本次调查对此也有不同程度的反映。因此，如何突破教师主体讲授（宣传）、学生客体接受的传统教育模式，探索更加高效可行的新形式，成为当前高校教育工作亟须面对和解决的议题。[①] 结合中华优秀传统文化的内容和特点，我们在宣传教育工作中应该解放思想，充分发掘宣传教学内容的趣味性，如通过实物鉴赏、实景参观、知识竞赛、体验式教学与展示等不同形式，引导学生积极地参与到课程和宣传中来。在创新性的宣传教育模式中，教师或者教育工作者不再是单一主体，学生也不再处于被动接受知识的客体地位，而是形成一种全新的“教师主导、学生主体”的模式，学生的主动性和积极性在此被最大限度地激活，在参与式学习的过程中同时培养学生的沟通、协作能力，由此可以实现中华优秀传统文化宣传教育工作成效最大化。

三、高校中华优秀传统文化宣传教育创新及其限度

习近平总书记指出，提高国家文化软实力，关系“两个一百年”奋斗目标和中华民族伟大复兴中国梦的实现。[②] 他强调，努力夯实国家文化软实力的根基、努力传播当代中国价值观念、努力展示中华文化独特魅力、努力提高

---

① 关于教师和学生主客关系问题，近年来高校思想政治教育领域进行了富有成效的探索，可资借鉴。参见刘国庆：《高校思想政治教育多维主体及内容体系之重构》，《中南民族大学学报》（人文社会科学版）2013 年第 4 期；顾晓英：《思想政治理论课教师的主体认同及其建构》，《思想理论教育》2015 年第 2 期；刘建军：《思想政治教育主客体难题的哲学求解》，《教学与研究》2016 年第 2 期；谭顺等：《高校思想政治理论课教师主体意识的培养探析》，《思想理论教育导刊》2016 年第 11 期；陈步伟：《高校思想政治教育理论课教学改革应处理好“十大关系”》，《扬州大学学报》（高教研究版）2018 年第 1 期；等等。

② 参见《习近平在中共中央政治局第十二次集体学习时强调　建设社会主义文化强国　着力提高国家文化软实力》，《人民日报》2014 年 1 月 1 日。

国际话语权，是建设社会主义文化强国、提高国家文化软实力的根本指引。① 可以说，这四方面的精辟阐释，都离不开中华优秀传统文化的发展与发扬，中华优秀传统文化的复兴已经成为实现中华民族伟大复兴中国梦的必然要求。全球化时代，传统文化作为一个独立系统，其结构性依然稳定，但封闭性已被打破。各种文化之间的交流和融合是大势所趋，文化影响力之下的话语权争夺日益激烈，无论从政治还是经济上看，文化的地位都日益重要。可以说，中国的崛起离不开文化的崛起，文化的崛起离不开优秀传统文化的复兴。

伴随着传统文化复兴之大潮，高校作为传统文化研究和发扬的重要阵地，自然肩负着中华优秀传统文化的宣传和教育两项重任。如何将中华优秀传统文化的宣传和创新工作同高校的教育教学以及科研工作相结合，在充分发掘、发扬中华优秀传统文化的有利因素之外，积极引导其与马克思主义相适应，与社会主义核心价值观相适应，是每一位教育工作者应当深入思考的问题。这不仅需要理论上的结合，同样需要产生出实际的效果，让中华优秀传统文化在高等教育的土壤滋润下率先开出绚丽的花朵。

(一)高校中华优秀传统文化宣传教育创新工作的系统性与跨学科性

中华优秀传统文化源远流长，仅有史可考的文化传统就有数千年历史且从未中断过。其内容丰富多样，天文地理，琴棋书画，可谓无所不包。这就决定了高校优秀传统文化宣传教育创新工作并非一朝一夕可以单方面促成，而是一个系统性的宏大工程。总体上来看，该工程涉及诸多主体，需要政府、高校师生、社会各机构以及广大人民群众共同参与。从过程上来说，路径诸多，在传统的高校教学之外，尚可以尝试社会实践、媒体宣传等众多方式。最后其指向的目标也是多方面的，既要服务于人民群众，也要与社会主义文化相适应，同时也能促成自身进步发展，最后能够立于世界文化之林，为各民族文化所接纳吸收。综上所论，中华优秀传统文化的宣传教育创新工作是一个系统性的工程，具有开放性、复杂性、关联性等特征，因此需要一种系统论的思维方式。针对系统内各要素进行研究，协调各个环节之间和每一环节内部各主体

---

① 参见《习近平在中共中央政治局第十二次集体学习时强调 建设社会主义文化强国 着力提高国家文化软实力》，《人民日报》2014 年 1 月 1 日。

之间的关系，保证这一工程系统性地运行。

“文化”一词含义广泛。《易经·贲卦》曰：“观乎人文以化成天下。”一方面点出了文化的教化功能，另一方面也指出了文化的范围之广阔、内容之丰富及其影响之巨大。纵观传统意义上的文化概念，比照当今高校的学科设置，就会发现传统文化的跨学科特性。其内容涵盖文学、历史学、哲学、宗教学、语言学等诸多人文科学，还包括书法、绘画以及音乐、舞蹈等艺术类学科，一些理工科学如天文学、气象学等都与传统文化有着千丝万缕的联系，一些新兴学科如人类学、管理学等也都可以汲取传统文化的滋养。从传统文化的宣传教育来看，教育学、社会学等学科也是保证这一工程能够顺利推进的题中应有之义。面对如此多的学科，协调其间的关系，既保证各个学科自身的专业深度，又促成学科之间的联动，优势互补，形成完善的体系规划和创新链条，是高校中华优秀传统文化宣传教育创新工作应当思考的首要任务。

（二）理论研究的创新

1.目前高校传统文化理论研究现状

近代以来，由于种种历史原因，传统文化长期未能得到正视。鸦片战争以后，各式西方文化的传入对传统文化造成了不同程度的冲击。近代以来的文化取向用李泽厚先生的话讲即是“救亡压倒启蒙”，对于一切文化的认知在很大程度上是从实用角度出发，而忽视了文化的本质和特性。在这种氛围之下，传统文化的学术研究往往让位于政治运动，服务于经济建设。学术研究中掺杂了大量的政治立场，学术研究的纯洁性和严谨性大打折扣。改革开放以来，传统文化逐步从政治运动中解放出来，人们对传统文化的态度也逐步转变，这既是出于社会文化发展的需要，同时也是对全球化背景下各文化之间交流的回应。

由于长期得不到应有的重视，高校的传统文化研究仍然难以紧跟时代的要求。例如“文化大革命”结束后的很长一段时间里，学术圈对于传统文化的讨论仍然纠结于其阶级属性的问题。可以说，现阶段的高校传统文化理论研究仍然是百废待兴，总体上传统文化中的诸多领域仍然有待涉足和发掘，对传统文化理论研究上的深度仍然不够，缺乏总体性和创新性的研究视角；学科之间各自为战的现象仍然存在，学术壁垒仍未打破。这些都是高校传统文化理论研究中需要解决的问题。

理论研究的创新是优秀传统文化宣传教育创新的基石，只有创新地继承优秀传统文化，达到“为往圣继绝学”，才能够在此基础上实现创造性的转化，让优秀传统文化服务于现代社会，实现“为万世开太平”。总的来说，理论研究的创新可以分为理论内部的创新、外部环境的创新以及时代特征的融合。

2.理论内部的创新

《诗经》云：“周虽旧邦，其命维新。”传统文化作为拥有数千年历史的“旧邦”，留给我们的资产是无穷无尽的。如何发掘其中的价值，从传统文化自身内部去寻找到适合于现代社会的优秀思想资源，让“旧邦”开出“新命”，可以说是传统文化理论创新的一个重要课题。唐君毅先生在《中华文化之精神价值》一书中写道：“中国文化精神确有其永久不磨的价值，然其发展至今，与西方文化对照而论，亦确显出其有种种缺点。”[①]他认为中华文化的问题在于其文理上有所不足，礼仪上有所不足。[②] 近代以来传统文化未能在人群中间充分展开、生发，即是由于缺乏具体的内容和可操作的手段。所谓“文理”与“礼仪”或具体的内容，即是西方的科学知识以及理性精神。只有在传统文化的精神核心之上，以科学、理性精神扩充之，以现代科学知识补充之，才能够让传统文化理论适应新的时代要求，才能够在传统文化原有基础之上推陈出新。

另一方面，传统文化中的一些观念也同当代社会有所差异。以儒家文化为核心的传统文化历来注重“夷夏之辨”，这样的观念在全球化的当下就显得不合时宜，需要我们适时地加以改变。再如，中国传统文化中讲“父母在，不远游”，这在资本全球化的今天看来也是不切合实际的，无数的家庭都在随着工作的需要而迁移，那种安土重迁的局面已不太可能回去。当然，传统文化同现代文明之间也不尽是龃龉，一些传统文化的价值也在被人们重新发掘和认识，一个典型的例子便是“五常”。仁义礼智信“五常”的价值在现代社会却越发为人们所重视，成了革除现代社会之弊的重要伦理原则。由此出发，牟宗三、李存山等许多学者都提出了“三纲不可存，五常不可废”的口号，可以说是对传统文化一次中肯、冷静分析基础上所作出的科学创新。

---

① 唐君毅：《中国文化之精神价值》，正中书局 1987 年版，第 475 页。

② 参见唐君毅：《中国文化之精神价值》，正中书局 1987 年版，第 494 页。

3.不同文化间的融合创新

近代以来，传统文化遭遇外来文化冲击的例子可谓屡见不鲜。可以说，传统文化始终面临证明自身合法性的问题，这背后同时也是我们如何看待传统文化的视角问题。新文化运动、五四运动时期胡适等一批激进的思想家提出“全盘西化”以及“打倒孔家店”等口号，包括后来“文化大革命“中的“批林批孔”等，传统文化被贬得一文不值。然而，随着时代的发展，人们逐渐发现西方的“德先生”“赛先生”并不是万能的，而自己的传统文化也并非一无是处。这一观点自王国维、陈寅恪后来至梁漱溟、马一浮，再到当今新儒家，逐渐为人们所接受。新时代下文化的多样性，面对不同文化思潮的冲击，如何让传统文化在诸多外来文化和衍生文化中能够拥有一席之地，成为高校传统文化研究的新方向和新思路。

1993年，在美国芝加哥召开的世界宗教大会上，通过了两条所谓“伦理金律”，其中一条就是中国儒家的“己所不欲，勿施于人”。另一条是人道原则。杜维明先生将后一条翻译为“己欲立而立人，己欲达而达人”①。这就凸显了传统文化与时代的契合性。一方面，中国传统文化中“推己及人”的理念同现代社会的人道主义观念有许多相似之处；另一方面，中国传统社会政治中的“天视自我民视，天听自我民听”的理念也与现代西方民主政治有可以对话的空间。这些都为不同文化的交流与融合提供了基础。

除此之外，共同的问题和诉求也让不同文化之间的对话成为可能。西方极度重视个体自由的文化进入后现代以来也面临诸多问题。恐怖主义、社会责任缺失、环境问题、伦理问题等重新困扰着西方人及其文明。而以血缘亲情为纽带，重视情感伦理的中国传统文化在这一方面给出了不同于西方文化的解决方式。中国传统文化重视情感伦理，重视人的价值和共同体的价值，强调“君子群而不党”的“和”文化，这对于西方文化来说无疑是一种有益的补充；传统儒家文化中的“家国天下”意识对于解决恐怖主义问题也可以说指出了一条可行的道路。

首先，中国传统文化历来注重和而不同的文化基质，为不同文化间的融合创新提供了可能性。其次，文化的融合创新是一个双向度的过程，既不是单纯地接受他者文化的输入，也不是仅仅将自己的文化输出给他人，如此便

① 周立升、颜炳罡等:《儒家文化与当代社会》，山东大学出版社2002年版，第13页。

谈不上融合。必须是两种不同的文化主体相互交流,采取一种扬弃的态度,从而产生出更加优秀且能够长久的文化。从历史上看,传统文化同外来文化间的融合创新并非没有先例。如唐代的三教并立以及宋代的儒佛合流,无不是中国本土文化积极吸收、融合外来文化的表现,宋明理学和中国的禅宗就是这种融合的结晶。理学在传统儒家的基础上佛道兼综,成为后来数百年间各个王朝的官方学术形态。另外,西传而来的印度大乘佛教也吸收了中国儒家传统的入世思想,形成了不同于印度本土佛教的中国禅宗,并在此后成为中国佛教的第一大宗。

4.引导和时代相适应的内部创新

优秀传统文化是全民族的共同财富,其特点即在于能够超越时间的限制,引起不同时空中人们的共鸣。如前文中所说的"推己及人""己所不欲,勿施于人"等,都能够引起不同时空中人们的共鸣,正如孟子所说"仁义礼智,非外铄我也,我固有之"(《孟子·告子上》),这也是中华优秀传统文化历经千年不衰的重要原因。当然,这不是说优秀传统文化可以一成不变地放之四海而皆准,而是说其能够适应时代的变化,在时代的不断变化中与每一个时代相融合。正如《周易·系辞》所说,"曲成万物而不遗"(《周易·系辞上》)。

随着全球化的推进,传统文化中的许多观念也随之发生了变化。如《大学》"修身齐家治国平天下"中的"天下"观念,早在春秋时期就已经产生,但彼时的"天下"不过是中原地区,尚不包括西南等地,更罔论现在的其他大洲了。当时的"国家"也不过是一些小的城邦组成的共同体,国与国之间的关系也远没有今天这样复杂。但这不意味着传统文化在今天就无用武之地了,相反,儒家传统的"修齐治平"以及"心、身、家国、天下"一体同构的观念,对于化解今天国家、地区间的局部冲突具有重要价值。让传统文化在现代社会发挥作用,就需要对其中的一些概念作出符合时代的新的诠释和阐发。

中华优秀传统文化在今天仍然能够历久弥新的一个重要原因即在于其中所包含的普适价值。中华优秀传统文化强调人的尊严,人的价值解放。早在两千多年前,儒家就教导君子"士可杀不可辱",孟子所谓"富贵不能淫,贫贱不能移,威武不能屈"(《孟子·滕文公下》)一直是两千多年来中国知识分子追求的最高理想人格,这些观念在今天看来仍然具有重大的理论价值和意义。反观党的十八大以来习近平总书记提出的社会主义核心价值观,与中国优秀传统文化中的理想人格和社会追求可谓相得益彰。早在两千多年前，孔子就提出了“富而后教”的观点，这同“富强、民主、文明、和谐”的国家层面的价值观可以说是不谋而合。《礼记》于两千多年前就提出了“大道之行也，天下为公”（《礼记·礼运》）的大同社会理念，这同核心价值观中“自由、平等、公正、法治”的社会层面的价值观亦可以说是互为表里。而在个人层面，传统文化中的因素更是不胜枚举，孔子提出的“恭宽信敏惠”“温良恭俭让”等，都可以用来诠释今天的社会主义核心价值观。

积极引导中华优秀传统文化与社会主义核心价值观相适应，服务于社会主义建设，是时代赋予传统文化工作者的一项重要使命。文化能否复兴，很大程度上取决于其能否同所处时代的文化相结合，能否服务于所处时代的需求。传统文化中的许多重要价值在今天仍然有重大的理论意义，仍然是人类恒久面临的课题，因而引导传统文化同社会主义相适应，同马克思主义相适应，也是传统文化复兴所必然面对的方向。

（三）高校教学的创新

1. 校园文化的塑造

当今大学发展过程中遇到的问题众多，学生“有知识没文化”、大学“有高楼没大师”等问题广为人们诟病。习近平总书记在哲学社会科学工作座谈会上也提到，我国的哲学社会科学还处在“有数量缺质量，有专家缺大师”[①]的状况之下。这同当今大学的西化办学模式有关。春秋时期，孔子用“六艺”教育弟子，习“六艺”被认为是成为君子的必备条件。《中庸》记载：“仲尼祖述尧舜，宪章文武，上律天时，下袭水土。”（《礼记·中庸》）由此可以看出，孔子时代的学科设置没有严格的界限，其最终目的在于“成人之学”，让普通人成为具备综合全面素质的“君子”才是教育的最终目标。传统的人才培育模式重通识教育，而西方的教育模式强调专业性，大学里的学科划分按照不同的知识门类被一再细化，甚至趋向于支离破碎。这正如海德格尔所指出的：“现代科学所造成的支离破碎，恰恰导致了‘思’的丧失……许多支离破碎的学科，在今天只是被各大学科系的技术组织维系在一起，并且只是靠各学科的实际应用目的保持其意义。”[②]钱穆先生也曾指出：“通识少而

---

① 习近平：《在哲学社会科学工作座谈会上的讲话》，《人民日报》2016年5月19日。

② 转引自熊伟：《存在主义哲学资料选集》上卷，商务印书馆1997年版，第244页。

专业多,如此则将使学者不见天地之大,古今之全体,而道术将为天下裂……在彼目以为专门之绝业,而在世则实增一不通之愚人。”[①]这种学科划分所导致的后果就是“现代人不再能够像从前那样全方位的占有自己的存在,而是越来越陷入单向度地建构自己的存在”[②]。大学教育的工具性特点不断强化,而人文价值则不断衰落。大学面临着逐步沦为被科学理性独断的市场的危险。

另一方面,这也同大学办学的市场化息息相关,大学教育改革的市场化和产业化让大学教育的功利倾向越来越突出。高回报比的学科受到青睐,越来越“热”,而哲学、社会学等人文学科则无人问津,甚至面临后继无人的尴尬局面。伴随这种功利化倾向而来的还有文化消费主义、师生关系疏远等诸多弊端。可以说,呼吁一种文化意义上的大学教育回归已经迫在眉睫。

大学对人的影响可以分为两个方面,一方面是知识的学习,这种影响是显著的、可见的。另一种是精神的塑造,这种影响是潜移默化的,很难在短时间内看到成效。一种理想的文化意义上的大学教育应该是什么样的呢?《礼记·学记》所言:“故君子之于学也,藏焉修焉,息焉游焉。夫然,故安其学而亲其师,乐其友而信其道,是以虽离师辅而不反也。”(《礼记·学记》)也许可以给出参考,教育的最终目的是让文化融入生活当中,从而实现“不离日用常行内,直造先天未画前”((明)王守仁:《别诸生》)。传统文化中的大学不仅背负着学术研究的义务,更担着教化万民的责任,一所大学能够实现教化万民,必然离不开深厚的文化底蕴和浓厚的文化氛围。文化塑造并非一朝一夕之功,一所大学要想形成自己的文化风格,离不开一代代教师的辛勤耕耘和言传身教,离不开自由的学术氛围和严谨的学术风气。可以说,大学的风格即是其中教师的风格,世界上没有完全相同的两个人,因此也不会有文化风格完全相同的两所大学。反过来,一所大学能否吸引或培养出大师,又取决于其是否有深厚的文化底蕴和浓厚的文化氛围,是否有自由的学术环境和严谨的学术风气。这样的文化氛围不能像硬件设施那样通过充足的资金就可以塑造出来,而是需要时间与空间的沉淀和熏陶,传统的意义恰在于此,“传”是时间上的传递和继承,“统”是空间上的统摄和扩展,文化传

---

① 钱穆:《文化与教育》,广西师范大学出版社 2004 年版,第 50 页。

② 何中华:《大学文化建设刍议》,《山东高等教育》2015 年第 4 期。

统是通过自觉和不自觉、意识和无意识的层面得以传承和复制的。[1] 这方面的影响固然离不开知识的讲授，然而单纯的知识和书本学习还不能成为真正意义上的“文以化成天下”，还需要营造出一种能够“浸泡”于其中的文化氛围。

2. 培养观念的转变

现代大学的办学模式直接引自于西方，是“西学东渐”的产物，这同《大学》首章“大学之道，在明明德，在亲民，在止于至善”（《礼记·大学》）所言的传统意义上的太学已经相去甚远。两者在教育理念、研究方式、师生关系等诸多方面存在着不同程度的差异。伴随着市场经济体制的建立，功利主义逐步渗入到大学教育之中，除了校园文化建设的落后和文化氛围的缺失，伴随而来的还有师生关系的疏远、教育模式的僵化等一系列问题，而这些问题的背后所反映的，实际上是教育理念的落后。改革开放后的大学教育逐渐服从于社会经济的市场需求，着力于培养人才的专业技能，而对于学生的道德素质、人格养成却不太重视，由此造成了前文中提及的一系列问题。

中国传统的人才培养观念强调一种“君子”人格的养成，这种“君子”人格用《中庸》的表述就是“故君子尊德性而道问学，致广大而尽精微，极高明而道中庸。温故而知新，敦厚以崇礼”（《中庸》第二十七章）。这里的“君子”人格一方面要求知识的学习，另一方面要求于日常生活中塑造高尚的思想品格和道德修养。南宋时期陆九渊曾经说过：“我虽不识一字，亦须还我堂堂的做个人。”[2]知识的学习在很多时候只是提高道德修养的外在途径，人格养成才是最终目的。而这一点也许可以补现代大学人才培养观念之蔽。从人才培养的目的上纠正当今大学仅仅以知识和技能教授为主的实用主义倾向，恢复大学的德育功能，重新塑造人的主体地位，正所谓“善教者，使人继其志”（《礼记·学记》）。大学教育不单单是要学生从老师处获得知识，更是要继承其人格修养和精神品质，从而最终达到《中庸》所说“自明而诚”的境界，培养出德才兼备的人才，而不是偏于一面的怪才。《礼记·学记》开篇就讲：“发虑宪，求善良，足以謏闻，不足以动众；就贤体远，足以动众，未足以化民。君子如欲化民成俗，其必由学乎！”这就表明学的最终社会目的在于“化

---

① 参见何中华：《大学文化建设刍议》，《山东高等教育》2015 年第 4 期。

② 转引自何仁富编著：《儒家与现代世界的中国人 唐君毅说儒》，孔学堂书局 2014 年版，第 176 页。

民”,“化民”用《易经·系辞》的话来讲就是“开物成务”,让每一个人都能够在这个社会中找到自己合理的存在方式,而不是仅仅满足于当下的社会表面需求。

3.师生关系和教育模式的改革

现代大学教育的另一大弊病就是老师和学生之间的关系被简化成了知识的传授者与接受者,除了课堂教学以外,很少再有接触。大学教育被纳入了产业之中,教师成了职业,一届届的学生成了流水线上的产品。钱穆先生于1930年任教于燕京大学时,也对这种师生关系和教育模式深感不适。熊十力先生于1922年受聘至北大讲佛家时,第一件事就是打破了当时的西式教学方式,而采用传统的师生朝夕相处的书院式教学。[①]

传统文化中关于教育的理论最早可以上溯到《周易》的《蒙》卦,其卦辞曰:“匪我求童蒙,童蒙求我,初筮告,再三渎,渎则不告。”(《周易》)这可以说是最早的关于教育教学理论的表述。《蒙》卦所传达的教育理念后来至孔子即为“不愤不启,不悱不发,举一隅不以三隅反,则不复也。”(《论语·述而》)孔子这段表述中的前两句可以说是对传统教育理念的理论概括,即激发学生问题意识的引导式教学。在这种教育模式中,师生之间的关系由传授者与接受者转变为与启发者思考者,这一点很类似于希腊先哲苏格拉底激发对方思考的“助产术”。从孔子的表述中可以看出,他的教育目标至少分为三个层次:首先是内心清楚明白,其次要能够用语言清晰地表达,最后要养成举一反三的发散思维。老师的作用就是在这三个层次每一阶段的关键点上对学生进行点拨,整个学习过程都是以学生为主。这种传统的教育方式可以改变学生在学习过程中的被动局面,加深学生对所学知识的认知与把握,同时对于师生之间的关系也一改以前的视老师为权威的被动接受模式。

另外,孔子也强调一种沉浸式教育。如他对学生子贡说:“天何言哉,四时行焉,百物生焉,天何言哉!”(《论语·阳货》)这即是说通过行为和环境的综合影响,同样可以达到教育的效果,就好比人处于天地之中,天地虽不言,自然可以感觉到万物生机。这种沉浸于环境之中的教育方法对于现代的大学教育同样具有启发意义,单纯的课堂教学活动有时未必能够产生预期的效果,其中一个原因就是学生没有沉浸入学习的综合环境之中,单纯的语言

① 参见洪明:《现代新儒学教育流派研究》,广东教育出版社2009年版,第199页。

表述之外尚可以加入行为、环境等多方面的交流方式，老师的教育不单单是在课堂，课堂以外的言传身教同样具有不可替代的作用。《学记》中有“教学相长”的教育理念，强调教育和学习的一体性，正所谓“学然后知不足，教然后知困”。老师和学生正是通过教学过程实现共同成长，而这一过程需要老师和学生充分的接触和交流。因此，大学教育应当是“时教必有正业，退息必有居学”，教育无时无刻不在生活中进行。中国传统的书院式教育可以说忠实继承了这种教育理念，近代以来梁漱溟、张君劢、钱穆等诸多新儒家学者都希望借复活传统书院来救现代大学教育之弊，其理想在今天看来尚缺乏实现的条件，然而传统书院的“德智交修诚明并进”之优良传统仍然是值得学习并借鉴的。

在《论语》记载的孔子对于弟子的教育教导中，“因材施教”是其中一条重要原则。这样的例子在整部《论语》中可谓屡见不鲜，如《为政》中孔子对于弟子孟懿子、孟武伯、子游、子夏问孝，就分别给出了不同的回答。《先进》中对于子路和冉有提出的同一个问题“闻斯行诸”，孔子也给出了完全相反的两个回答，弟子公西华对于孔子的回答感到疑惑，孔子解释道：求也退，故进之；由也兼人，故退之。这里根据不同弟子的不同性格，孔子施以不同的教育方法。这在今天所有人齐聚一堂的学堂式教育看来，实在是难能可贵的。世界上没有完全相同的两个人，因而也不会有放之四海而皆准的教育方式，即便是自然科学，老师也需要充分考虑到学生的个体行为习惯、接受能力等差异。这表面上看起来只是教育方法的不同，实际上背后则是对个体性以及个体权力的尊重，是教育在个体之间平等的重要表现。

除了教育方式以外，传统文化中对于学生的学习要求也非常详细。《学记》记载：“比年入学，中年考校。一年视离经辨志；三年视敬业乐群；五年视博习亲师；七年视论学取友，谓之小成。九年知类通达，强立而不反，谓之大成。”(《礼记・学记》)可以看出，传统教育对于学生的培养目标重在于学习能力和人格修养，这一过程是漫长的，且每一阶段都有不同的标准，这对于今天大学的素质教育可以提供很好的参照。在学习态度上，《礼记・学记》记载：“大学始教，皮弁祭菜，示敬道也。《宵雅》肄三，官其始也。入学鼓箧，孙其业也。夏楚二物，收其威也。未卜禘不视学，游其志也。时观而弗语，存其心也。幼者听而弗问，学不躐等也。此七者，教之大伦也。”当然，这其中也不尽然都是合理之举，然而在强调通过一种“礼”的外在约束来端正学习态度，强调对于学问的敬畏之心上，恰恰是今天的大学教育所缺失的，今天的大学教育正需要一种外在的约束来重塑学术的纯洁性和神圣性。

4. 专业设计的增强

针对当今大学学科设计支离破碎之蔽，首先应当恢复传统文化学科之设置。孔子有言："名不正，则言不顺；言不顺，则事不成。"(《论语·子路》)现代大学的学科设置模式下，传统文化被拆解为一系列学科的具体研究对象，哲学、文学、历史学等无不彪炳其研究传统文化之功能。然而，这种简单的裂解与拼凑却难以让学习者对传统文化有一个整体的感受或直观的把握，这种学科设置之弊前文已备述。另一方面，重视投资回报的市场经济理念也让短期回报比相对较低的人文学科式微。民国时张君劢先生针对恢复传统文化提出过一个设想，即借鉴传统书院的"膏火制"，在大学之上更设一级书院，并发放奖金，以使少数学生能够继续"从容从事于学文，而不必急急于衣食之谋"[①]。可以说，恢复传统文化在大学教育中的正统地位，是传统文化复兴的前提。

其次，在课程设计上，要突出传统文化作为一个独立学科的整体性，加强教育的连贯性。钱穆先生当年在北大讲"中国通史"课程，这门课程最初由15位专家以讲座形式分门别类开设，钱穆先生对此以为不当，他说："我今天在此讲，不知前一堂何人在此讲些什么，又不知下一堂又来何人在此讲些什么。不论所讲谁是谁非，但彼此实无一条线通贯而下。诸位听此一年课，将感头绪纷繁，摸不到要领。"[②]这也是当今大学教育的一大问题，即不同老师只讲属于自己的部分，有时一门课甚至多位老师轮流来讲，如此于思想的连贯性上就会大打折扣。当然，要一位老师完全将一门课程讲好已非常不易，更遑论一门学科。钱穆先生也承认在最初开设课程时，其精力几乎全部耗在此一门课上。由此也可以看出传统文化方面优秀的教师对于教育教学的重要意义，而这方面我们仍然缺少像民国时期钱穆、冯友兰、陈寅恪那样的大师。

---

① 洪明：《现代新儒学教育流派研究》，广东教育出版社2009年版，第199页。

② 钱穆：《八十忆双亲·师友杂忆》，三联书店1998年版，第171页。

(四)社会实践的创新

不得不承认,对于传统文化的研究在今天也往往只是限于学术机构层面。因此造成了优秀传统文化被束之高阁,只存在于学术研究的故纸堆中的尴尬局面。造成这种现象的因为一方面是我们对传统文化的认识还不够深刻,历史上以儒家文化为核心的传统文化,其产生有别于亚里士多德口中那种“充足的闲暇”造就的希腊文化,反而是发端于日常的现实生活之中。《汉书·艺文志》记载:“诸子十家……皆起于王道既微,诸侯力政……各引一端,崇其所善,以此驰说,取合诸侯。”中国传统思想文化集中形成于春秋战国时期,此一时期百家争鸣,诸子百家的出现最初即是源于社会政治实践的需要,而绝非西方式的对于理性思辨的单纯兴趣。这也说明了传统文化的社会实践属性及其在公共社会中的功能。孔子的弟子子路就说过:“君子之仕也,行其义也。道之不行,已知之矣。”(《论语·微子》)表明了儒家积极入世的态度,孔子本人也被认为是“知其不可为而为之”(《论语·宪问》)。这都说明儒家学说是和社会实践紧密相连的。清初著名思想家颜元坚决主张“习行”,号为“习斋”,十分重视学问在日常生活中的社会实践功用,据说其六十高龄仍然坚持耕种。冯友兰先生也曾概括中国哲学的精神即是在入世和出世间寻求平衡,而这种入世精神即是一种社会实践。可以说,中国传统文化本质上即是一种“实践哲学”,其如王阳明所言:“不离日用常行内,直到先天未画前。”

另外一个摆在我们面前的问题是传统文化在一定程度上面临与社会实践脱节的窘境。这不是简单的对传统文化了解之后就能顺利解决的问题。近代以来,许多儒家学者都试图在传统文化和现代社会发展之间找到沟通的桥梁,其中不乏许多有益的尝试,如梁漱溟先生的乡村建设运动、蒋庆先生的政治儒学,牟宗三先生在传统文化与现代科学之间甚至提出了“自我坎陷”的办法。这些都对传统文化和现代社会以及西方文明的结合起到了重要作用,然而要想期待传统文化的全面复兴,我们还需认识到传统文化赖以生存的土壤——社会基础发生了变化,传统文化必须对此作出回应。唯其如此,传统文化自身才能够具备同社会实践相结合的能力。

高校在优秀传统文化和社会实践之间具有多种链接潜质。从社会实践的总体上看,大致可以分为三个方面:第一,社会调查。优秀传统文化究竟如何同社会实践相结合？这种实践的社会基础何在？对传统文化的社会需求缺口在哪些方面？这些问题都需要进行详尽的社会调查和分析才能够得出结论。只有让优秀传统文化深入社会生活的具体环节和情境之中，才能够让人民群众感受到优秀传统文化的内涵和氛围，从而对优秀传统文化产生主观上的心理认同。第二，优秀传统文化中的许多文化资源是老百姓易于且乐于接受的，可以被用于日常生活之中，如中医、书法、绘画以及传统音乐等，这些文化实践在实际生活中都产生了较好的反响。优秀的传统文化资源要勇于走出高校的象牙塔，向民间普及。高校可以组织相关内容的社会实践服务和社团活动，如春节期间义务写对联中医免费义诊，以及传统音乐的公开课、传统文化讲座等，这些都是很好的社会实践形式。第三，优秀传统观念的社会传播。当今社会问题诸多，尤其是伦理道德领域，更是乱象丛生。而传统文化中的许多优秀观念恰可以补当今社会之蔽，如孟子提倡的“老吾老以及人之老，幼吾幼以及人之幼”的伦理观念，就可以被当今社会取以为用。再如，孟子所说的“富贵不能淫，贫贱不能移，威武不能屈”同样对于塑造当今时代的理想人格具有非常重要的指导意义。这样的优秀观念在传统文化中可谓不胜枚举，高校的学术研究应该发掘这些有益的价值观念，使其为当下的社会实践服务。

优秀传统文化难以和社会实践相结合的另一个原因在于实践平台和社会实践资源缺乏。文化传播需要一定的物质载体，需要公共资源的辅助，而现阶段我国的社会公共资源仍然相对贫乏，公共资源的人均占有量仍然偏低。这些因素都制约着优秀传统文化在社会中的传播和实践。许多优秀的传统文化形式仍然缺乏社会实践的平台和机会，一些公共文化设施如博物馆、公园、剧院等难以发挥应有的功能，这也是社会发展过程中应当注意并加以改善的地方。

（五）媒体传播的创新

优秀传统文化的宣传教育工作离不开传播媒介的更新。进入信息时代以来，互联网等新型媒体的出现带来了前所未有的信息爆炸，各种文化主体也纷纷借助新媒体的力量，在传播范围和数量上形成了前所未有的盛大气象。大量信息的涌入改变了现代人的阅读行为，对于信息的接受可以说是目不暇接。这也改变了往日“述而不作”式的传统文化口传心授的局面。在传统社会的文化环境下，文化的传播基本上通过口传和纸质媒体两种渠道，传播的范围有限。晚清以来，西方报刊等大众传媒的出现，让文化传播的范围大大扩展，传播力度也大大增强。梁启超、陈独秀等新思想家都热衷于借助新兴媒体的力量来宣传其学说，可见传播媒介的更新对于文化传播的重要意义。随着互联网以及自媒体时代的到来，传统文化也不再可能像过去那样偏守书本这一隅来进行传播，新媒体的运用可以说是势在必行。

针对社会层面的文化传播，随着微博、微信公众号等自媒体的大众化，一些优秀传统文化利用这些自媒体进行的文化传播收到了较好的反响，智能手机终端的普及让这种阅读形式随时随地可以进行。新媒体充分利用了人们的空闲时间，将这些碎片化的时间加以整合，使人们在茶余饭后对优秀传统文化可以信手拈来。另外，借助互联网的传播录制的公开课、网络讲座等也让优秀传统文化走出了高校学术的象牙塔，随时随地的在线学习成了人们喜闻乐见的学习形式，知识的传播效应大大增强。

（六）高校中华优秀传统文化宣传教育创新的可能性限度

高校优秀传统文化的宣传及其创新既要发挥传统文化和高校这两个主体的作用，同时也应当注意其限度，避免优秀传统文化的宣传教育创新脱离正轨，最终流于形式。总的来说，需要注意以下几个方面：第一，取其精华，弃其糟粕，对传统文化中的消极因素应该加以甄别。第二，自觉引导其和社会主义核心价值观以及马克思主义相适应，以社会主义核心价值观为指导。第三，以人民群众的需求为根本，发展服务于广大人民群众的、为广大人民群众真正需要的、喜闻乐见的传统文化形式。第四，坚持交流互鉴，开放包容。避免盲目自大的大国沙文主义和民族主义情绪，坚持文化之间的交流沟通和对话，提倡文化之间的互助互长。

第五章

大学生文化自信提升与高校思政教育的互动

大学生作为建设社会主义文化强国和实现中华民族伟大复兴的未来主力军，在当今多元文化的洪流中经受着各种思想观念、文化思潮的冲击，许多大学生在理想信念和价值取向、政治信仰和文化认同等方面存在或多或少的问题。高校思想政治教育也因此面临着许多新情况、新问题、新挑战。无论是从理论意义方面来看还是从实践意义方面来看，站在时代与民族的高度，重视大学生文化自信提升与高校思政教育二者之间的内在契合性，实现二者的良性互动，已经成为提高大学生的文化选择和文化创新能力、增强高校思想政治教育效果的新思路。

一、大学生文化自信提升的现实政治基础

前文已经阐明，文化作为社会意识，乃是社会存在的产物。但是，如果立足于思政教育的视阈来探讨，那么，经历了文化焦虑和文化自卑民族的当代大学生文化自信的提升离不开政治发展提供的现实支撑。

(一)国际格局转换,多元文化共存

500年来,西方主导世界格局和发展方向,以经济、政治、军事上的绝对优势不停地鼓吹其文化的优越性。最为典型的是美国学者福山1989年提出了“历史终结论”,认为西方的文明和价值观是人类最高级别,其他文明需要靠拢、认同并学习西方文明,西方自由民主将是人类社会的终极形态。[①]作为世界文明大国,近代以来,中国认为西方的发展道路、社会制度优于中国,盲目肯定西方的发展模式。学术界与高校课堂也在一定程度上存在不顾时代条件和具体国情简单套用西方理论来评判、注释中国的现象。冷战结束后,国际社会对世界格局的普遍认识是“一超多强”。以美国为代表的西方力量仍在各个方面占据优势地位。但从20世纪90年代中期起,以“金砖国家”、“展望五国”和“新钻十一国”为代表的新兴市场经济国家整体性崛起。[②] 2008年的国际金融危机更是对国际格局产生了重大影响,秦亚青将其概括为“一超走弱,多强易位”[③]。首先,反恐、伊拉克战争以及金融危机对美国的综合实力造成了严重的损耗。叙利亚问题与乌克兰危机等一系列事件引发了人们对美国能力和领导力的质疑,美国的软硬实力都呈走弱的态势。其次,以“金砖国家”为代表的新兴国家崛起,表现为经济增长速度[④]、占

---

① 参见[美]弗兰西斯·福山:《历史的终结与最后的人》,黄胜强、许铭原译,远方出版社1998年版,第1页。

② 2003年,高盛公司提出了“金砖四国”(BRIC)的概念,指巴西、俄罗斯、印度、中国,四国正成为最具潜力的经济增长国,后又增加南非,成为“金砖国家”(BRICS)。不久日本“金砖国家”研究所提出“展望五国”(VISTA)的概念,“VISTA”是越南、印度尼西亚、南非、土耳其和阿根廷五国英文名称首个字母的组合,在英文中有“展望”之意。“展望五国”被称作“金砖四国”之后的经济新秀。2007年,高盛再创“金钻十一国”的投资新概念(Next Eleven,简称“N-11”),又译为“未来十一”,预示以新兴市场为代表的新势力的崛起,包括墨西哥、印度尼西亚、尼日利亚、韩国、越南、土耳其、菲律宾、埃及、巴基斯坦、伊朗和孟加拉,以超越发达市场的高速发展,成为21世纪全球经济发展的主旋律。

③ 秦亚青:《国际体系的延续与变革》,《外交评论(外交学院学报)》2010年第1期。

④ 21世纪头前十年,新兴经济体平均经济增长率超过6%,远高于发达国家的2.6%及全球的4.1%。参见林跃勤、周文主编:《金砖国家经济社会发展报告(2011)》,社会科学文献出版社2011年版,第10页。

世界GDP比重[①]以及对世界经济增长的贡献率[②]均超过西方国家，在世界金融格局中的地位上升[③]，改变了长期以来“多强”由德、法、英、日等西方国家构成的基本局面。这些新兴国家大多具有东方国家的集体性身份认同，意味着世界重心由西方向东方转移的趋势开始加速。2009年，法国前总理多米尼克·德维尔潘指出，由于中国、印度等新兴经济体的崛起，统治了世界长达五个世纪的欧美的权力秩序正在发生根本变化。[④]

几个世纪以来，作为世界文化主流的西方竞争性文化给各国带来了经济发展和科技进步。但西方国家“理性自私”和“国家利益最大化”的行为原则，也导致了人对自然的予取予夺，以及国家之间的争权夺利甚至兵戎相见。从资本主义早期的大国争霸、殖民扩张、周期性经济危机，到两次世界大战造成的惨痛后果、冷战时期苏美军备竞赛对人类生存的巨大威胁，再到后冷战时期发展主义和消费主义的理念造成资源枯竭的现实危险等，都促使人们反思西方价值取向的合理性。2008年国际金融危机后，伴随西方社会制度和价值理念吸引力的下降，以对新自由主义的批判和反思为核心，围绕资本主义前途命运的反思和争论构成国际社会思潮变化的核心内容，虽然西方对国际秩序的主导地位在短期内难以撼动，但西方中心主义和欧洲中心主义的主导地位进一步动摇，国际思潮和社会发展模式日益呈现出多元化的态势，新兴国家和发展中国家探索发展模式因此面临更宽松的国际环境。尤其是关于“中国模式”的广泛讨论，以及以中国文化为代表的非西方文化价值开始受到关注。相对于西方“理性自私”的国家哲学，中华文化自古以来就强调道德、道义的作用，在处理国际关系、开展国际合作、维护和拓展国家利益时，中国和平发展、和谐发展的理念，讲求关系与利益的协调而非国家利益的最大化，在建立世界和平，引导和平、合作、发展、共赢的国

---

① 2010年金砖五国的GDP约占世界总量的18%，提出“金砖四国”概念的高盛首席经济师奥尼尔预测，到2018年“金砖国家”的GDP有望超过世界最大经济体美国。参见《金砖之父奥尼尔预测：金砖五国2018年GDP超美国》，2011年4月15日，http://www.chinanews.com/cj/2011/04-15/2976208.shtml。

② 据IMF测算，发达国家对全球经济的贡献率从1990年的88.6%下降到2010年的30%，而金砖国家对世界经济增长的贡献率从1990年的−0.6%上升到2010年的60%以上。参见林跃勤、周文主编：《金砖国家经济社会发展报告(2011)》，社会科学文献出版社2011年版，第12页。

③ 2010年11月，二十国集团(G20)首尔峰会确认国际货币基金组织中的投票权分配：发达国家向新兴市场和发展中国家转移超过6%的份额，说明国际体系中的力量对比发生了重大变化。

④ 《法国前总理德维尔潘谈世界格局和国际关系等问题》，《朝日新闻》2009年2月3日。

际关系方面具有文化价值上的巨大优势。在西方主导的全球治理陷入困境之际，以中国文化为代表的东方文化为饱受全球化时代文化焦虑的人们提供不同的行为价值与观念取向。这一趋势在党的十八大之后愈发清晰。

当代大学生置身于广阔的全球化与多元化背景下，他们的文化观蕴含着世界视野，他们能更敏锐地感知世界潮流的变迁和中华文化在国际舞台上的境遇。国际格局多极化趋势下东西方文化的多元存在也使大学生能以更平和的心态看待自我与他者的文化。在全面治理全球化带来的人类社会问题时，多元文化竞争共存，各有长短，对它们的理性认知是大学生对中国文化抱有文化自觉和自信的价值源泉。所以，国际格局转换、多元文化共存为大学生的文化自觉、文化自信提升提供了良好的外部环境。

(二)国家实力增长，国际威望提升

文化自信是建立在文化软实力基础上的。正如前文所述，文化软实力的发展离不开硬实力。硬实力是指一个国家的经济、军事、科技等表现出来的有形实力。中国文化自信的危机始自近代以来西方列强不断入侵中国导致的被动挨打困境。而近代中国不断“挨打”的直接原因在于中西之间的硬实力差距。唯物史观认为，社会存在决定社会意识。中国文化不自信的实质是西方国力强大和中国国力弱小的差距在认知上的反映。传统文化被认为是国家落后的总根源。①

改革开放后的中国在四十多年里取得了西方在几个世纪里才取得的经济成就，并带来国家实力的快速增长。特别是 2008 年后中国经济在西方诸国经济都出现负增长的情况下，仍然保持较高的经济增长率，率先实现复苏，成为世界经济增长的主要动力，对世界经济走出金融危机作出了贡献。2010 年中国超过日本成为世界第二大经济体。阎学通预测，到 2023 年中国的 GDP 将超过美国。今后 20 年内都是中美两极化的趋势，即在中美两国综合国力差距缩小的同时，双方都拉大与其他大国的实力差距。② 这些观点虽然遭到了质疑和反对，但都反映了对中国综合实力快速增长的认知。实践已充分证明，中国文化对于经济发展和国家实力增长的功能，与西方文化

① 参见张志洲：《重建中国的文化自信》，《当代世界》2014 年第 9 期。
② 参见阎学通：《历史的惯性：未来十年的中国与世界》，中信出版社 2013 年版，第 19 页。

相比不仅不处于劣势，反而具有明显的优势。进化论的逻辑已经不能再把中国视作发展链条上落后的一环。[①] 中国发展进程成功的内在驱动力归根到底是中华民族的文化与价值。因此，中国国民的文化自觉和文化自信逐渐复苏，作为社会主义建设潜在主力军的大学生在这一进程中必然走在前头。

与国家实力增长相伴随的是国家威望的提升。国际关系理论大师摩根索认为，国家威望就是一个国家影响和控制其他国家的能力。[②] 国家威望在国际政治中是奢侈品，一般说来，只有那些对国际关系具有关键作用的国家才会享有国际威望。[③] 以中国国力的增长与国际影响力的提升为基础，“中国现在到了在全球视野配置资源的时期”[④]。2013 年 9 月和 10 月，习近平主席提出建设“一带一路”倡议，获得沿线近 60 个国家参与支持。[⑤] 2014 年 11 月，习近平主席宣布中国将出资 400 亿美元成立丝路基金，重点为“一带一路”建设提供相应的投融资服务。2014 年 10 月，中国倡议的亚洲基础设施投资银行成立，初步注册资金规模为 1000 亿美元，其中中国出资 500 亿美元。财政部在官网上公布，截至 2014 年 4 月 15 日，中国主导的亚洲基础设施投资银行（AIIB）已确定了 57 个意向创始成员国，其中 31 个国家已成为正式的意向创始成员国。联合国安理会五大常任理事国已占四席，G20 国家中已占 13 席。[⑥] “一带一路”倡议、丝路基金与亚投行的启动均充分显示了中国国际威望的显著提升。首先，当前国际社会上被冠以“丝绸之路”的倡议或构想很多，但目前来看，影响最大的还是中国以重现古代丝路精神为基础的“一带一路”倡议。就目前和今后相当长一段时期的世界经济局势来看，也只有中国具备条件和实力来主导规划如此宏大的区域项目。其次，在

---

① 参见郝书翠：《中国文化主体性的迷失及其学理背景》，《东北师大学报》（哲学社会科学版）2015 年第 1 期。

② 参见[美]汉斯·摩根索：《国家间政治——寻求权力与和平的斗争》，徐昕等译，中国人民公安大学出版社 1990 年版，第 64～65 页。

③ 参见李兴：《当代世界政治经济与国际关系》，北京师范大学出版社 2013 年版，第 1 页。

④ 冯军、杨玚：《博鳌热议一带一路引领改革》，2015 年 3 月 26 日，http://view.inews.qq.com/a/FIN2015032604337205。

⑤ 邱逸：《一带一路规划将发多个语言版本已赢得 60 国参与》，2015 年 1 月 23 日，http://intl.ce.cn/sjjj/qy/201501/23/t20150123_4414541.shtml。

⑥ 参见《亚投行“朋友圈”扩至 52 个 G20 占 13 席》，2015 年 4 月 2 日，http://news.163.com/15/0402/21/AM7QJ2L800014SEH.html。

“丝绸之路经济带”建设中，中国扮演积极的倡导者角色。中国虽然坚持不谋求地区事务主导权、不经营势力范围，但也不回避大国责任，这种责任不是权力政治中的大国主导，而是多元文明复兴的中枢者、不同利益诉求与机制秩序的协调者。第三，展现了中国作为大国的包容与自信。2014年8月，习近平主席出访蒙古国时，表示欢迎周边国家“搭便车”，便是大国包容与自信的充分体现。这种包容与自信，源于对历史经验的总结、对国际局势的判断、对自身实力与战略目标的认知，也源于驾驭各种复杂局面的勇气与能力。第四，与西方霸权范式的多边合作金融开发平台不同，“一带一路”倡议与亚洲基础设施投资银行倡议强调通过发展经济、减少贫困、建造基础设施，而不是通过战争、强制、威胁等手段来赢得在国际社会的威望。2020年6月18日，“一带一路”国际合作高级别视频会议在北京举行。国家主席习近平向会议发去书面致辞。结合当下疫情形势，习近平主席寄予了“一带一路”倡议新期待：我们愿同合作伙伴一道，把“一带一路”打造成团结应对挑战的合作之路、维护人民健康安全的健康之路、促进经济社会恢复的复苏之路、释放发展潜力的增长之路。通过高质量共建“一带一路”，携手推动构建人类命运共同体。[①] 经过近7年的发展，“一带一路”合作惠及越来越多国家和地区，给当地老百姓带来实实在在的利益。在应对新冠肺炎疫情过程中，推进“一带一路”合作、构建人类命运共同体的重要性进一步彰显。这必然会帮助我们得到更加广泛的国际认可，大大提升中国的软实力。

随着全球化、信息化进程的加快，当代大学生的全球意识已经具备相当丰富的内容，他们有更多的机会了解甚至参与国际事务，对本国国际地位、形象与影响力的变化以及外部世界的评价更为关注和敏感，也更能深切感知国家发展与世界命运的关系。因此，中国国际威望的提升为大学生文化自觉、文化自信的培养提供了坚实的内部基础。

（三）国家发展方向清晰，发展道路明确

改革开放以来，中国经济发展取得巨大成就，但由于经济发展不平衡、资源分配不均衡，经济快速发展积累了很多社会问题，社会矛盾加剧。伴随

① 参见《习近平向“一带一路”国际合作高级别视频会议发表书面致辞》，《人民日报》2020年6月19日。

经济全球化而来的文化全球化、政治全球化也对国人的思维方式、生活方式带来了冲击，对国家的文化安全和意识形态形成了巨大挑战和考验。中国举什么旗、走什么路、朝着什么样的目标前进，一度成为社会争论的焦点；从国际社会来看，随着中国影响力的提升，国际社会尤其是周边国家各种恐华、反华的声浪再次高涨，怀疑中国、诋毁中国发展道路的声音此起彼伏。在金融危机后“西方道路”被普遍反思和拷问的背景下，“中国道路”“中国模式”被广泛讨论，一方面，有观点认为中国以低成本、低人权、高消耗、高污染为代价的高增长发展模式疾患深重、难以持续，别国无法学习、无法复制，也违背现代文明基本精神。另一方面，中国的和平、和谐发展，统筹经济、政治、文化、社会、环境的整体性合理发展的理念，也获得了普遍性的认同。如此错综复杂的环境使大学生群体中不同程度地存在着对中国道路困惑迷茫、对中国理论充满疑问、对中国制度否定排斥等问题。

在比较与争论中，中国政府能够自觉检视发展过程中的各种失误，客观分析面临的各种困难和问题，积极总结经验和教训，主动调整和完善发展战略，排除各种干扰，统一思想，凝聚共识，坚定走“中国道路”。这表现在三个方面。一是从“三个自信”到“四个自信”的转变。由于长期存在的西方中心主义，中国没有话语权，更缺少引领时代发展和世界潮流的话语权。然而改革开放的成功实践使中国需要向世界展示自己独特的价值观念和发展道路，形成中国特色的感召力。党的十八大报告提出全党要坚定中国特色社会主义“道路自信、理论自信、制度自信”。“三个自信”诠释了中国道路与历史传统和基本国情的关系，进而使国际社会理解和认同中国道路，消解国际社会对中国特色社会主义理论的误解，引导国际社会理解其内涵与世界意义，向国际社会说明中国制度的基本构成、运行机制和独特优势，澄清国内外对中国制度的否定和偏见。“三个自信”的提出，表明了在社会发展进入机遇与挑战并存、动力与压力同在的转折时期中国共产党对道路选择、理论创新、制度建构的坚定性以及对中国特色社会主义满怀信心的精神状态。[①]作为进一步深化改革的政治动员，“三个自信”能焕发国民精神，激发大学生对社会主义前途的信心以及投身国家建设的积极性、主动性与创造性。在庆祝中国共产党成立 95 周年大会的讲话上，习近平总书记对文化自信特别

① 参见陈金龙：《“三个自信”与中国话语权的建构》，《光明日报》2015 年 1 月 15 日。

加以阐释，指出“文化自信，是更基础、更广泛、更深厚的自信”[①]，由此，文化自信成为继道路自信、理论自信和制度自信之后，中国特色社会主义的“第四个自信”，其语境更为庄严，观点更为鲜明，态度更为坚决，提高文化软实力自此上升到事关国运的地位。二是实现中华民族伟大复兴的“中国梦”。即实现国家富强、民族振兴、人民幸福。[②] 具体来说，就是到中国共产党成立100年时实现全面建成小康社会的目标，到新中国成立100年时建成富强、民主、文明、和谐、的社会主义现代化国家。“中国梦”作为中央领导集体最新的执政思想和科学规划，其指向具体清晰，是对“中国向何处去”历史命题的最新回答；它根植于中华民族优秀传统文化，也体现了社会主义先进文化，显示出建立在经济基础之上的中国文化软实力的提升，客观上消解着国民源于文化软实力弱小而形成的文化自卑，是现阶段国家在道路选择、理论创新、制度建构方面的文化自信，是未来建设文化强国，实现文化复兴的文化自觉。“中国梦”向大学生传达出一种正能量，激发大学生实现民族复兴的历史责任感，为大学生文化自觉和文化自信的提升提供了明确的导向，提出了崭新的要求。三是“四个全面”战略布局的形成。习近平总书记提出的“四个全面”：全面建成小康社会、全面深化改革、全面依法治国、全面从严治党，是党的十八大以来新一届领导集体的重要战略思想和战略布局。历史的经验告诉我们，治国理政需要有大视野、大思路、大战略。改革开放以来，党和国家先后从不同角度对中国特色社会主义事业的总体布局作出了规划和部署，先后经历了“一个中心、两个基本点”、经济、政治、文化建设三位一体，经济、政治、文化、社会建设四位一体，经济、政治、文化、社会、生态文明建设五位一体的战略布局。“四个全面”的提出，突出了新形势下治党、治国最紧迫、最重要的任务，更完整地展现了新一届中央领导集体治国理政总体框架，使当前和今后一个时期党和国家各项工作的关键环节、重点领域、主攻方向更加清晰。

在国家内部改革转型与国际社会针对“中国道路”的质疑中，党和国家已经非常清晰地把中国未来的战略蓝图呈现在人民面前，国家发展方向日益清晰、发展道路坚定明确，为大学生文化自信的提升提供了强大的政治引领。

---

① 习近平：《在庆祝中国共产党成立95周年大会上的讲话》，人民出版社2016年版，第13页。

② 参见《习近平谈治国理政》，外文出版社2014年版，第240页。

(四)文化强国战略出台,文化软实力建设力度加大

社会主义现代化进程在经历了“以经济建设为中心”的物质文明快速发展的时期后,文化建设的重要性越来越凸显。从国内看,改革开放后,市场经济与社会转型带来的“人文精神失落”,信仰缺失、道德滑坡、迷茫失范等一系列问题均在大学生身上有所反映;全球化和信息化背景下国内异常活跃的各种思潮与国外思潮激烈地交锋碰撞,历史虚无主义、新自由主义、民主社会主义、实用主义等均对大学生产生重要影响,导致大学生文化自觉和文化自信出现偏差,影响社会主流意识形态建设;受社会大环境的影响,高校思想政治教育也面临一些不可忽视的问题和困境,如部分人认识不到位、制度不完善、管理不严格等,使作为党的优良传统和政治优势的思想政治教育未能对大学生文化自觉与文化自信的形成起到充分的帮助和引导作用。从国际上看,当今世界国家间的竞争内容已经从经济实力竞争转向到综合实力的竞争,从一般单品竞争到文化产品竞争,从资源材料竞争到科技人才竞争;国际竞争的方式已经从过去的武力征服转变为现在的文武并用,并且更加注重精神文化产品竞争和文化输出。文化软实力在国家间的竞争中发挥的作用不可小视。进入 21 世纪,随着中国实力的增长,中国软实力呈不断上升的趋势,表现为中国文化的独特魅力正在广受关注、国内价值观和政策也具有相当的吸引力,外交政策深得人心,国家形象不断改善,正在以“负责任大国”的身份出现在世界上。

纵观中国共产党建党近百年来文化政策的演变历程,可见有四次重心转移:从建党到新中国成立以革命政治为重心;新中国成立至改革开放以整合民众为重心;改革开放以来至 20 世纪 90 年代初以经济建设为中心;20 世纪 90 年代初以来的均衡发展,彰显文化软实力。[①] 进入 21 世纪,中国共产党认真总结文化建设的经验教训,首先在意识形态建设中采取了一系列措施,如 2004 年 1 月提出了《中共中央关于进一步繁荣发展哲学社会科学的意见》,提出实施马克思主义理论研究和建设工程;2004 年 8 月,中共中央、国务院联合发文《中共中央、国务院关于进一步加强和改进大学生思想政治

---

① 参见林玮:《中国共产党 90 年来文化政策重心的四次转移》,《中共四川省委党校学报》2012 年第 2 期。

教育的意见》(简称中央16号文件),把大学生思想政治教育提升到事关国家安全、社会稳定的战略工程的高度,为高校思想政治教育的进一步发展打开了新的局面;2006年10月,党的十六届六中全会通过的《中共中央关于构建社会主义和谐社会若干重大问题的决定》,第一次明确提出了"建设社会主义核心价值体系"这个重大命题和战略任务。党的十七大以来,伴随着经济的快速发展,文化建设越来越受到国家的重视。2011年10月,中共十七届六中全会通过《中共中央关于深化文化体制改革推动社会主义文化大发展大繁荣若干重大问题的决定》,首次在国家政治话语层面提出了"培养高度的文化自觉和文化自信"①命题,为建设中国社会主义文化强国制定了系统的战略规划。党的十八大报告也专门辟有"扎实推进社会主义文化强国建设"②的部分。这标志着我们国家越来越认识到文化的巨大力量,认识到文化与经济、政治、社会、生态等的相互作用。通过近些年的努力,我国的文化建设与文化体制改革取得了一些成绩。首先,优秀传统文化得到了更大程度的继承和发扬,其价值得到了更好地开发。其次,文化产业取得了一些成就,在国有经济中所占的比重有了很大提高,在国际社会中逐步占据了一席之地。再次,社会风气得到了一定的改善,国民素质有了明显提升。最后,中华文化软实力增强,在国际的文化竞争中也占据了一席之地。

"文化强国"战略所带来的成果、制度保障及营造的社会氛围使大学生能够更深入系统地接受优秀传统文化教育、社会主义先进文化教育、社会主义核心价值体系教育以及正确对待外来文化,必然会在心理上强化大学生的文化自觉意识及文化自信,树立稳定正确的文化观。

综上可见,当前大学生文化自信提升的政治基础已充分具备:国际格局转换、多元文化共存是其良好的外部环境;国家实力增长、国际威望的提升是其坚实的内部基础;国家发展方向日益清晰、发展道路坚定明确为其提供了强大的政治引领"文化强国"战略出台,文化软实力建设力度加大为其提供了制度保障及社会氛围。

---

① 参见中共中央文献研究室编:《十七大以来重要文献选编》(上),中央文献出版社2009年版,第625页。

② 参见《胡锦涛文选》第3卷,人民出版社2016年版,第637页。

二、大学生文化自信与高校思政教育互动及现状

就培养高度的文化自信而言，其文化本性不言而喻，而教育育人的实践方式同样也证明了思想政治教育活动的这一属性；此外，民族文化在作为文化自觉的核心对象的同时，也是思想政治教育内容能够与时俱进的源泉和支撑。不仅如此，二者还在构建人的主体性这一点上实现汇合。因此可以说，文化自觉和思想政治教育具有高度的相关性。但是，在现实实践方面，二者的互动还存在一些不足。

（一）文化自觉与思想政治教育的相关性

1. 本质的一致性

陈序经先生说："人类是文化的动物。有了人类，必有文化。文化的历史和人类的历史，可以说是同时发生。"[①]在多元异质文化并存的时代背景下，如何认知民族文化历史以及促进文化转型成为一项严肃深沉的历史重任，而以高度的主体意识和自觉的文化心态进行文化反思、文化批判以及文化创新可以说是社会主体对自身文化、历史和前途命运的理性认识和把握；文化自觉所要求的主体对于文化的追求、秉承和践行正是基于这种认知，因为认同是信仰的基石，理性的认知孕育出文化信仰，在文化信仰的引领下才可能形成对文化的积极追求和主动传承。在认知、认同和践行的过程中，无论是民族文化的光辉未来还是现代文化的繁荣发展以及国家文化软实力的提升，都具备了现实的可能性，这便是文化自觉的实践意义。因此，文化自觉的本质——文化性是体现在其内容和实践意义当中的。人类社会的文化现象有万千种形态，其中之一就是教育活动。思想政治教育实践活动自其产生起就存在于一定的文化谱系之中，具有应然的文化追求和文化使命，与文化具有本体意义上不可割舍的天然联系。事实上，隶属于教育范畴的思想政治教育是在实施过程中遵循特定的规律构建出的一种文化互动关系，它所涉及的是文化的选择、传播和构建。教育者将传统文化和现代文化的优秀因子贯穿于这种互动过程的始终，通过为受教育者提供一种科学理性

---

① 陈序经：《中国文化的出路》，岳麓书社2009年版，第3页。

的方法，使其正确认知和判断各种文化的发展路向，并在实践中以开放和包容的心态与多元文化进行对话。在这一过程中，思想政治教育充分发挥了其文化传承与发展的阵地作用。这同样也有力地证明了其内在的文化本性。

2. 内容的同源性

中国传统文化是奔腾向前的历史长河中积淀下来的思想精华，保证了统一民族群体所共有的文化特质的连续性和稳定性。冯友兰曾指出："中华民族的古老文化虽然已经过去了，但它也是将来中国新文化的一个来源，这不仅是过去的终点，也是将来的起点。"① 对正处于现代化之途的当代中国来说，文化自觉这一实践活动正是站在民族和时代发展的高度，对已传承千年的中华民族的传统文化进行深刻觉悟，觉悟的内容自然包括传统文化由何处来、向何处去，传统文化延续至今的坎坷历程以及传统文化如何不断推陈出新；而觉悟之根本就在于在坚守民族文化自我身份的同时，自觉甄别其中的精华与糟粕，科学吸纳传统文化中能够与现代文明相融合的内容，从而赋予传统文化新的活力与生机。同样，由于"人们自己创造自己的历史，但是他们并不是随心所欲地创造，并不是在他们自己选定的条件下创造，而是在直接碰到的、既定的、从过去承接下来的条件下创造的"②。若追溯思想政治教育所传播的社会主义先进文化的原始生长点，最终也要回归中华民族的优秀文化，因为当代精神文明发展的不竭动力始终源于在批判继承历史文化基础之上的再创造。这一点贯穿于思想政治教育的发展始末，无论对大学生进行哪一方面的教育，毫无疑问，都可以在中国传统文化中寻得滋养和支撑。例如，中华传统文化中蕴含的"人性本善，德行优先"的道德伦理观、"天人合一，道法自然"的宇宙人生观、"自强不息，爱国奉献"的社会价值观都以其穿越时空的永恒魅力为现代思想政治教育提供了取之不尽的教育资源。也正因为汲取了千年传统文化之精华，思想政治教育才得以凭借蓬勃的生机和开放的胸怀不断调整着自身结构，以卓越的文化品位引领着社会文化前进。

3. 功能的契合性

"人作为社会的应当的和可能的主体要转化为现实的和实际的主体，需

---

① 冯友兰：《阐旧邦辅新命》，上海远东出版社 1994 年版，第 230 页。

② 《马克思恩格斯选集》第 1 卷，人民出版社 2012 年版，第 669 页。

要一个重要的条件,即主体人的自我意识。”[①]从引导这种主体意识觉醒的角度出发,我们不难发现,文化自信和思想政治教育具有共同的指向性和相通性。与外倾的西方文化截然不同,中国传统文化内求于心,以伦理道德教化为目的。正如钱穆先生所说,中国文化之内顷,主要是从理想上创造人,完成人,要使人生符合于理想,有意义、有价值、有道德,这样的人就必然要具有一个人格,中国人谓之德性。从价值层面和实践层面考察文化自觉,能否养成和增强这种意识取决于主体是否有意愿去主动拥抱传统文化,并进行深层次的认知和思索。只有基于对传统文化的充分了解和正确把握,主体方会坚定文化信仰,以强烈的自豪感投入到文化实践中去。所以,文化自信强调的是在认知、内化和创新文化过程中的主体意识,而这种在文化选择和构建过程中的主体意识和心态不仅可以使人清醒地认识到自身在文化发展历程中的职责和使命,也可以在文化层面和道德层面完善个人的品格。与此类似的是,思想政治教育同样也追求主体精神的完满和品格的升华。虽然强烈的政治色彩自始至终都是这一实践活动的特殊标志,但由于人类的一切活动都是围绕着人自身展开的,所以人才培养的问题一直规约着思想政治教育的内在价值和发展路向。从育人功能来讲,思想政治教育直指人的精神世界,它深入人的生活意义领域,通过传播积极健康、进步主流的文化观念,引导受教育者进行自我教育、自我磨炼和自我提升,并且自觉、自愿地将社会规范运用到生活实践中,最终在知行合一、知行转化中形成坚定的价值追求和良好的个人品格。在这种引领个体价值成长和精神升华的有益实践中,个体备受尊重,人的主体性也得到充分肯定。因此,思想政治教育在某个特定层面上可谓一种关注人的精神和灵魂的导向性教育,它在培育政治生命和文化生命的过程中同样也塑造了受教育者的个性和品格,促使“人以一种全面的方式,即作为完整的人,占有自己全面的本质”[②]。

(二)大学生文化自觉与高校思想政治教育互动的基本内容

“互动”的一般含义就是指事物之间通过互相作用影响彼此发展的过程和状态。在人类丰富的社会活动中,互动无处不在,如同教育过程中的“教

① 欧阳康:《社会认识论导论》,中国社会科学出版社 1990 年版,第 145 页。
② 《马克思恩格斯全集》第 3 卷,人民出版社 2002 年版,第 303 页。

学相长”、人际交往中的“礼尚往来”、现代政治生活中的“政务公开”等，均是不同主体互动的具体表现。然而，参与互动的主体并非仅仅局限于个体或群体，本章所要研究的互动关系的主体就是处于同一场域(大学校园)的两种实践活动(大学生文化自觉与高校思想政治教育)。基于上述互动的一般含义，本章将大学生文化自觉与高校思想政治教育的互动理解为这两种实践活动交互作用并耦合发展的过程。具体来讲，就是这两种实践活动在静态相通性的基础之上所产生的动态交互性，并在这一过程中，通过有目的的和有针对性的引导与强化，促使内容、资源、环境等要素不断优化配置与整合，从而激发二者内在的潜能，形成一种良性且稳定的作用关系，最终实现优势互补和共同提升。

处于同一环境并且关系密切的两种事物之间，势必存在着相互依存、相互制约和相互促进的互动关系，大学生文化自觉与高校思想政治教育之间亦是如此。一方面，大学生对文化的觉悟水平直接影响和制约高校思想政治教育目标的实现、内容的调整以及过程的展开；另一方面，高校思想政治教育在生产、传播和创新文化精神的过程中也有力地彰显了其文化使命，即为大学生文化自觉的培育提供了思想保障和实践途径。

1. 大学生文化自信对高校思想政治教育的影响和制约

首先，高校思想政治教育目标的实现受大学生文化自觉水平的影响和制约。众所周知，作为国家和政党意识形态的具体表现形式，高校思想政治教育旨在将青年学生培养成为适应国家发展要求的合格人才。同时，高校思想政治教育在其特定的场域中坚守文化阵地，打造出新时代的和谐校园文化，为社会主义文化建设添砖加瓦。更重要的是，这一教育实践活动的出发点和落脚点均在于个体，它追求大学生精神家园的丰富和人格品行的完善。可见，围绕着宣传国家主流意识形态和统领社会文化发展，这一教育活动建构出了独特的多元目标体系。倘若将高校思想政治教育置于人文教育的宏观背景下，这种指向人的思想的教育形态其实是一种关于文化认同的价值观教育。大学生作为直接的教育对象，其是否具有以及具有何种水平的文化自觉意识对高校思想政治教育的既定目标具有明显的影响作用。在传承和创新文化的实践中，拥有高度自觉意识的大学生更倾向于展现出积极的姿态，以理性的思维认知和把握多种文化，而且这种意识也促使大学生内化和践行社会主流文化价值理念，并以之塑造规定性自我。

其次，高校思想政治教育内容的调整受大学生文化自觉水平的影响和制约。毫无疑问，高校思想政治教育的内容是在特定的历史土壤之中生长出来的，当下也仍有许多对于教育实践具有启发价值和借鉴意义的传统文化因素等待整理和发掘。然而，全球化浪潮不仅扰乱了高校思想政治教育原有的节奏，也使其运行环境出现了翻天覆地的变化，处于多元文化格局中的传统文化面临凝聚力日趋下降的尴尬局面。外来文化对大学生的不良影响明显表现为他们在对传统文化和先进文化的认知与践行方面存在困难。大学生文化自觉和文化自信的缺乏直接弱化了他们对高校思想政治教育内容的理解和接受，而原有传播内容的受阻也就刺激了内容的重新整合与建构。因此，为了顺应时境、更好地实现多重目标，高校思想政治教育愈加注重将传统文化纳入自身的内容体系，通过创造性转换使自己变得丰盈灵动且极富文化感染力，从而不断迸发出新的活力。

再次，高校思想政治教育过程的展开受大学生文化自觉水平的影响和制约。在“把一定社会的思想观念、价值观念和道德规范转化为受教育者个体的思想政治素质”[①]的过程中，高校思想政治教育必定经历着“现有”和“应有”的矛盾运动。而在“现有”向“应有”转变的过程中，大学生思想政治素质的形成和发展深受自身文化特质和文化自觉水平的影响。也就是说，大学生在思想政治教育活动中能够发挥主体性，以自身内在的心理状态、思维方式和行为范式来理解和接纳教育者所传递的文化观念和道德准则。相反，那种认为大学生只能消极被动地接受外部影响的观点是错误的。所以，如果大学生清楚蕴含于传统文化中的教育资源，深谙高校思想政治教育的文化指向性，了解思想政治教育活动与文化的相容相生关系，他们就能够客观公正地评判活动的价值，理性对待教育内容，并以热情饱满的精神状态参与到思想政治教育的实践活动之中，最终提高自身处理政治与文化、个人与社会关系的能力。这种文化自觉意识在很大程度上为高校思想政治教育各项活动的开展提供了思想保障和智力支持。

2.高校思想政治教育承担着培育大学生文化自信的重大责任

首先，高校思想政治教育为大学生文化自觉的发展提供了思想保障。随着经济发展和社会进步，原本大一统的文化格局被多元异质文化并存的

---

① 张耀灿、郑永廷等：《现代思想政治教育学》，人民出版社2006年版，第324页。

文化生态取代，各种散发着异质气息的文化产品竞相进入国内市场，本应坚守文化特色的教育和传媒被浸染上其他色彩，甚至连宗教信仰和日常节日也都无一例外地遭到强烈冲击。热爱新鲜事物的大学生青睐外来文化产品，他们似乎更容易在消费新文化的过程中获得满足与愉悦。但不容忽视的是，这种行为倾向在宣扬个性的同时也造成了大学生与民族文化的疏离，逐步消解了他们的文化认同感和民族归属感。在此境况下，高校思想政治教育提供了破解此类难题的路径，因为肩负着以先进文化塑造人、滋养人和凝聚人，引领社会思潮使命的高校思想政治教育具有独特的文化取向，它"关注人的精神世界的开发和充实，关涉人对理想的执着、对信仰的敬畏和对道德的坚守"①。而彰显中华民族最基本的价值追求的社会主义核心价值体系是当今社会和学校宣传的核心内容，这种先进文化具有深厚的历史积淀，包含着对中国传统文化精髓的概括与提炼。所以，宣扬和传播社会主义核心价值体系不仅可以深化大学生对民族文化的进步性的认识，也可以引导大学生在与不同文化对话交流的过程中坚定文化信仰，打破传统文化失落的局面。当先进文化的内容转变为大学生广泛认同的价值观念与行为规范并付诸实践时，基于大学生自身文化身份的主体自觉便得到了巩固和发展。

其次，高校思想政治教育为大学生文化自觉的培育提供了实践途径。在意识形态范畴中，文化是一种独特的存在，文化自觉也是如此。如果说文化产生于人类在长期的实践活动中证明自身本质力量的过程，那么文化自觉则是主体通过选择和反思文化价值再次确证这种力量的实践活动。解决意识形态领域的问题要靠基础工程，而基础在教育。高校思想政治教育因其对文化的具体作用方式而成为培养大学生文化自觉的关键。众所周知，一个民族之所以与众不同是由于其独特的文化基因，它在特定的历史发展脉络中衍生出自己的文化传统，并不断涵养着文化根性，这也是我们走向新文明的前提。但是，并非人类所有的文化内容和形式都会被纳入高校思想政治教育的范畴，它只是选取其中具有先进性、代表社会前进方向的文化精神作为传承对象，这其中必定包含着中华传统文化的优秀因子。并且高校思想政治教育更加注重挖掘和阐释传统文化的当代意义，不断推进文化创

---

① 王素玲：《论高校思想政治教育的文化自觉》，《江苏师范大学学报》（教育科学版）2013年第1期。

新，力图以通俗的语言和喜闻乐见的形式将传统文化贯穿到教育的方方面面，以此实现引领文化发展的目标。高校思想政治教育所倡导和传递的内容不仅蕴含着传统文化的深刻底蕴，而且散发着现代文明的时代气息，为塑造大学生本应秉承的对民族文化、民族精神的坚守和热爱提供了现实的实践途径。此外，高校思想政治教育传递给大学生科学对待传统文化、理解包容外来文化的文化理念也指引着大学生的文化态度和文化行为更加趋向自由、自觉的理想境界。

（三）二者良性互动面临困境的原因

总体而言，国家和高校越来越重视挖掘思想政治教育的文化内涵，大学生文化自信与高校思想政治教育互动呈积极态势，同时也面临一定的困境。究其原因，主要有以下几个方面。

1. 多元文化的冲击

毋庸置疑，多元化倾向历来就存在于人类文化的演进过程中，但是当全球化将世界连成一体之时，不同民族、不同地域的文化价值观念便更具穿透力，不同文化环境中的人可以轻易地深入异质的文化价值环境中，而“文化也就成了一个舞台，各种政治的、意识形态的力量都在这个舞台上较量；文化不但不是一个文雅平静的领地，它甚至成为一个战场，各种力量在上面亮相，相互角逐”[①]。虽然中华传统文化素以历史悠久著称于世，但是近百余年来中国文化所经历的断层危机也使得国人在回答“我们是谁”的问题时显得力不从心。以五四时期为起点，一股以无情批判和抛弃传统文化为典型特征的浪潮浩浩荡荡地在中华大地上铺展开来，整个社会充满了对传统文化的贬斥，而这种狂妄和激进的非理性状态并没有得到彻底遏制，反而在“文化大革命”时期和改革开放初期死灰复燃。在如此密集的反传统浪潮中，民族文化不可避免地出现了断层和真空，而国人在此过程中也深受其害。由于传统文化资源的流失，大学生的文化根基日渐薄弱，精神家园变得更加苍白。当面对具有强烈扩张性的西方文化时，相当一部分大学生存在文化弱势心理，他们不但缺乏保卫民族文化独立性的能力，甚至还乐于接受西方价值观念和意识形态的影响。此外，与

① ［美］爱德华·W. 萨义德：《文化与帝国主义》，李琨译，三联书店 2003 年版，第 4 页。

以往象牙塔式的封闭校园形成鲜明对比的是，现代大学也扩大了对外交流，力图开辟更广阔的发展空间；西方文化和各种社会思潮借此迅速渗透进入大学，深刻影响着大学生的思想动态。对于思想开放和思维活跃的大学生而言，他们对于文化的感知本就敏感，与不愿投入更多的时间和精力去谈及“千字文”“三字经”，去追问“孔孟礼、老庄道”相反的是，他们对外来的、新奇的文化产品和文化理念十分倾心。所以，当他们面对欧美的强势文化与民族传统文化的碰撞，或是遭遇传统文化与现代潮流的冲突时，大学生的思想往往呈现出矛盾性的特点。一方面，他们对本民族的传统文化具有明显的价值认同感甚至是自豪感；另一方面，在实际生活中，他们似乎更倾向于采纳西方的一些主流思想观念。正如有的学者所说：“当代大学生群体的日常感性喜好与理性的文化价值认同，似乎可以互相分离、分立和共生，从而在个体人格上呈现出一种特殊的二元构造——即入时需求与责任意向既相互对立又相互共生。”①

同时，思想政治教育的主旋律在多元文化生态中也受到了干扰。在文化全球化背景下，各式各样的价值选择令人眼花缭乱，价值不再具有像以前一样的边际效用。但即便如此，由于文化的民族性以及多元文化背后隐藏着不同的意识形态，我国是社会主义国家，就必须坚持马克思主义的价值理念。邓小平曾指出：“属于文化领域的东西一定要用马克思主义对它们的思想内容和表现方法进行分析、鉴别和批判。”②然而，在开放的文化环境中，大学生受到西方意识形态的渗透，一定程度上动摇了对社会主义主流意识形态的坚持，对马克思主义产生了信仰危机。以笔者调查中大学生对自由主义的追捧为例，可以说，当前宽松的思想政策和发达的信息网络导致外来思潮的涌入和盛行，加之自由主义的某些思想碎片与大学生群体的思想特征相符，大学生也就更容易接受这种思潮。虽然一些学生对自由主义有一定的了解，但仍不够全面和系统，甚至对于有些观点和理论仅仅是一知半解。习惯于快餐式文化接收模式的大学生很难理解也并不愿去深究任何一种庞大的理论体系，他们仅仅是道听途说或者是偶尔浏览，但无论如何，都只是浅尝辄止、断章取义。这样看来，大学生不但对于“自由”本身的含义界定不

---

① 柳田、王一川：《中国人需要怎样的文化符号》，《解放日报》2011年1月13日。

② 《邓小平文选》第3卷，人民出版社1993年版，第44页。

够清晰,而且对于"自由主义"内涵的把握也不够准确,这种以偏概全的理解足以导致他们对于西方学说的盲目崇拜和对马克思主义、社会主义的质疑与排斥。

2. 信息网络化的挑战

网络技术的兴起和互联网的出现,既是全球化的结果,又进一步促进和强化了全球化,把人类的生活空间从现实社会与物理空间带入了虚拟社会和网络空间。大学生作为网民队伍中的中坚力量及最主要的组成部分,毋庸置疑也就成为网络平台中最活跃的成员。他们痴迷地追赶着网络文化产品的脚步,在微博和微信所提供的网络空间里放逐思想和信仰,此时网络这个"新崛起的帝国"已经成功成为各种信息的集散地和加工厂,不同的文化和思想观念井喷式发展,强力影响着每一个"网络人",它们试图不断开辟并拓宽属于自己的坚实领地,这正如世界著名未来学家阿尔文·托夫勒所说,"谁掌握了信息,控制了网络,谁就拥有整个世界"①。

随着大学生将互联网广泛应用于学习、娱乐、交友、消费等各个领域,他们对网络的依赖性逐渐增强,西方国家正是利用这一点,在意识形态输出和文化渗透的过程中越来越重视发挥网络的作用。他们相信,"中国将随着信息的流通而民主化,只要中共想在经济上竞争,就不可能不让国际互联网和全球化风潮进入中国内地,随着信息的流通,民主就会到来"②,因为无论文化以何种形式、何种目的进行交流,传播和吸收的主动权总是被处于优势地位的文化所控制,而文化交流中地位的高低则取决于经济实力和科技实力的水平。面对光怪陆离的西方文化时,大学生由于缺乏对中西文化的深入了解,很难对西方文化思潮作出理性和科学的分析,因此在自身文化价值观与外来文化价值观的整合和调适过程中,很容易产生文化认同危机,丧失理想信念。此外,国内外一些敌对势力和别有用心的人也看中互联网开放性、交互性和隐藏性的特点,在网络世界里传播反动言论,妄图暗度陈仓,实现其和平演变的目的。对于信仰还不够坚定的大学生而言,在一些虚假信息和错误舆论的污染下,他们极易思想错位和道德失范,并沉浸在高度自由的虚拟世界中发泄对现实的不满。个别大学生甚至已经陷入一种偏执和盲

---

① [美]阿尔文·托夫勒:《权利的转移》,刘红译,中央党校出版社 1991 年版,第 139 页。

② 苗丽芬:《大学生日常思想政治教育实效性研究》,高等教育出版社 2009 年版,第 172 页。

从，他们热衷于宣传西方思想文化和生活方式，刻意寻找和浏览与国内主流意识形态相背离的信息。这种自我迷失不仅严重损害了大学生的身心健康，也增加了高校思想政治教育的难度。

除此之外，随着新媒体时代的到来，思想政治教育内容的传播模式也不再和过去相同，“从传统的‘单向传播’逐步转化为‘互动式’传播，从‘泛化’的传播逐渐变为‘碎片化’的传播，‘金字塔型’的信息传播结构也转化为扁平化的信息传播模式，即每一个信息的发布体同时也是信息的传播体和接受体”①。高校思想政治教育工作者原有的权威信息源的身份已随着信息化的发展失去；当代大学生获取信息的方式更加多样，信息量也空前增加，他们透过网络便可以随时感受现实世界的脉动和韵律，因此他们拒绝盲目相信权威，反对“权威崇拜论”。这些新变化都在很大程度上加速了传统思想政治教育垂直化运行模式的革新。

3.社会转型带来的负面影响

近些年来，在不断深化改革的过程中，以工业文明和多元社会为发展趋向，我国社会加速变迁，这其中自然包括政治、经济和文化等各个方面的量变与质变。物质文化背后的观念文化也随着利益的重新分配发生改变，但是人们的观念、思想和意识通常都具有深厚的历史积淀和稳定的精神架构，它们的变迁往往滞后于其他领域的转型。尤其是当前我国正处于改革的深水区，社会各领域的整合和嬗变给人们的思想观念带来了猛烈的冲击。

在社会主义市场经济发展的过程中，公平、竞争、追求利益最大化的观念逐渐深入人心，这在一定程度上促使人们开拓进取，讲究实效，但不可否认的是，高度积累的物质财富并没有带给人们更多的精神安慰，相反，人们对利益关系态度的转变却以不同形式诱发了物质主义和功利主义的泛滥。“追求金钱的活动，在中国从未形成这样一种全民参与、铺天盖地、来势汹汹的金钱潮；对金钱意义的张扬，也从来没有达到这样一种藐视任何道德法则的地步。”②由于市场经济本身所具有的缺陷，“物质至上”的理念驱动着人们追名逐利，注重物质享受，却忽略了对自身道德素养的培育。那么，在这种功利主义和拜金主义的交错影响下，大学生原有的或尚未成型的世界观、价

① 戴冰：《基于网络环境的大学生意见领袖主导性研究》，《思想理论教育》2012年第4期。

② 何清涟：《中国当代经济伦理的剧变》，《开放时代》1998年第8期。

值观遭受强烈冲击，从而使他们陷入了道德困境。一方面，大学生受到物质欲望的驱使和利益最大化原则的刺激，在很多时候都淡化了道德追求、忽视了文化精神，变得更加讲实惠、重实利，甚至大学生自身专业课程的学习和实践经验的积累也呈现出明显的功利主义和实用主义的倾向。可以说，由于强调“重义轻利”和追求品格塑造的传统文化与当前“利益决定一切”的市场经济格格不入，那些追求功利化目标的大学生已经在无形中放弃了对传统伦理道德和大学人文精神的坚守。另一方面，对于社会转型过程中出现的价值系统混乱和人格失范现象，如政治腐败、公德淡漠等，认知水平和认知能力有限的大学生有时并不能作出客观理性的评判。复杂的社会环境容易使大学生产生思想困惑和情感冲突，他们不再相信崇高和神圣，而且在西方意识形态潜移默化的影响下，有些大学生甚至对西方文化和西方发展模式产生强烈的文化认同和心理诉求，他们丧失了对社会主义发展道路的热情和信心，开始质疑我国政治制度的合理性，怀疑共产党的执政能力。由此可见，破解社会转型造成的大学生文化认同危机和政治认同危机的难题已成为目前高校思想政治教育不容小觑的任务。

4. 当下高校思政教育存在的问题

在一些高校中，思想政治教育仍然偏重理论灌输，只是将政治理念和道德规范机械化地抛给大学生，特别是在道德知识的传授过程中，许多教师很少对道德的文化归属性进行探究，忽视将外化教育内化为大学生自觉的认同和行动。在这种以简单记忆为主的道德教育中，大学生缺乏对传统道德的历史性认识和思考，死记硬背的道德条目也无法与大学生的情感需要、行为实践相结合，导致道德知识游离于大学生内在精神世界和整体人格之外，不能内化为大学生的道德信念。而且，道德信念若不是基于对传统的深刻理解，也不可能坚实和深刻，更无法持久地引导出大学生合乎道德的行为。同时，教育过程中存在的简单说教和强制压服，不仅忽视和抹杀了大学生的主体性，也容易使大学生产生逆反心理，从而排斥本应深入学习和了解的思想政治理论；而准确理解和深刻剖析各种道德现象和政治问题是以扎实的政治理论知识和深厚的道德素养为基础的，在这一方面存在欠缺的大学生就往往面临瓶颈，无法抓住问题的实质和核心。当面对马克思主义与西方意识形态的碰撞时，部分大学生根本不了解马克思主义的精神实质，却盲目地对其心存偏见，他们自然而然地就缺乏自觉抵制西方意识形态侵袭的意愿和能力，其政治立场就会左右摇摆，严重者甚至出现政治信仰危机。

5. 当代大学生思想的特殊性

社会存在决定社会意识。当代大学生成长于科学技术发展最迅速、中国社会转型最激烈、人们的价值观最多元化的时期，他们的思想必然带有明显的时代烙印。在经济社会快速发展的鼓舞下，大学生思想开放、勇于创新、追求前卫、反抗传统，不断为社会变革注入新的活力，但与此同时，在这种社会背景下成长起来的大学生没有经受社会实践的锻炼和生活的磨炼，没有遭受过大的挫折，他们的心理发育并不健全，思想有着明显的叛逆、情绪化、极端个人主义的倾向。就对大学生文化自觉和高校思想政治教育的影响而言，大学生思想的开放性、功利性和矛盾性最值得关注。

其一，开放性。成长于新时代的大学生，他们的思想特点和行为方式深深打着这个时代的烙印，他们的思维极其活跃，对新事物的接受能力较强。在大学这个知识的海洋中，他们尽情地满足着自身强烈的求知欲，汲取着人类优秀的文化成果，尤其是一些外来思潮、异质文化更能激发他们探知的欲望。但是，正是因为对外来思想观念过于关注和好奇，文化根基比较薄弱的大学生经常错误理解创新与进步的真正含义，他们在批判落后和倒退的传统思想时，也时常忽略传统文化的精髓。不得不说，这种活跃和开放的个性在值得肯定的同时，也导致大学生与传统文化之间的鸿沟越来越深，基于传统文化的身份认同也日渐被削弱。

其二，功利性。在现实生活中，具有明显的物质主义色彩的现代思想深深影响着当代大学生，使他们日趋物欲化和功利化。他们讲实效、重现实，做事多以是否有好处为标准，而忽视社会价值。比如，有些大学生的入党动机并不单纯，只是把入党作为增加就业竞争资本的手段；他们积极参加社会公益活动，但一般不参加两次相同的公益活动，因为他们的目的主要是增加自己的阅历。在功利主义的驱使下，精神财富和民族文化的精髓也越来越被大学生漠视，他们丧失了对道德的信仰，不再追求“狂热的理想”和“虚无的精神假设”。这也是目前高校思想政治教育无法取得理想效果的原因之一。

其三，矛盾性。随着主体意识和独立意识的强化，当代大学生试图在自我价值与社会价值、传统价值与西方价值的对立中寻求平衡，但是限于自身知识结构的单一以及心理发展的不成熟，他们在思想道德的判断和选择上往往表现出矛盾性。比如,他们可以激情澎湃地高呼爱国主义和集体主义,可以热情高涨地奋发图强和乐观进取,但他们又时常会表现出崇洋媚外和个人主义倾向,流露出拜金和投机的心理。这种思想的矛盾性无疑会使大学生缺乏清晰的价值取向,面临价值判断时容易举棋不定,甚至作出的价值选择也常常处于矛盾状态。

三、大学生文化自信与高校思想政治教育良性互动的构建原则

大学生文化自觉与高校思想政治教育若要实现良性互动,就必须明确一个原则框架,并在此框架之内设计二者互动的合理方案,唯有如此方能获得理想的互动结果。

(一)方向性原则

方向性原则是指在构建大学生文化自觉与高校思想政治教育互动关系时,要始终坚持马克思主义的指导,始终与社会发展的总路线、总方针保持一致。这是因为,一方面,马克思主义是无产阶级的理论。中国共产党的这一指导思想,在文化领域是作为社会主义先进文化的精髓而存在,在意识形态领域则体现着我国的国家性质。对于大学生文化自觉和高校思想政治教育的互动而言,要想使其沿着正确的方向前进,就必须始终不渝地坚持以马克思主义为指导。相反,倘若淡化或动摇了这一政治信仰,不仅二者的互动会迈入歧途,我们的国家和民族也必将遭受灭顶之灾,因为“一旦社会失去了超验纽带的维系,或者说当它不能继续为它的品格构造、工作和文化提供某种终极意义时,这个制度本身就会发生动荡”①。另一方面,文化问题和思想政治教育本身就与意识形态密不可分。思想政治教育自产生起便贴有明显的政治标签,是宣扬国家意识形态的重要渠道。如果意识形态产生分化,思想政治教育也将面临“合法性”危机;对于文化来说,虽然政治性并非其突出特点,但是特定的政治色彩始终存在于文化的最深层,它赋予文化以自身特色,是不同性质文化的根本区别之所在。以亨廷顿为代表的一些西方学

① [美]丹尼尔·贝尔:《资本主义文化矛盾》,赵一凡等译,三联书店1989年版,第67页。

者认为二战后“全球政治正沿着文化的界限重构”①，意识形态的旗帜已不复有号召力，这种极具迷惑性的说辞背后隐藏着居心叵测的企图，他们试图以文化冲突的说法转移公众的注意力，并趁机加紧意识形态领域的渗透和侵略，因此具有类似目的的论调值得我们高度警惕和无情批判。而在构建大学生文化自觉和高校思想政治教育良性互动的过程中，意识形态的导向功能不但不能被削弱，反而要不断巩固和强化马克思主义的指导地位，以免在瞬息万变的新形势下迷失方向。

（二）全面性原则

全面性原则是指在构建大学生文化自觉与高校思想政治教育互动关系时，要始终围绕培养知、情、意、信、行和谐发展的全面人才，提高高校育人工作的质量和水平。完整的思想政治素质除了表现为个体对社会文化和道德规范的认同，还体现在对其的理解、践行和情感表达上。然而，在过去传统的教育理论和实践中，最大的问题就在于将思想政治教育甚至是整个人文教育片面地归于认知，将大学生素质生成和构建的知、情、意、信、行的全面活动窄化为单纯的信息传递活动，忽视对大学生精神的疏导和实践的指引，由此导致了众多大学生对待政治问题、道德问题和文化问题知行脱节、知而不行、知而难行的尴尬局面。因此，构建大学生文化自觉与高校思想政治教育的良性互动，必须对这种教育理念作出正面回应，明确“实现人的全面发展”的态度。二者在这一育人目标的指引下要统筹规划，合力推进。在大学生文化自觉和高校思想政治教育的互动中，着力点除了提高大学生的社会认知能力之外，还有对大学生自身内在需求的引导，培养大学生对道德和文化的真挚情感，鼓励他们在进行价值判断和价值选择时独立思考。基于自身需要和思考作出的抉择不仅更具意志力，而且也可以使大学生达到“知行一致”的理想境界，使其成为一个完善的人、一个真正实现全面发展的人。

（三）参与性原则

参与性原则是指在构建大学生文化自觉与高校思想政治教育互动关系

---

① ［美］塞缪尔·亨廷顿：《文明的冲突与世界秩序的重建》，周琪译，新华出版社 2002 年版，第 129 页。

时，要在全员育人、全课程育人实践思路的指引下，充分整合高校所有老师、所有课程、所有活动的力量。大学生文化自觉与高校思想政治教育的互动本身是一项系统工程，这就规定了参与主体和活动载体的广泛性。无论是专门的思想政治理论课，还是通识教育课程，抑或是各种专业课，都应当主动参与到这项系统工程当中，担负起立德树人的任务，特别是要注意纠正专业课程与思想政治教育无关、与人文教育无关的偏误。从以往的实践经验来看，思想政治教育被从其他课程中孤立出来，脱离了整体教育活动的思想政治教育也失去了其他课程的文化支持；思想政治教育与专业课程的离裂也使某些专业课教师心存偏见，有些教师轻视思想政治教育理论教学，调侃马克思主义和社会主流价值，也有的教师大讲西方思想而不予辨析，这些教书而不育人、授业而不传道的现象都严重影响了高校思想政治教育的开展和大学生思想政治素质的提高。针对此，国家向全社会强调要“立足学生全面发展，努力构建全员全过程全方位育人格局，形成教书育人、实践育人、科研育人、管理育人、服务育人长效机制”[①]。所以，在构建大学生文化自觉与高校思想政治教育良性互动的过程中，要使所有课程和活动都具有育人功能的观念深入人心，对学校的整个课程体系、整个教育活动体系予以规划，教师也应当明确自身的育人职责，注重政治素养和道德修养的提升，共同推进高校的育人工作。

四、大学生文化自信与高校思想政治教育良性互动的构建路径

当今世界正处在大发展、大变革、大调整时期，各种思想文化的交流、交融、交锋更加频繁。在多元文化共存与竞争的时代背景下，高校作为文化传承、传播与创新的阵地，蕴含着丰富的文化内涵，承载着重要的文化价值导向功能，在提升大学生文化自觉、文化自信中负有应然责任。从当前高校思想政治教育的现有途径来看，可以从提升思政课堂效果、融入通识教育、打造社团教育平台、指导暑期社会实践、引导学生科研立项等多元方法，引导当代大学生在多元文化的激荡和碰撞中树立高度的文化自觉、文化自信，实

---

① 《中办国办印发〈意见〉：加强和改进新形势下高校宣传思想工作》，《人民日报》2015年1月20号。

现高校思想政治教育的文化价值目标，提升高校思想政治教育的实效性、进一步发挥高校思想政治教育文化育人功能的内在要求。

（一）提升思政课堂效果

高校大学生文化自信的培育，根本还是要靠提升思政课堂效果。通过挖掘课程的理论精髓，以马克思主义内在的科学性说服学生；把握教学内容，以丰富的知识启迪学生；提升教师的品德与文化修养，以高尚的人格熏陶学生，最终彰显思政课独特的教学魅力，从而增强思想政治理论课教学的吸引力和感染力，是培育大学生文化自觉、文化自信的根本途径。

1.发挥高校思想政治理论课主渠道的作用

在多元文化环境中，大学生思想活动的独立性、选择性、差异性日渐明显，要培养大学生的文化自觉、文化自信，强化其对主流文化的认可是关键。高校思想政治理论系列课程是对大学生进行主流意识形态教育的主渠道和主阵地，是大学生入校接触最早、伴随时间最长的课程，培育大学生文化自觉归根结底是意识形态领域的问题，兼具政治目的和文化目的的高校思想政治理论课在这一方面有着得天独厚的优势。在构建大学生文化自觉与高校思想政治教育的良性互动时，首先要更新思想政治理论课的传统教学理念。较长时间以来，我国高校思想政治理论课深受“工具”理念的束缚，片面强调意识形态目标的实现，缺少对个体人性发展和完善的关注。这种人文精神的缺失不仅造成了大学生对高校思想政治理论课的反感和排斥，也背离了高校思想政治教育的初衷。因此，要在课堂教学中收获大学生的文化自觉意识，思想政治理论课就必须回归“以人为本”的教育理念，将关注点放在大学生的情感需要和个人价值上，切实深入到大学生的思想和内心，以充满人文关怀的教育实现对人的精神引导和价值引导。充分发挥思想政治理论课的作用，提升思政课堂效果，加强思政课的理论性与逻辑性，培养学生思辨能力；以主流文化价值的传授为主线设计教学内容；提高思政课教师的文化素养，提升课程的文化含量。

其次，要丰富思想政治理论课的教学内容。长久以来，教学内容的结构性失衡是制约思想政治理论课发展创新的一大难题，虽然在教学实践中人们一直试图破解政治性和道德性、文化性的矛盾，但不可否认的是，当下的理论教学中政治性内容的比例依旧远远高于其他人文内容。缺乏文化支撑和人文底蕴的理论说教在思维活跃、见多识广的大学生面前无疑显得越发枯燥无味、苍白而缺乏说服力。理论课教学要突破这种瓶颈获得新发展，就不得不回望传统文化，发掘蕴含其中的思想素材和育人资源。例如，传统文化的辩证思维与马克思主义辩证法、大同理想与共产主义理想、传统“和”文化与社会主义和谐社会、重义轻利的价值取向与大学生价值观教育、自强不息的进取精神与大学生的人生观教育等。这些都是将传统文化融入思想政治理论课的有效切入点。借助这些契合点，传统文化的精髓就能真正走入课堂、走进教材、根根于大学生头脑，使原本沉闷的思想政治理论课焕发新的生机。

再次，要创新思想政治理论课的教学模式。较之以往的垂直化模式，当前的理论课教学已经取得了长足的进步，但不可否认的是，在实际的教学活动中部分教师仍局限于老师讲、学生听的单向灌输，这种缺乏师生互动的教学模式，将大学生置于被动位置，很难激发他们学习的兴趣，从而使高校思想政治教育陷入“高投入、低产出”的困境。因此，要想大学生在理论课学习中养成和提升文化自觉意识，就必须在教学过程中充分发挥大学生的主体性，大力推进参与式、启发式、研究式的教学模式，使大学生真正成为课堂的主人。如“提出研究问题→学生自主研究→得出结论→教师分析和评价研究结果”①的教学步骤，就可以使大学生积极参与到教学活动中，在独立思考和探索的过程中深化对知识的理解，并将所接收的思想政治理论知识和传统文化知识内化为自己的道德准则和价值观念，从而实现知识、情感和信念的统一与协调转化。

2. 以必修经典研读课程充实大学通识教育

顾名思义，经典是“那些阐明真理、启人心智且历久弥新的原创性著作”②。作为文化的载体，经典原著因其凝结着历史文化之精华而成为后人思想活动的理性依托，对提高大学生的综合素质、培养其人文情怀具有不可估量的价值。徜徉在文化经典的海洋中，大学生能够深切感受人文之美，并在传统文化的魅力中为精神寻得一种归属感，为灵魂找到栖息之地。德国学者施密特曾指出，“应当在全球泛滥的伪文化压力面前捍卫自己的文化特

---

① 林晶、郭凤志：《高校思想政治理论课研究式教学探析》，《思想教育研究》2011 年第 7 期。

② 何玲华、王哲平：《经典原著阅读与研究生创新思维能力的培养》，《中国高教研究》2008 年第 2 期。

性，高校应该成为这方面的主要源泉，不要把本民族的伟大文化成就和价值传承抛进受忽略的角落”①。因此，为了提高大学生的文化品位和文化鉴别力，强化大学生的文化传承意识，高校应当将经典教育作为通识教育的一种具体模式和内容，面向全体学生开设必修的经典研读课程，并在制度设计和资金保障等方面向此类课程倾斜，加大课程建设力度。

当然，经典课程实施中的书目选定、师资组建和教学模式等问题，也是经典研读课程推行过程中不可回避的基本问题。首先，要开列适当的经典书单。在中国传统文化的范畴内，经典书单的选定应当是客观的、开放的，要兼顾而不能偏执于特定的流派、特定的思想，并且所选书目的难易程度也要力图接近各学科门类、各专业大学生的实际文化水平和普遍阅读能力，确保他们能够通过努力完成阅读。其次，要灵活配备师资力量。以美国为例，“在美国，经典教育并不设专任教师，而是指定专业上最有深度的教授来讲授通识课程”②。其实，无论是否配备此类课程的专任教师，都应当遵循一个准则，即经典研读课程应当由专业素养丰厚的资深教授来讲授。这样不仅可以激发大学生对此类课程的兴趣，也可以保证实际的教学质量，从而获得预期的教学效果。再次，要构建以学生为主体的课程教学模式。在经典研读课程中，教学过程不仅包括课堂讲授，还包括学生在课外进行的独立阅读、思考和研讨。具体实施过程可以是：学生在教师的指导下，先选读部分内容，再自主查阅研究性的著作和教材，了解名家的解释与分析。在此基础上，联系现实生活和自身实际，进一步灵活思考，撰写由原典、翻译和名家论述摘引以及心得体会组成的读书报告，最终再回到课堂，拿出专门的课时进行小组讨论交流，教师予以点评和补充。在这一过程中，大学生通过潜心沉读经典作品，不仅可以走出网络虚拟空间，避免虚度时光，也可以形成高雅的阅读取向，提高自身文化素养。同时，由于传统文化经典中本身就蕴含着丰富的伦理道德精神，读书的过程也就强化了大学生对思想政治教育内容的吸收，从而对高校思想政治教育起到助推作用，可谓一举多得。

---

① [德]赫尔穆特·施密特：《全球化与道德重建》，柴方国译，社会科学文献出版社 2001 年版，第 62 页。

② 董云川、周宏：《大学的文化使命——文化育人的彷徨与生机》，人民出版社 2012 年版，第 215～216 页。

(二)融入通识教育之中

思政课是对学生进行文化价值观传授的重要渠道,但不是文化素质教育的专门载体,应通过通识教育课拓展人文知识、提高人文素养。通识教育源于古希腊的自由教育。工业革命后,科技的发展使专业教育成为不可抗拒的发展趋势,特别是自然科学的发展,使学科相互疏离,热衷于追求功利和实用,而忽视人文素养教育,美国把自由教育思想改造成通识教育。在我国,通识教育通常以"促进学生全面发展的教育"或"素质教育""文化素质教育"等命名。《国家中长期教育改革和发展规划纲要(2010～2020年)》提出"坚持以人为本、全面实施素质教育是教育改革发展的战略主题"①,进一步明确了高等教育"开展科学普及工作,提高公众科学素质和人文素质,积极推进文化传播,弘扬优秀传统文化,发展先进文化"②等职责。以人文素质教育为核心的文化素质教育已经提升为党和国家的重大决策。而从我国当前已有的通识教育来看,它更注重对跨学科的理解以及多方面知识的拓展,没有将文化资源作为课程建设的重要内容、途径和手段,文化认同的问题并没有鲜明地反映在课程理念中。应通过多元化的通识课程对学生进行广泛的、共同的文化教育,通过开放中华传统文化系列课程、中外文化比较系列课程、文学艺术修养系列课程等,使学生了解主流文化、多元文化及其相互间的种种关联,为大学生文化自觉、文化自信的培养提供文化资源。

1. 开设中国传统文化系列课程

中国传统文化博大精深、源远流长,是历史上各种思想文化、观念形态的综合体现,形成了丰厚的文化积淀,具有鲜明的民族性、统一性、传承性、连续性、包容性和多样性等特征③,是加强大学生文化认同、文化自觉和文化自信的重要资源。习近平总书记强调:"抛弃传统、丢掉根本,就等于割断了

---

① 国家中长期教育改革和发展规划纲要工作小组办公室:《国家中长期教育改革和发展规划纲要(2010～2020年)》,2010年7月29日,http://www.moe.gov.cn/srcsite/AO1/s7048/201007/t20100729_171904.html。

② 国家中长期教育改革和发展规划纲要工作小组办公室:《国家中长期教育改革和发展规划纲要(2010～2020年)》,2010年7月29日,http://www.moe.gov.cn/srcsite/AO1/s7048/201007/t20100729_171904.html。

③ 参见陈融融:《传统文化与思想政治教育》,《高教发展与评估》2009年第5期。

自己的精神命脉。”[①]文化自觉首先是对自身民族文化的“自知之明”。有认知，才会有认同；有认同，才会自觉传承，从而形成对传统文化的自觉。

高校通过开设以中国传统文化为核心内容的通识课程，帮助大学生全面了解中华优秀传统文化的历史渊源、发展脉络、鲜明特色、价值理念，从中深刻体会中国深厚的文化软实力。这类课程主要拓展学生对中国传统文化认知的广度，通过广泛接触中华优秀文化的经典，让学生的情感、态度、价值观得到熏陶，文化品位得到提升。

在此基础上，传统文化通识课程应避免流于概论、欣赏性质，如“中华文化概论”“古典音乐鉴赏”“书法”等。在今天回归与重建中国文化主体性的历程中，让大学生学会思考如何对待自己的文化传统乃是高校通识教育应予解决的一个重要任务。要解决这一任务，仅仅通过概论、欣赏类浅显课程的设置是不行的；也应避免通过训诂、考证来恢复已不合时代要求的旧道德、旧文化。亨廷顿认为：“经济和军事力量的下降会导致自我怀疑、认同危机，并导致努力在其他文化中寻求经济、军事和政治成功的要诀。”[②]对我们这样一个自鸦片战争以来有着特殊文化伤痛并历经文化断层的民族来说，对本国传统的质疑与对西方文明的崇尚成为近现代以来我国主要的文化价值取向。由于缺乏对自身传统文化的深刻理解以及对西方文明的理性认知，大学生容易对自身民族文化价值观采取一概否定的态度以及对西方文明采取片面、简单接受的态度。因此，传统文化教育并非一个简单的文化传承问题，更是一个文化深层反思、重建与认同的问题。因此要开设直接关涉中西文化论争及中国传统文化价值体系解读等文化深层问题的课程。

此外，传统文化通识课程还应重视经典教育。一个民族的历史经典往往蕴含着民族文化的核心价值。20世纪30年代，赫钦斯主持的著名的芝加哥大学通识教育课程改革，其核心就是要求学生通过阅读“西方经典”以进行“永恒学习”(permanent studies)。而且，中国香港、台湾地区的通识教育也是将经典阅读作为重要内容[③]。经典课程的提倡者认为，让学生与经典的思想进行直接对话而不是教师咀嚼式的说教将更有利于学生对传统文化的

---

① 《习近平谈治国理政》，外文出版社2014年版，第164页。

② [美]塞缪尔·亨廷顿：《文明的冲突与世界秩序的重建》，周琪译，新华出版社1998年版，第89页。

③ 如台湾大学设有“经典人文学程”、元智大学设有“经典五十”通识课程、中原大学设有“十大经典教育”等。

理解。因此，在文化情结的持守及经典课程的开发上，先发国家、先发地区为中国大陆通识教育的发展提供了可资借鉴的经验。

传统文化是特定时代的产物，了解传统文化更是为了创新。传统文化通识课程就是要站在传统文化的基点上，引导学生寻求传统与现代的对接，挖掘传统文化的当代价值，使中国传统文化实现现代性转换，从而增强学生对传统文化的自信，并培养开放创新的思维，让学生学会如何在当代生活中体验传统文化渗透的力量，学会不断修炼和调整自己获取新的传统文化因素的能力。

2.开设中外文化比较系列课程

文化自觉有三层意蕴："第一层……自觉对待民族文化中具有普适性意义的部分；第二层，注重理解和诠释他者文化的经验和长处，自觉吸收他者文化中的精华；第三层，在分析、比较、鉴别、吸取和整合传统文化、他者文化的过程中，自觉实现文化创新。"①这三个层次意味着民族文化自觉既要考虑本民族文化，也要借鉴他者文化，还要兼顾二者的融合。自鸦片战争以来，中国文化实际上已经卷入到"跨文化历史语境"中，"在'跨文化历史语境'中，'你'与异文化'他者'共存在，走封闭孤立发展的道路已经不可能"②。在这样的历史语境中，高校通识教育不仅需要解决文化认同的问题，也需要正视跨文化的理解和比较问题。了解世界多元文化的存在并汲取"他者"文化的长处，民族文化才能真正成为现代中国的发展资源，支持而不是封闭、停滞并最终走向被动，阻碍中国的发展。

从通识教育本身的视野来看，它所倡导的"通"的精神即对多元文化的多维认识与理解，一方面可为我们理性审视传统文化的价值并培育传统文化认同提供一种尺度借鉴；另一方面可以培养理解他者文化、从他者文化中汲取长处并能与他者文化共存的气度。因此，通识教育中应开设中外文化比较课程，以囊括百家的态度，多角度选用中、西方文明中不同历史时期与不同流派、不同思想家的经典，客观、全面认识本土文化与外来文化相互碰撞、相互交融、共同发展的社会文化存在状态。以启发式、讨论式教学培养学生对民族文化与他者文化的思辨、反思、质疑与选择能力，从而"将中、西

---

① 李艳：《文化自觉的三重释义》，《东北师范大学学报》（哲学社会科学版）2012年第4期。

② 牛宏宝：《"跨文化历史语境"与当今中国文化言说者的基本立场》，《文化研究》2005年第11期。

文化的冲突这个难题呈现于学生面前，引导学生以理性的、批判的态度，探讨它们的关系。”[①]引导大学生既要抱着一种开放的心态鉴赏多元文化中有价值的科学知识和文化资源，同时也要秉持一种谨慎的意识鉴别其中的文化糟粕，在多元文化中辩证取舍，培育理性的文化选择能力，使大学生在中外文化比较的基础上，形成对中国文化发展的自知之明。同时，面对不同文化的冲突，要引导学生既反对“文化霸权主义”，自觉辨别和抵制各种不良思想文化的影响，也反对“文化割据主义”，坚持“和而不同”。不仅要理解、认知自身文化的优势与不足，扬长避短，也要尊重、借鉴异质文化，取长补短，从而培养大学生的跨文化主体性意识和能力。

3.开设文学艺术修养系列课程

大学生文化素质教育应包括两个方面：一是人文教养，即以文史知识体系为基础，对文化具有理性认识，具有以理解、分析、批判和创新为主要特征的人文精神。二是文学艺术修养，即理解文学艺术作品中蕴涵的深刻思想，能够感受其精神力量和美的魅力，进而受到精神性格的陶冶。而文学艺术教育是目前高等教育内容中的“短板”。[②] 一方面，优秀的文学艺术作品具有丰富的哲理，有助于提高学生的形象思维能力。在授课中，教师将文学艺术的形象思维与科学的逻辑思维相结合，丰富学生的精神世界，调动学生的主观能动性，激发学生的探究能力与创造能力，促进学生的全面发展。另一方面，大学生系统接触中国及世界文学艺术经典，从包含时代精神与民族精神的人类文化中得到更多的启迪，能够受到更好的文化熏陶，有助于自觉抵御当前社会低俗文化的影响，保持高雅的审美和气质、高尚的人格和情操，在精神的凝练和提升中铸造文化品格，从而启发大学生对主流文化的多角度认知。

高校通识课程具有吸收各种文化的功能，是经典文化的现实存在方式之一[③]，是培养大学生文化自觉、文化自信的有效途径。通识课程应首先扎根民族文化传统，体现中华民族特有的精神价值、思维方式，加强大学生的

---

① 张红霞：《高等教育课程国际化的文化思考——兼谈通识教育课程改革》，《清华大学教育研究》2007年第2期。

② 参见孙永玉：《大学生文化创新能力的内涵、构成和培养》，《安庆师范学院学报》（社会科学版）2009年第3期。

③ 参见董云川、张建新：《通识课程与大学文化》，《云南大学学报》（社会科学版）2006年第2期。

民族文化认知，唤起大学生对中华民族的文化自觉。通识教育还应汲取西方文化经典，秉承经典、自由、理性的通识教育特征，以客观冷静的眼光审视和传播西方文化经典。通识课还要突出课程深厚的文化底蕴，能让学生通过通识课程更好地感悟文化、传承文化、创新文化。

（三）打造社团教育平台

大学生文化自觉、文化自信的培育首先要面对校园文化潜移默化的熏陶。校园文化活动体现着高校的文化精神与文化品位，也对学生的文化价值观产生强烈的引导和凝聚功能。然而，伴随着高校校园文化的快速发展，诸多制约校园文化建设的不利因素也逐渐显露，主要体现在传统文化精华在校园文化建设中被弱化；流行文化在校园文化活动中随处可见；校园文化建设显现出封闭性；学风氛围具有功利性倾向等。[①] 而高校学生社团作为学生课外活动的主要载体之一，能够丰富大学生的课余文化生活，激发大学生的文化参与热情，为大学生提供文化创作的实践平台，是校园文化建设的重要切入口。通过引导成立传统文化社团，把握学生社团的主流文化价值取向，以社团活动引领校园艺术文化活动，让社团有利于大学生精神文化的培育，锤炼和形成大学生核心价值观；营造积极向上、宽松和谐的校园文化氛围，让学生在社团活动中感受到文化自强的力量，培养大学生的文化自觉和文化自信。

1. 引导成立传统文化社团，增强校园的文化底蕴

中华传统文化源远流长，然而以外来文化与网络文化为代表的“流行文化”对传统文化产生了强有力的冲击，大学生特别是非人文专业的大学生对传统文化的了解越来越少。校园社团应承起担继承和传播传统文化的责任，培育大学生对传统文化的认知和认同，提升大学生的人文素养和道德情怀。

首先，引导学生成立经典诵读社团。一个民族的历史文化，是靠经典传承的，经典阅读是培养国民文化自觉、树立文化自信的有效途径。可以将不同年级、不同专业，但对经典文化有着共同爱好、共同追求的学生凝聚起来，

---

① 参见王凡：《高校学生社团在校园文化建设中的作用研究》，华东师范大学硕士学位论文，2013年，第14～15页。

开展内容丰富、形式多样的经典诵读活动，如提供经典诵读书目，帮助学生进行有选择地阅读；举办经典读书报告会、经典诵读比赛；举办“经典阅读”系列学术讲座；以其他艺术形式如音乐、表演、舞蹈、书画等表现经典文化，整合多种多样的学生特长资源，扩大经典文化的吸引力和影响力。通过开展社团经典诵读活动，可以形成幽雅的人文气息和厚重的校园文化底蕴。

其次，大力扶持以传统文化为研究对象的学术性社团。建设致力于“继承和弘扬民族文化、开拓在校大学生文化视野”的学术性社团，可以拓展向学生传播中华优秀传统文化的途径，更加有针对性地围绕社会发展进程中的相关文化现象开展活动，成为增强校园人文气息、培养学生艺术鉴赏力的良好平台。对传统文化的学术研究，在丰富大学生的精神生活的同时，也可以锻炼其文化批判性思维能力与文化创新能力。

第三，鼓励传统文化社团引领校园艺术文化活动。如开展国画书法作品展、传统音乐戏剧进校园等体现民族特色的校园文化活动，为大学生搭建感受、领悟、认同和运用中国优秀传统文化的平台，让学生受到传统文化的熏陶，增进其对中国优秀传统文化的感情，并在创作艺术作品的过程中展示中国文化的魅力和价值。

2.以社会主义核心价值观引领校园社团活动，强化对主流文化的认同

在当前文化多元化和价值多元化的背景下，校园社团活动在充分尊重大学生的个性追求和个性差异的前提下，有必要过滤社会上各种不良风气、负面思想的影响。应以社会主义核心价值观引领高校学生社团和校园文化建设。

首先，在高校学生社团组织文化的培育中，要始终贯彻和落实社会主义核心价值观。在工作环境和活动设备等社团组织文化的物质层面，在工作理念、道德准则、制度规章等精神层面的建设中，以潜移默化的方式提高社会主义核心价值体系的影响力和感染力，使大学生沉浸在以社会主义核心价值体系为核心的“心理氛围和环境”之中，并因此对大学生的核心价值观产生自觉导向的功能，充分体现社会主义核心价值体系的主导地位。

其次，重视主流理论学习型社团建设。目前高校社团中，理论学习类社团数量偏少，但其在推动和促进校园政治文化建设中发挥的重要作用是不容忽视的。它不但为大学生讨论时事、理论交流、开展思想政治活动提供了良好的平台和活动场地，而且还有助于大学生持有端正的政治立场，树立正

确的政治观点，确立对主流文化价值的认同。给予一定的政策鼓励和资金支持，提倡、引导多建立理论学习型社团，可以更好地借助大学生社团开展社会主义核心价值观教育等思想政治活动，促进校园文化的和谐发展。

第三，社团要帮助营造校园主流文化学术氛围。通过举办各种类型的学术讲座，开阔学生视野，用社会主义核心价值观指导大学生的人生发展和专业成长；举办师生共同参与的学术沙龙，启迪思想，培养创新意识，并将社会主义核心价值观融入校园学术文化中，加强诚信的学术道德教育。

3.鼓励新生代社团发展推动校园文化的变迁，提高大学生的文化创新能力

在文化变迁的时代背景下，校园文化在指导思想一元化原则下文化表征多样性及文化变迁成为不可避免的客观趋势。高校大学生社团既是校园文化的产物，又是校园文化建设的新生力量，应顺应文化变迁的大趋势，推动校园文化的变迁。新生代社团的出现就是这种趋势的典型表现。“新生代社团是高等教育由精英化转变为大众化之后，伴随着全球化、网络化、文化多元化的潮流以及所谓‘80后’一代跨进大学校园而产生的一些新兴学生社团。”[①]与传统社团相比，新生代社团在更大程度上满足了大学生追求个性张扬的愿望，其商业意识强、侧重网络互动、视野开阔、彰显通俗化与大众化，体现了校园文化与大学社团发展的新趋势。可以说，新生代社团是大学生在今天时代条件与文化环境中自主创新、展示青春、塑造自我与追求自我实现的平台。然而，也不能忽视这些新生代社团在发展中存在片面追求个性、盲目创新、商业味过浓、容易为西方思想文化价值观所渗透等问题。因此，在鼓励新生代社团存在与发展的同时应将指导思想一元化原则与充分尊重学生的发展需求和首创精神相结合，最终推动校园文化变迁，提高学生的文化创新能力。

教育功能和载体功能是高校学生社团的主要功能，长期以来，我国高校学生社团发挥着重要的思想政治教育职能，是培养大学生文化自觉、文化自信的重要平台。应引导成立传统文化社团，提高学生的人文素养，增强校园的文化底蕴；以社会主义核心价值观引领校园社团活动，强化学生对主流文化的认同；鼓励新生代社团发展推动校园文化变迁，提高学生的文化创新

---

① 兰亚明:《高校新生代社团的特点、问题及启示》,《中国青年研究》2007年第3期。

能力。

(四)指导暑期社会实践

社会实践是大学生思想政治教育的重要环节。2004年中共中央、国务院《关于进一步加强和改进大学生思想政治教育的意见》专门强调:“社会实践是大学生思想政治教育的重要环节,对于促进大学生了解社会、了解国情、增长才干、奉献社会、锻炼毅力、培养品格、增强社会责任感具有不可替代的作用。”[①]2005年,中宣部、中央文明办、教育部、共青团中央《关于进一步加强和改进大学生社会实践的意见》明确指出:“大学生社会实践的工作原则是:坚持以人为本,牢固树立实践育人的思想,把提高大学生思想政治素质作为首要任务,确保思想政治教育贯穿于社会实践的全过程。”[②]大学生暑期社会实践是高校组织时间最长、最集中、内容最丰富、参与人数最多的实践活动。研究与实践表明,暑期社会实践具有思想政治教育的载体功能,大学生价值判断的导向功能,接受爱国主义、集体主义教育的教育培养功能。[③] 因而,暑期社会实践也是培育大学生文化自觉与文化自信的重要途径,对于提升大学生的文化责任感和使命感尤为重要。然而,在大学生就业问题日益凸显的今天,一些高校在制订大学生暑期社会实践计划的时候更多以提升专业技能和人际交往能力等为导向,在发挥暑期社会实践的思想政治教育功能方面,深度不够、针对性不强,因而效果不佳,不能发挥其作为树立大学生文化自觉、文化自信重要途径的功能。暑期社会实践活动作为高校育人的重要手段,必然需要主流文化价值为其发展提供强大的助推力。

1.增加文化主题的实践活动,提升社会实践的文化含量

经过多年的积极探索与不断创新,大学生暑期社会实践逐渐形成了一整套内容丰富、点面结合的实践类型,包括教育型实践、志愿服务型实践、公益活动型实践、文化型实践、科技活动型实践、社会调查型实践、职业准备型

---

① 《中共中央、国务院关于进一步加强和改进大学生思想政治教育的意见》,2004年10月4日,http://www.moe.gov.cn/s78/A12/szs_lef/moe_1407/moe_1408/tnull_20566.html。

② 《中宣部、中央文明办、教育部、共青团中央关于进一步加强和改进大学生社会实践的意见》,2005年2月1日,http://www.moe.gov.cn/s78/A12/szs_lef/moe_1407/s6869/moe_1413/tnull_20558.html。

③ 参见常海亮:《大学生暑期社会实践育人功能发挥的现状及对策研究》,华中农业大学硕士学位论文,2014年,第6页。

实践、创业型实践、劳动锻炼型实践、勤工助学型实践等。[①] 从1997年开始，大学生暑期社会实践以"主题式"的特点开展。主题由政治、经济形势和思想政治教育的重点结合大学生的成长需要来确定。在中共十七届六中全会提出"培养高度的文化自觉和文化自信"、党的十八大提出"文化强国"战略的大环境下，开展文化主题的暑期社会实践，主要是围绕主流文化某一方面的内容集中开展各种实践活动，以强化大学生对主流文化的认同，固化大学生对主流文化的态度。选择文化主题，应遵循导向性、现实性、创新性等原则。首先，坚持以主流文化为指导，不断丰富大学生社会实践活动的文化内涵，把着眼点放在增强大学生的传统文化和马克思主义理论修养上，树立大学生的社会主义理想信念，升华大学生爱国主义精神和创新精神。其次，地方优秀文化资源对于高校思想政治教育的开展具有显著的地缘优势，为大学生的文化养成提供了重要的感性材料，是培养大学生文化自觉、文化自信的重要媒介。高校暑期社会实践应该充分利用地方优秀文化资源，开展文化支教、文化调研、文化推广与普及等文化主题的实践活动。将学校的精神文化和实践地的特色文化相衔接，使学生感受时代发展的脉搏，不断联系实际、拓宽视野。第三，要注重创新。既坚持过去的好做法，继续搞好"文化下乡"等传统主题实践活动，又不断探索体现时代发展要求和时代精神的新形式，积极开展"传统文化的传承"等新的主题实践活动。

2.充分挖掘学生的主体意识，发挥实践的文化自育功能

人的现代化的核心是强化人的主体意识，弘扬人的主体精神。市场经济与知识经济潮流呼唤主体意识。只有增强主体意识，充分发挥主动性、积极性和创造性，才能培养创新型人才。主体意识的最突出表现形式为独立自主的意识、怀疑与批判的精神、自信心、强烈的社会责任感、勇于探索的精神等，即独立意识、主动意识、创新意识。大学生的主体意识是指大学生对自身主体地位角色、自我调控能力和自我存在价值的一种自觉意识，是学生主体自主性、独立性和创造性在其主观意识中的反映。[②] 注重培养和发挥大学生的主体意识，是世界高等教育的一个历史传统，同时也是现代教育的一

① 参见常海亮：《大学生暑期社会实践育人功能发挥的现状及对策研究》，华中农业大学硕士学位论文，2014年，第12页。

② 参见李彦军：《试论大学生主体意识的内涵及其培养意义》，《科学大众》2008年第5期。

个鲜明特征。

主体意识是客体的某些属性在主体人中的反映，而只有实践才能将主体与客体联系起来，并在此过程中逐渐形成主体意识。社会实践活动是提高大学生主体意识的有效途径。学生在实践中发现自我、肯定自我、提高和完善自我，并加强参与意识、协作意识、成就意识，养成较高的自我教育、自我管理能力。[①] 因此，社会实践也是树立大学生的文化主体意识，培养文化自觉、文化自信的重要途径。大学生的文化主体性意识包括文化自信和自觉意识、文化批判和选择意识、文化整合和创造意识。[②] 首先，大学生主体意识愈强，他们认同主流文化的自觉性就愈大，从而也就愈能在实践活动中充分发挥主观能动性，不断地以主流价值观调整、改造自身的知识结构、心理状态和行为方式。其次，大学生的主体意识越强，他们对传承主流文化的责任感和自信心往往也越大，从而对自身文化素养的期待和要求也愈高。

要充分挖掘暑期社会实践中大学生的主体意识，一是，要改变当前大学生暑期社会实践中的单纯技术崇拜主义倾向，过分依赖先进的技术手段，搞网络调研，不深入实际，不体察现实民情。同时也要有效规避传统的“一味吃苦耐劳、体力至上、军训式”社会实践模式，使暑期社会实践重在体验文化、涵养心灵、提升修养。在社会实践中，要注重培养大学生的人文情怀、文化视野、文艺眼光，让大学生在实践体验中感受并自觉传承、发扬中华传统文化与社会主义先进文化，从而提升其文化自育能力。二是要增加学生跨文化感知的机会，如通过举办讲座展览和辩论赛，利用举办国际赛事展览会博览会的时机，让大学生进行跨文化体验，通过价值比较、价值澄清、价值整合等教育方法[③]，让大学生认识到不同文化的平等性、差异性，保持自己文化的主体性意识，并能够进行深刻的文化反思。

3.充分发挥教师在实践中的主导作用，加强对学生文化意识的引导

当前，大学生参加暑期社会实践的大部分团队因为各种原因还未能实现教师随队指导，而高校组织的暑期社会实践能否广泛、深入、持久地开展，

---

① 参见叶燕：《论当代大学生主体意识的培养和提高》，《经济与社会发展》2003年第6期。

② 参见刘莉、陈凤平：《跨文化交往中大学生文化主体性意识的培养——以高校思想政治教育为依托》，《教育理论与实践》2012年第6期。

③ 参见刘莉、陈凤平：《跨文化交往中大学生文化主体性意识的培养——以高校思想政治教育为依托》，《教育理论与实践》2012年第6期。

关键在于是否拥有一支结构合理、锐意进取的高素质大学生社会实践师资队伍。大学生暑期社会实践既要充分挖掘学生的主体意识，更要形成以老师为主导、学生为主体的师生格局。引导学生将课堂上所学的理论知识在实践中有所使用，有所体会，有所感悟，使大学生在社会实践感性认识的基础上进行思考和创新，提升实践的文化育人功能。

首先，大学生暑期社会实践存在校内指导教师"三多三少"现象，即行政干部多，业务教师少；年轻教师多，年老教师少；低职称教师多，高职称教师少。这种构成的师资队伍，由于缺乏人文社科领域的师资，缺少人文素养的引导，不利于大学生在社会实践活动中文化意识的提升。在大学生暑期社会实践课程教师队伍的组建和大学生社会实践随队指导教师的配备上，应聘请思想政治理论课教师、文史专业课程教师、外聘社科专家等组成导师团担任指导教师，整合各种思想政治教育力量和教学资源，逐步做到优势互补、资源共享、分工协作、形成合力。

其次，要加强指导老师在实践各个环节的文化引导，包括优化实践选题、讲解实践背景、教授相关学科理论、教习实践调研方法等。在实践活动的准备阶段，教师的主要任务首先是把握大学生的思想动态，通过讲座、座谈会等形式帮助他们树立文化实践观，让大学生认识到文化实践活动对增强其文化素养、文化责任感和历史使命感的必要性，激发大学生投身文化实践的热情。其次是指导学生选择并确定合适的文化主题，文化主题可来源于社会生活、学习生活、自然生活等领域，也可来源于学校、地方的文化特色，亦可在调查活动、实践的情境中创设文化主题，主题要既能符合思想政治教育的需要，又能满足学生的文化需求。在实践活动的实施阶段，教师主要给学生以方法上的指导，通过课堂教学、文化座谈等形式，让学生掌握正确的文化认知方法与材料收集方法，在实践中去观察、分析文化现象，指导学生如何收集资料并记录活动过程中的文化体验、文化反思。在实践总结交流阶段，指导学生整理活动成果，运用分类、对比、统计等手段分析活动成果，得出结论，并用恰当的形式呈现文化实践活动结果，比如通过论文、宣传栏展示、作品演示等，把自己的实践成果展示给大家。然后指导学生根据活动过程中记录的文化体验、文化感受等对整个活动进行反思、总结，实现情感目标，使学生在实践活动中形成文化认同、文化自觉与文化自信。

第三，调动教师指导学生暑期社会实践的积极性。针对一些专业教师忙于自己的科研不愿意担任指导教师或是参与指导但积极性不高的情况，应将教师指导学生暑期社会实践活动纳入工作量的考评计算体系之中，把教师是否参与指导大学生暑期社会实践活动以及指导的成效如何作为其晋升职称、评选优质课程和优秀教师的重要条件，以保障大学生高质量地完成暑期社会实践活动。

4.加强实践成果转化，引导学生文化认知的升华

大学生社会实践成果转化是大学生社会实践可持续发展的要求，是大学生社会实践体系化建设的一部分。既有实践表明，大学生暑期社会实践虽然明确了相关的实践内容和要求，但在具体实施中仍存在偏重宣传效应，考察不够深入，缺乏足够的耐力和持久力，最终文化实践感悟较少、收获较少的现象。很多高校大学生暑期社会实践活动的考核体制机制不能很好地反映大学生开展暑期文化实践活动的真实情况。目前，高校在对大学生暑期社会实践考核时主要查看三类材料，一是大学生撰写的暑期社会实践总结或调研报告，二是若干张反映大学生暑期社会实践情况的照片，三是写有实践单位评语和盖有实践单位公章的暑期社会实践证明信或反馈表。这种考核方式使大学生的实践收获停留在感性认识上，一定程度上影响了实践文化育人功能的发挥。社会实践活动的总结工作与成果转化是整个活动中不可忽视的一环。大学生暑期社会实践的成果包含调研报告、论文、心得体会、实践日记、照片、DV、新闻写作、微博、微信、博文等众多内容，只有将成果不断地进行转化，才能充分地发挥大学生社会实践育人功能，使学生在“理论—实践—理论”的不断转换中潜移默化地提升自己的文化自觉与文化自信。大学生暑期社会文化实践活动有志愿服务、勤工助学、社会调查、文化访谈等不同的内容和形式，其实践的成果也应有所区别。

公益实践类暑期实践活动应以讨论、座谈、演讲、报告会等形式让学生交流见闻和感受，对实践过程进行总结和反思，肯定实践成果，推广先进经验。同时，把学生社会实践个人心得、小组总结等立卷归档，并充实到实践教学案例库建设中，或建立文化资源共享平台，还可进行相关的文艺创作（文化题材的话剧、歌剧、情景剧等文艺表演形式）等成果转化，使暑期文化实践活动走上规范化、程序化、科学化的轨道。专题调研类暑期实践活动应对实践过程中的经历、收获、调研材料进行分析整理，进行实践与反思、启发与见解、想象与综合、思维发散与视角转换等思维活动，得出带有规律性、结

论性的材料，从而由感性认识上升到理论认识，深刻感知文化责任感与使命感。此外，还应建立实践成果奖励机制，最大限度地鼓励学生在实践的基础上进行理论研究，产出文化实践科研成果，特别是鼓励学生对热点文化现象进行调查研究，不断提高学生自身的理论水平和调查研究社会的调研能力，从理论与逻辑的高度树立文化自觉与文化自信。

高校社会实践已经成为大学生思想政治教育的重要途径。暑期社会实践的开展有利于大学生在具体实践中增强对主流文化的认知与认同，将主流文化价值体系内化为大学生的人格素养、行为习惯和自觉行动。通过增加文化主题的实践活动、充分挖掘实践中学生的主体意识、发挥教师在实践中的主导作用、加强实践成果转化，提升社会实践的文化含量，增强学生社会实践的文化意识，引导学生文化认知的升华，使暑期社会实践活动成为大学生增强文化自觉、文化自信的有效途径。

(五)引导学生科研立项

在当前文化竞争激烈的环境下，对文化自觉、文化自信的要求，不仅是要有坚定的文化认同与传承，更应该具备文化的反思、批判与创新能力。文化创新的实质在于文化发展过程中的部分质变乃至整体质变，既包括特定的文化在继承传统的基础上的新的实质性变化，也包括在现有文化基础上生成的新价值观念、行为方式、思维方式和知识体系，而后者在很大程度上改变了现有文化的结构与形态，可以认为是文化的整体质变。① 在文化创新的过程中，大学生科研团体扮演着重要的角色。自 20 世纪 90 年代末，国内一些大学率先把科学研究引入到本科教育过程中以来，大学生科研立项在理论联系实践、提高专业素养、培养创新能力等方面的重要意义已被众多高校认同。应引导大学生科研立项进入文化研究领域，以科学的视角去观察、分析文化问题，探索文化传承与创新的有效路径，从而在理性化、深层次上激发学生的文化自觉、文化自信意识。

1. 鼓励科研团队进行文化研究项目的审报

进校以后，经过思想政治理论学习与相关通识课的学习，大部分专业的学生形成了对主流文化的基本认同，但在多元文化的影响下，对由传统文化

---

① 参见冯海波：《从文化困境走向文化自觉与文化创新》，《创新》2013 年第 5 期。

与中国特色社会主义文化构成的主流文化的整体认识水平还有限,理论思维还不够成熟,独立思考、辨别及创新能力仍显不足。因而教师在指导学生科研立项时要特别重视选择对文化问题具有共同兴趣和共同理念的学生,组建具有创新能力和协作能力的文化科研团队,鼓励其进行文化研究项目的审报。在审报的过程中,引导他们了解和把握文化研究的理论前沿,强化科研团队对各种文化规律的认识;运用丰富的学术资源,把文化研究中的学术争论恰当地呈现给他们,培养其批判性思维;通过对资料的查找和整理,引导学生深入文化问题并进行积累和体悟。

优秀的科研课题应遵循需要性、创新性、科学性、可行性和效益性原则。面向大学生的文化项目的审报可以包括以下类别:传统文化项目的审报,主要是整理传统文化中最优秀、最契合现代社会的精华,并寻求新的力量,服务于中国特色社会主义文化的大发展、大繁荣;红色文化项目的审报,主要是深度挖掘地方红色文化资源,为传承和发扬革命精神、集体精神、爱国精神、民族精神等提供理论和历史基础;西方文化项目的审报,重点研究西方学者对西方文化的批判,立足于自身的实际需要,合理借鉴,批判吸收;中国特色社会主义文化项目的审报,主要探索面对多元文化的竞争,特别是面对西方文化的强势竞争,中国特色社会主义文化如何胜出,并成功引领社会思潮,引领中华民族走向未来,为民族复兴提供精神支撑;网络文化项目的审报,主要是开发优秀的网络文化产品和开展有特色的校园网络主题活动,有效发挥网络文化育人功能;校园文化建设项目的审报,在理论的指导下,深入实地了解学校的历史与现实,考查学生的文化诉求,发现一切可以为学校文化建设以及发展有用的有利资源,探索体现人文价值、尊重学生主体性的校园文化构建途径。总之,学生文化研究项目应服务社会及校园文化建设,既要强调传统性,又要强调发展性;既要挖掘文化积淀,又要富于时代精神。

2.引导科研团队文化研究的价值立场与研究方法

当前我国正处在大变革的时代,多元文化并存,大学生思想活动的独立性、选择性和差异性日益增强,这有利于大学生树立自强意识、创新意识、成才意识,但与此同时也给大学生科研团队价值立场和研究方法的引导提出了不容忽视的重要命题。

社会科学研究中的价值立场问题历来是社会科学方法论争论的核心问题,争论的焦点集中于社会科学研究是否应当坚持价值中立?然而,社会科学研究的价值立场是一个内容丰富、多元化且极具实践指导意义的问题论域。[①] 社会科学研究的多元传统决定了价值立场的多样性，其中，实证主义倡导价值中立，人本主义主张价值理解与价值判断，批判主义力求价值批判与革新，而社会科学的实践性则强调对人类生活和社会价值的引导。要引导学生树立文化研究的正确价值立场。文化研究首先应求真、求实，对文化现象的实证应严格确定经验事实与价值评判的界限，以价值中立的立场探索和发现文化现象的本来面目和既有规律。然而，文化研究不应仅求真、求实，更应求善、求美，通过价值判断和价值引导力图文化创新、引领文化方向、倡导文化价值。近年来，新自由主义、历史虚无主义、民主社会主义等政治思潮沉渣泛起，在一定程度上扰乱了主流文化的发展方向。而大学生科研团体是拥有专门知识和相对能够预见并把握社会发展趋势的群体，在研究中应坚持马克思主义一元化的宏观价值导向，注意避免被西方工具主义的研究取向所牵引，引导其在从事文化研究的时候站在整个人类生存、国家发展的立场上来思考文化的发展方向及社会影响。

与文化研究的价值立场相对应，文化研究自19世纪开始从感性描述和哲学认识阶段进入科学实证阶段，文化研究方法围绕人文主义方法论与实证主义方法论展开争论。21世纪以来，文化研究呈现出多视角、多元化理论趋势，在方法上克服人文主义与实证主义二元结构的局限，以解决问题为中心，力求建构实际旨向与技术旨向、理性与非理性、静态论与动态论相统一的系统方法论。[②] 随着知识经济的崛起和文化产业的出现，文化作为“软实力”在综合国力竞争中的地位和作用更加突出，特别是文化领域已成为政治斗争和意识形态较量的主战场。文化的内涵和外延得到拓展，文化功能发生了重大变化。在文化研究中，应引导学生借鉴管理学、经济学、产业经济学等多学科方法，探索文化创新的方法和路径。

3.培养大学生科研团队的文化创新意识与文化创新思维

高校是文化的发源地、传播地和集散地，承担着文化传承、创新的重要使命。大学生应是高校文化创新的参与者和成果分享者。多元文化共存为

---

① 参见庞文、丁云龙:《论社会科学研究的价值立场——基于学科性质的多元价值观》,《哈尔滨工业大学学报》(社会科学版)2009年第4期。

② 参见丁钢:《文化研究方法的科学路径与多元走向》,《江苏大学学报》(社会科学版)2010年第6期。

大学生提供了更为丰富的思想资源和更为广阔的发展创新空间。就高校而言,引导学生科研团队进行文化创新,产出更多贴近大学生实际的文化新成果,推动既有高校文化生态的改变,促进高校文化形态和发展方式的更新,进一步丰富和充实大学生的精神世界。文化创造能力的提高为大学生文化自觉、文化自信的提升带来新契机。

大学生科研团队的文化创新能力首先表现为文化创新意识。大学生文化创新意识首先要对文化现象和文化问题具有强烈的好奇心;具有质疑意识和批评精神;具有从事文化创新的兴趣。文化创新意识意味着学生把文化认知过程当作一种创新性的认知过程,客观、理性地认识文化现象,不成为被动的文化信息接收者和吸收者,而是扩展思维,在对外部文化信息的选择、质疑、求证中建构自己的理解,完善自己的知识结构,发展自己的创新文化行为。大学生科研团队文化创新意识的发展必将有效带动和促进其文化素养的建构和提升,影响和丰富大学生的精神世界,激发和强化大学生的文化主体性意识。

大学生科研团队的文化创新能力还应表现为文化创新思维。大学生文化创新思维主要包括强烈的创新欲和激情、严谨求真的学术态度、坚定的信念、顽强的意志力、敢于标新立异并能经受挫折和失败的良好心态。大学生文化创新思维是大学生创新素质发展的动力和方向性保证,是创新意识和创新精神在个人心理层面的积淀,是创新能力形成的内在动力源,是实现创新所表现出来的特定的心理特征。[①] 文化创新思维要求学生具备合理的知识结构和理论思维,能够在把握理论研究前沿的基础上进行研究性学习;能够独立提出自己的观点和见解,敢于大胆假设、大胆尝试;能够抓住问题,进行追根刨底的刻苦钻研;形成协调组织的合作精神。

大学生科研团队的文化创新意识与文化创新思维培养的重要途径是进行思想政治教育教育。科研团队的指导老师要从思想意识、道德情操、心理素质、科学精神等方面对团队成员进行有目的、有计划的、有组织的思想政治教育,使其具有高尚的文化研究动机、稳定的心理状态、良好的性情品格,以达到文化创新意识与文化创新思维的要求。

大学生文化自信的树立是一个多管齐下、逐步提高的过程。从现有的

---

① 参见郭厚佳、郑永廷:《论自主创新的人格诉求》,《思想理论教育》2006 年第 7 期。

高校思想政治教育方法来看，思想课、通识教育、社团教育、暑期社会实践以及科研立项共同构成培育大学生文化自觉、文化自信的多元路径。文化自觉、文化自信本质上就是世界观、价值观的选择问题，培养大学生的文化自觉、文化自信，首先要坚定大学生对主流文化价值体系的认同感。当代中国已经具备了文化自觉、文化自信的政治、经济与文化基础，特别是具备了先进的文化思想与充足的文化资源，为增进大学生对主流价值体系的认同提供了必要的条件。应充分发挥思政课堂的主渠道、主阵地作用，增强主流价值体系的教育教学效果；合理利用通识课拓宽文化视野、提供文化资源，提升学生的文化修养；积极提高学生社团活动的文化内涵，营造积极向上的校园文化氛围；大力开展文化主题的暑期社会实践，强化大学生的文化主体意识；高度重视文化课题的科研立项，培养大学生文化创新意识与文化创新思维。总之，高校要充分调动各方面的积极因素，充分发挥“以文化人、以文育人”的教育功能，培养具备高度文化自信心和文化自觉性的当代大学生。

第六章

高校思政课课堂教学网络资源利用

要充分发挥思政课在培育大学生文化自信中的作用，就必须抓住思政课堂教学这个主渠道。而互联网已成为继报纸、电台、电视之后最具影响力的“第四媒体”，这种影响力又极为突出地表现在高校之中。在此背景下，在课堂教学中合理利用网络资源，以弥补传统思政课教学的不足、符合当代高校学生的需求、应对网络负面信息的挑战、适应网络时代发展的要求，就成为当下高校思政课教师的一个重要教学手段。深入研究这一问题，也因而间接成为中国文化主体性研究的现实需要之一。

一、高校思政课课堂教学网络资源利用的必要性

信息时代的到来使人们的生存方式、交往方式、学习方式乃至思想观念发生了巨大的变化，也对思想政治教育产生了深刻的影响，推动着高校思想政治教育进入一个崭新的阶段。在这种背景下，我们不得不去认真审视、探索和思考。从高校思政课课堂教学视角出发界定网络资源这一概念，明确理解其含义和特点全面分析网络资源利用的作用，是高校思政课课堂教学合理利用网络资源的前提和基础，也是高校思想政治教育工作者应有的思维和视野。

(一)高校思政课课堂教学视角下网络资源的含义和特点

1.高校思政课课堂教学视角下网络资源的含义

《辞海》对资源的定义是“资财之源,一般指天然的财源”;《新华词典》将资源定义为“物资,动力的天然来源”。资源广泛地存在于自然界和人类社会,可以被加以利用来创造物质财富和精神财富,包括一切被人类开发和利用的物质、能量和信息。作为资源的一个子集,网络资源是一个极为宽泛的概念,有广义和狭义之分。广义的网络资源是指基于利用卫星广播、CD-ROM、闭路电视和国际互联网(简称“互联网”)等承载的资源。狭义的网络资源是指以计算机信息网络技术为依托,以互联网为支持的资源。我们通常所说的网络资源一般是基于对其狭义的理解,也就是指在互联网上以数字信息形式呈现的资源,是互联网上蕴藏的所有形式的知识、资料、情报、消息等的总和。

对于同一事物,不同学科的研究视角是不一样的。思想政治教育学科研究网络资源具有自己特殊的使命和目的,具体地说,高校思想政治教育始终是以提高思政课课堂教学的有效性为根本任务来研究和利用网络资源的。在这种独特的视角下,高校思想政治教育可利用的网络资源也有广义和狭义之分。从广义的角度来看,网络资源是指以网络技术为载体开发的与高校思想政治教学和工作相关的所有网络信息资源。从狭义的角度来看,网络资源是指专门为高校思想政治教育建立的网络资源,也称网络教学资源,主要包括媒体素材、试题、试卷、课件、案例、文献资料、网络课程等。本章所要研究的网络资源是广义的网络资源,即通过互联网传播的,可用于高校思政课堂教学的所有资源。这就涵盖了一切有可能进入高校思政课堂的,能够为高校思政课教学活动服务并有助于提高课堂教学质量的网络资源。

2.高校思政课堂教学视角下网络资源的特点

高校思政课堂教学对网络资源的利用,必须以准确地了解其特点为基础,否则将会不切实际、浮于表面。笔者从高校思政课堂教学的视角出发,将网络资源的主要特点归纳如下。

第一,网络资源容量巨大,更新迅速。

互联网自诞生之日起,由于其数字化、高速化、全球化、多媒体化等独特的技术特性，迅速发展，成为继报纸、广播、电视等传统媒介之后的“第四媒体”。我国从1986年开始尝试利用互联网，自1994年正式接入国际互联网以来，发展速度之快令人惊异。1996年底，我国网民规模约为10万人。而据中国互联网络信息中心（CNNIC）《第41次中国互联网发展报告》显示，截至2018年12月，中国网民规模已经达到7.72亿人，全年共计新增网民4074万人；互联网普及率为55.8%，较2016年底上升2.6个百分点；网站总数为533万个，“.CN”下网站数为315万个。[①] 可见互联网普及之广而且随着互联网的迅猛发展，网络资源的增长速度同样呈几何级数。在互联网上，每日有数以亿计的网络资源在不断生成，更新周期以秒计算，内容处于频繁的变动之中。互联网的信息容量是无限大的，且信息传播和更新速度极快，因此单位时间内互联网传播的信息量远远超过报纸、广播和电视等传统媒介。随着移动互联网的稳步发展，网络资源容量巨大、更新迅速的特点体现得愈加明显。

客观事物是不断变化发展的，马克思主义也是历史地发展着的，而不是一成不变的。同样，思想政治教育的内容具有很大的变化性和特殊性。社会在进步，时代在发展，高校思政课堂教学应该根据不同的社会背景、不同的时代要求不断地更新、调整和创新，才能永葆生命力。在互联网发展日新月异的新时代，人们不再满足于陈旧过时的信息，而容量巨大、更新迅速的网络资源，无疑能够为高校思政课堂教学注入源源不断的新活力。

第二，网络资源内容丰富，形式多样。

作为21世纪信息存储与传播的重要媒介，互联网是一个多媒体、多语言、多种类信息的综合体。“第四媒介”在内容和形式上的多样性，是过去任何传统媒介无法比拟的。首先，网络资源的内容极其丰富，覆盖了几乎所有人类认知领域，包含人类活动的方方面面。互联网是一个浓缩的社会，政治、经济、文化以及生活等各个方面的信息在网络上汇集；不同国家、不同语言、不同学科、不同领域的各类信息在网络上融合。可以说，网络资源是一种百科全书式的资源。其次，互联网具有跨媒体和多媒体特性，这就决定了网络资源在形式上具有多样性。加拿大思想家麦克卢汉认为，任何媒介都

① 参见中国互联网信息中心：《第41次中国互联网络发展状况统计报告》，2018年1月31日，http://www.cac.gov.cn/2018-01/31/c_1122347026.htm。

是人的延伸。[①] 报刊以文本为主，可以看作眼睛的延伸；广播以音频为主，可以看作耳朵的延伸；电视以音频和视频为主，可以看作耳朵和眼睛的延伸。与传统媒体相比，网络的传播形式更加多样，能够将图、文、音、像融为一体，堪称人的整体的延伸。网络资源既包括静态的文本、图像，也包括动态的音频、视频、动画，以及它们之间的各种组合。多样化的呈现方式极大地提高了信息内容的表现力和渗透力，因而更容易被人们接受。

目前，高校思想政治理论必修课共有四门，分别是“马克思主义基本原理概论”“毛泽东思想与中国特色社会主义理论体系概论”“中国近代史纲要”以及“思想道德修养和法律基础”，同时开设必修课“形势与政策”、选修课“当代世界经济与政治”等。[②] 高校思想政治教育学科具有极大的开放性和综合性，这些课程涉及的内容十分广博，纵古穿今。“思想政治教育目的和任务内在规定的丰富性，教育对象精神世界发展及思想实际的多样性，决定思想政治教育内容是广泛的、多方面的。”[③]据此，高校思政课堂教学利用的网络资源也应该是广泛的、多方面的，而不仅仅只是网络资源中与教育教学直接相关的部分，比如备课资料、教学课件、文献、试卷等。一切能够与思想政治教育教学活动联系起来的、能够为教学服务的网络资源都可以进入高校思政课课堂，因此可供高校思政课堂教学利用的网络资源是极其丰富多样的。“复兴路上”工作室和朝阳工作室的作品、《开卷有理》《中国正在说》等节目视频、共青团中央的微博及微信公众号文章等，这些网络资源都能够很好地为高校思政课堂教学服务。“复兴路上”工作室的《领导人是怎样炼成的》《中国共产党与你一起在路上》《跟着大大走》系列短片、《十三五之歌》等动画作品，一经发布便引发网民的热烈关注。《跟着大大走之俄罗斯篇》视频发布仅一天，在优酷的播放次数就超过了 108 万次，在腾讯、乐视、爱奇艺等视频网站的点击量也都不俗。[④]《十三五之歌》在腾讯网上线后 5 小时点击量便达到 300 万次，一天时间就突破了 1000 万次，而 QQ 音乐也

---

① 参见[加]麦克卢汉：《理解媒介：论人的延伸》，何道宽译，商务印书馆 2000 年版，第 20 页。

② 参见中共中央宣传部、教育部：《中共中央宣传部、教育部〈关于进一步加强和改进高等学校思想政治理论课的意见〉实施方案》，2009 年 7 月 27 日，http://jnjd.mca.gov.cn/article/bxsz/jcjxx/200907/20090700033537.shtml。

③ 陈万柏、张耀灿：《思想政治教育学原理》，高等教育出版社 2015 年版，第 173 页。

④ 参见：《〈跟着大大走之俄罗斯篇〉走红网络，一天点击量过百万》，2015 年 5 月 7 日，http://epaper.bjnews.com.cn/html/2015-05/07content_575470.htm? div=-1。

已收录了这首歌并标注为“热播的网络歌曲”。[①] 朝阳工作室的《群众路线动真格了?》《老百姓的事儿好办了吗?》《当官的真怕了?》等动漫短片同样在网络上流传度很高，人民网、求是理论网等官方网站，以及一些地方政府的官方微博，均转发了该系列短片。[②] 除此之外，互联网上还有着不胜枚举的资源，能够为高校思政课堂教学所用。可以看出，在高校思政课课堂教学的视角下，网络资源无疑有着内容丰富，形式多样的特点。

第三，网络资源共享度高，获取方便。

互联网属于全世界，不独属于任何一个国家、组织或个人，共享性、开放性等积极的理念贯穿其整个发展史。互联网为人们提供了一个信息共享的条件和环境，使网络资源得到了最充分的共享和利用。在现实世界中，一个人从图书馆借阅某一本书后，其他人就无法获取同一本书了。在网络世界中，情况则完全不同。由于互联网中的数据具有可共享性和可扩展性的技术特征，这就意味着网络资源有着共享程度高的特点。一个人获取某一网络资源后，该网络资源仍然存在于互联网上，因此不会影响其他人继续利用。网络资源可以被重复多次使用，而且会由于不断分享而越来越丰富。作为全球性的公共信息共享平台，互联网将全世界的网络资源汇聚起来，使网络资源成为人们共有的财富。世界各地的用户都具有平等的权利，每个人都可以自由地选择和利用各种各样的网络资源。网络资源的共享度高还表现为网络资源可供人们随时随地使用，从而摆脱了时间和地域等因素的限制，打破了各种无形和有形的壁垒。这在很大程度上提高了网络资源传递的效率，降低了网络资源获取的成本和费用。

网络资源是全社会人们的共有资产，也是高校思想政治教育工作者的宝贵财富。网络资源共享度高、获取方便这一特点，意味着高校思想政治教育工作者获取和利用网络资源具有极大的便利性。只要有上网设备，高校思想政治教育工作者就可以不受时间、空间的约束，免费获取大量可以利用的网络资源。近年来，移动网络化趋势越来越明显，智能手机、平板电脑等移动终端设备迅速得到普及。移动设备具有携带方便、功能全面等优点，极

---

① 参见陶文斌:《神曲“十三五”和背后的“复兴路上工作室”》，2015 年 11 月 8 日，http://news.sohu.com/20151108/n425617698.shtml。

② 参见人民网:《习近平挥棒“打虎”卡通形象网上热传》，2015 年 2 月 20 日，http://politics.people.com.cn/n/2015/0220/c1001-26585002.html。

大地提高了互联网访问的灵活性和方便性，已逐渐超越电脑成为人们上网的主要方式。凭借手机和平板电脑，人们可以随时随地获取和分享需要的网络资源。我们可以看到，在移动互联网时代，网络资源的共享度进一步提高，网络资源的获取和利用更加方便、快捷，这对高校思政课堂教学无疑具有十分重要的意义。

第四，网络资源庞杂无序，复杂多元。

互联网是一把双刃剑，网络的自由性使信息传播的数量和速度大幅增加与提高，但同时催生了信息的泛滥。总体来说，海量的网络资源处于一种无序状态，内容极其复杂，既包括正面、有益的信息，又不乏负面、虚假的信息。21世纪初，有学者这样评价网络："网络是一个信息的宝库，同时也是一个信息的垃圾场，学术信息、娱乐信息、经济信息以及各种各样的黄色、暴力信息混杂在一起，使网络成为信息的万花筒。"[①]从技术层面看，互联网自身的特性决定了网络资源是庞杂无序、复杂多元的。与传统媒介相比，网络媒介的信息发布和传播过程具有更高的自由度和随意性，因此真实性和权威性较差。互联网的信息发布者十分复杂，无论是政府、组织还是企业、个人，都可以成为信息发布的主体，自由地在网络上发布和传播各种信息。而且由于网络信息数量巨大、种类繁多，系统性和组织性不强，在传播过程中很容易出现误差。再加上缺乏必要的过滤、审核、管理和规范程序，互联网上充满了大量真伪并存的信息。从价值层面看，庞杂无序、复杂多元的网络资源与多元化的社会价值观念有关。"人们呈现在网络空间中的思想、观念、意识受现实社会经济生活的影响，是现实社会经济生活的反映。"[②]随着经济全球化、文化多元化的日益发展，世界范围内的经济、文化乃至政治交往愈加频繁，不同思想、不同文化的相互融合、交互作用成为当前世界发展的主流趋势，而这种趋势在互联网上体现得更加明显。互联网是现实社会的缩影，它与现实社会是紧密相连的，现实社会的各种思想、理论与观点都能在互联网中找到一席之地。各种不同的思想体系、价值观念、生活方式、意识形态在网络上交融、碰撞和冲突，这就导致了网络资源在整体上是庞杂无序、复杂多元的。

---

① 杨立英：《网络思想政治教育论》，人民出版社2003年版，第359页。

② 赵欢春：《论网络意识形态话语权的当代挑战》，《河海大学学报》（哲学社会科学版）2017年第2期。

随着互联网的发展，信息的创造和更新日益加速，为人们提供了海量的网络资源，极大地拓展了人们选择的范围。但我们也看到，庞杂无序、复杂多元的网络资源增加了人们选择的难度，也对高校思想政治教育工作者提出了挑战。如何在海量的网络资源中筛选出适用于课堂教学的有效信息？如何对复杂的网络资源进行甄别和合理利用？这些都是高校思想政治教育工作者需要深入思考和研究的问题。

(二)高校思政课堂教学网络资源利用的作用

1. 弥补传统思政课的不足

高校思政课是高校思想政治教育工作的重要内容之一，是对大学生进行思想政治教育的主渠道，承担着帮助大学生树立正确的世界观、人生观、价值观，把学生培养成中国特色社会主义事业合格建设者和接班人的重要任务。2015年，中共中央办公厅、国务院办公厅联合印发的《关于进一步加强和改进新形势下高校宣传思想工作的意见》强调，要“切实推动中国特色社会主义理论体系进教材进课堂进头脑”[①]。在“三进”之中，“进课堂”无疑具有极为重要的地位。近年来，国内高校思政课在课堂教学实效方面取得了一定的进展。但是，高校思政课堂教学的总体状况仍然不容乐观，普遍存在吸引力不大、实效性不高的问题，“教师在台上滔滔不绝，学生在台下昏昏欲睡”的现象屡见不鲜。近年来国内高校所反映的主要问题是学生听课状态不好、听课不认真，课堂教学氛围和教学效果令人忧虑。这些问题在班容量较大的高校思政课堂教学中的表现可能更突出。[②]

高校思政课出现教而不学、曲高和寡的现象，与思政课理论晦涩难懂，带有很强的意识形态性和思想理论性有一定关系，但其自身建设状况不够理想才是主要原因。杜威说过，如果抽象地向学生灌输道德观念，只会将道德降低为某种功课，至多把受教育者培养成熟记道德名词和概念的好学生。[③] 目前，许多高校的思政课堂教学仍然沿用传统的教学模式，仅仅强调

---

① 《中共中央办公厅、国务院办公厅关于进一步加强和改进新形势下高校宣传思想工作的意见》，《中国教育报》2015年1月20日。

② 参见孙武安：《“〈学习手册〉制”与思政课课堂教学氛围的改善——以温州大学课堂教学改革为例》，《思想理论教育导刊》2016年第1期。

③ 转引自王滨：《思想政治教育环境论》，同济大学出版社2011年版，第10页。

让学生死记硬背相关知识，极少关注如何科学地设计教学内容和方法，在某种程度上是理论知识的填鸭式灌输教育，严重影响了高校思政课的教学效果。传统思政课有着明显的局限性，比如教学内容拘泥于教材，主要以理论知识为主，缺乏对现实社会的适应性；只注重传统的授课方式，忽略对多媒体的应用，缺乏生动性和直观性；等等。可以看出，传统思政课堂教学提供的信息量非常有限，内容单调枯燥，理论与实践缺乏结合，不可避免地陷入空洞乏味的说教，难以激发学生的学习兴趣。从教育学的视角来看，教学是由教与学两个方面组成的双边活动。一般来说，教师的教是为学生的学服务的。教学不只是有教有学，而且要有教的能动性与学的能动性，这样才能取得最好的教学效果。教师讲授的内容只有在可以吸引学生时才能真正调动起学的能动性。为了提高课堂教学的吸引力，改善高校思政课的教学效果，需要努力寻求教学资源内容的多元化渠道，大力拓展高校思政课堂教学的广度和深度。

从教育分工看，任何教育形式都有边界，思想政治教育也不例外，但从教育的目的看，任何东西都可以用于思想政治教育，为思想政治教育服务。[①]互联网为人们提供了取之不尽、用之不竭的网络资源，也为高校思政课堂教学提供了充足的可资利用的素材。将内容丰富、形式多样的网络资源引入课堂教学可以大大拓展课堂内容，有效地优化教学形式，为拓展高校思政课堂教学的广度和深度奠定基础。一方面，网络资源能够有效弥补传统思政课堂教学在内容上的不足。显然，网络资源的利用能够突破教材篇幅的制约，提供更多的信息量，并增强教学内容的时效性、新闻性和说服力，贴近现实社会实际和大学生的思想实际，从而吸引学生主动关注教学内容，在不知不觉中接受教师的灌输。另一方面，网络资源能够优化传统思政课堂教学纯文本、纯说教的教学形式。心理学研究显示，人们在认识某一事物时，只用听觉能够认识事物 15％的特征，只用视觉能够认识事物 20％的特征，而视觉、听觉并用则可以认识事物 65％的特征。[②] 网络资源形式多样，可以融文字、音频、视频、动画为一体，可视性好、可观性强，信息内容更为生动直观。高校思政课教师通过综合运用图、文、音、像等形式不一的网络资源进

① 参见盛跃明：《思想政治教育转型论：现代性的观点》，人民出版社 2015 年版，第 121 页。

② 参见张耀灿、郑永廷、吴潜涛、骆郁廷等：《现代思想政治教育学》，人民出版社 2006 年版，第 385 页。

行教学，能够使抽象的理论具体化为生动活泼的内容，寓教于乐，激发学生浓厚的学习兴趣；另外，网络资源的多媒体优势可以使知识的静态传播变为动态传播，将平面的、单向的传播变为立体的、多维的传播，以多样化的传播方式激活学生的认知模式，从而大大增强思想政治教育的感染力和实效性。

高校思政课的性质决定了课程本身的严肃性，但这并不意味着思政课必然是枯燥无味的。毫无疑问，网络资源的利用能够弥补传统思政课的诸多不足，为高校思政课堂教学注入新颖、创意的风格，从而增添课堂教学的吸引力，提高学生的课堂参与度和关注度，向学生展现出思政课活泼有趣、有理有用的一面。

2.符合当代高校学生的需求

马克思指出，“最先进的工人完全了解，他们的阶级的未来，从而也是人类的未来，完全取决于正在成长的工人一代的教育”[①]。习近平总书记也曾强调，“青年兴则国家兴，青年强则国家强。我们党自成立之日起，就始终代表广大青年、赢得广大青年、依靠广大青年”[②]。“青年是祖国的未来、民族的希望，也是我们党的未来和希望。”[③]大学生是中国特色社会主义事业建设的主力军，担负着实现社会主义现代化的重任，他们的道德素质和精神面貌极大程度上影响着国家的未来和前途。思想政治教育的培养目标是促进人的自由而全面发展，高校思想政治教育的培养目标则是促进大学生的自由而全面发展，这一目标实现的基本要求是高校思想政治教育必须满足大学生发展的需求并得到他们的认同。如果“思想政治教育忽略教育对象发展的需要，离开对教育对象发展需要的关注，就会影响教育实效的实现”[④]。也就是说，高校思想政治教育能否达到其预期效果和目标，在很大程度上取决于其能否符合大学生的需求。因此，高校思想政治教育要更多地关注大学生，以培养合格的社会主义事业接班人。

从20世纪80年代开始，信息产业迅速兴起，互联网彻底改变了当代大学生的成长环境，他们身上留下了深深的信息化时代的烙印。根据中国互联网发展中心统计，截至2017年12月，中国网民规模达7.74亿人，其中以

① 《马克思恩格斯全集》第16卷，人民出版社1964年版，第217页。

② 《习近平谈治国理政》，人民出版社2014年版，第54页。

③ 中共中央文献研究室编：《十七大以来重要文献选编》（下），中央文献出版社2013年版，第451页。

④ 臧宏：《解决学生的问题：思想政治教育的内在要求》，《光明日报》2010年1月25日。

10～39岁的网民为主，占73%，20～29岁网民占比最高，达30%。中国网民中学生群体占比最高，为25.4%。[①]《2015年中国大学生媒体使用习惯调查报告》显示，大学生几乎每天都会接触互联网，超过90%的大学生上网时间超过两小时，上网时间超过8小时的大学生占12.2%，远高于每日接触报纸(0.4%)、广播(0.5%)、电视(0.9%)、杂志(0.7%)达8小时以上的大学生，仅有1.1%的大学生每天从不接触互联网。[②] 可见，当代大学生是互联网应用最主要的群体，大学生"无时不网""无处不网"已经成了非常普遍的现象。互联网的普及和运用对大学生的生活、学习和思想产生了深刻的影响，他们的生活方式、学习方式、获取信息的渠道、个性特征的发展与思想观念的形成等发生了重大的变化，这对高校思政课堂教学提出了新的要求。伴随着互联网成长起来的大学生个性鲜明、视野开阔，他们主要通过网络渠道获取知识、了解世界，思维方式和价值取向趋向于多元化，对封闭的思维方式和传统的教育模式具有强烈的排斥心理。长期以来，传统的高校思政课堂教学在教学内容和教学方法上逐渐形成定式，难以适应当代大学生日益凸显的个性化需要，也就难以调动大学生学习思想政治理论的主动性，导致课堂气氛欠佳。在一定意义上说，传统的思政课堂教学与"网民"大学生之间的鸿沟和矛盾是当前高校思想政治教育的主要障碍。离开了学生"学"的有效性，教师"教"的有效性也就无从谈起了。可见，思想政治理论课教育要想取得实效，只有了解学生的所思所想，才能接地气，才能共振谐调。[③] 经验表明，成功的高校思政课教学改革要求教师"要有效介入学生在玩的东西，别具匠心地设计教学过程"[④]。

在当前形势下，面对作为"网络新生代"的大学生，高校思政课堂教学利用网络资源，无疑是"接地气""有效介入学生玩的东西"的具体表现。杜威指出："(教育中)一切的浪费都是由于彼此的隔离。"[⑤]长期以来，受我国传统

① 参见中国互联网络信息中心：《第41次中国互联网络发展状况统计报告》，2018年1月31日，http://www.cac.cov.cn/2018-01/31/c_1122347026.htm。

② 参见付翔：《2015年中国大学生媒体使用习惯调查报告发布》，2015年7月20日，http://media.people.com.cn/n/2015/0720/c397572-27329888.html。

③ 参见高国希：《思想政治理论课改革要克服几个难点》，《中国高等教育》2015年第7期。

④ 韩晓萌：《课堂活起来学生真受益——复旦大学思想政治理论课改革纪实》，《中国高等教育》2015年第10期。

⑤ [美]约翰·杜威：《学校与社会》，赵祥麟等译，人民教育出版社2005年版，第21页。

教育体制的影响，教师在学生心中的形象始终是高高在上、难以亲近的。当代大学生正处在生理、心理的成熟期，他们渴望受到尊重的愿望强烈。高校思政课教师在课堂教学中引入网络资源，恰当地观照大学生的需要，能够打破大学生对教师的一贯印象，促进大学生对教师的认可，有助于师生之间保持“亦师亦友”的关系，进而使教师的主导作用和学生的主体作用紧密地结合起来，提高教师教导的有效性。引入“接地气”的网络资源，将思想政治理论由“忠言逆耳”转变为“忠言顺耳”，能够减少思政课教师与学生之间的交流障碍，营造轻松愉悦的学习氛围，使学生产生良好的学习兴趣，提升学习效果。可见，高校思想政治教育工作者对课堂教学进行更新升级，在课堂教学中充分利用网络资源，能够为拉近教师与学生之间的距离提供良好的契机，从而最大限度地满足大学生的需要，实现对大学生思想和行为发展的有效引导。

3. 应对网络负面信息的挑战

信息技术的进步改变了人类社会的方方面面，拓展了人类的交往领域，同时也带来了很多负面影响。互联网自身的自主性、开放性等特点，决定了它必然成为各个国家、各种社会力量、不同利益群体表达自己思想和意志的主要场所。目前，“互联网日益成为舆论生成的策源地、信息传播的集散地、思想交锋的主阵地，成为人们社会生活中的一个‘最大变量’”[①]。在互联网上，始终存在“新”与“旧”“善”与“恶”“中”与“西”的冲突。从国际维度来看，西方资本主义国家借助其网络霸主地位，在网上大肆倾销它们的意识形态。正如阿尔温·托勒夫曾指出的，“未来世界政治的魔方将控制在拥有信息强权的人手里，他们会使用手中掌握的网络控制权、信息发布权，达到暴力金钱无法征服的目的”[②]。美国是互联网的诞生地，以美国为代表的西方资本主义国家在网络技术方面一直处于领先位置。它们凭借雄厚的技术优势，利用互联网想方设法地宣扬自己的文化思想、政治理念乃至意识形态，以达到其对发展中国家，尤其是社会主义国家进行“西化”和“分化”的目的。显然，互联网作为西方资本主义国家实施意识形态渗透的一种政治工具，是当代意识形态斗争的重要战场。在这个没有硝烟的战场上，马克思主义的和

---

① 王伟光：《借力网络新媒体传播哲学社会科学》，《人民日报》2014 年 4 月 17 日。

② [美]阿尔温·托勒夫：《权力的转移》，周敦仁译，中信出版社 2006 年版，第 32～33 页。

非马克思主义的、反马克思主义的思想意识形态之间的斗争表现得相当激烈。从国内维度来看，由于我国正处于经济体制重大改革、社会结构不断变化、利益格局深刻调整的转型期，多元化社会思潮的激荡使多样化的思想观念在网络上广泛传播。在互联网上，除了官方“网军”占有一定的阵地外，非官方主要活跃着一批以传播观点、赢得民意为目的“意见领袖”“网络大V”以及主要以获利为目的的“网络水军”。[①] 某些网络舆论领袖在互联网上明目张胆地传播负面信息，比如诋毁、丑化党和国家领导人的形象；大力鼓吹资本主义、抹黑社会主义；肆意宣扬个人主义、享乐主义、拜金主义、功利主义、虚无主义等消极的价值观念等等，严重偏离了社会主义核心价值观。

“媒介‘传播’的世界不是世界本身，而是已经被选择和解释过的世界。这个‘世界’很可能是扭曲的，变形的，但它总是被当作真实存在的世界传播给受众的。在大众传播无孔不入的今天，人们自觉、不自觉地接受着媒介对世界的选择和解释。”[②]当前，不同的生活方式、文化传统、道德标准、价值观念和政治立场在网络上云集，低级的、虚假的乃至反动的负面信息充斥互联网的各个角落，直接影响我国的社会主义建设事业，同时对高校大学生的身心健康产成了不容忽视的消极影响。大学生接触网络较多，有着强烈的参与感，又由于年龄、知识结构等的限制，理性判断和分辨能力还比较薄弱，因而很容易受到网上传播的不符合我国国情的负面信息侵蚀。大学生正处于世界观、人生观和价值观形成的关键时期，可塑性较强，负面的网络信息显然不利于他们形成健康、辩证的价值态度和价值标准。再加上网络上的价值评判相对滞后浅显，长期处于没有理性引导的网络环境可能致使他们在价值取向上出现偏差，在政治立场上出现错误。在这种背景下，核心价值观的树立与引领就显得尤为重要。

引导大学生对网络信息进行理性判断和分辨，从而帮助他们树立起正确的世界观、人生观和价值观，是高校思想政治教育工作者义不容辞的重要职责。互联网上大量的负面信息是高校思政课堂教学必须面对而无法忽视的，如果对此避之不理，显然是对责任的放弃，势必会影响教育目的的实现。

---

① 参见卢黎歌、兰美荣：《大信息时代人的思想观念变化与思想政治教育的思考》，《西安交通大学学报》(社会科学版)2015年第5期。

② 居廷安：《信息、沟通与传播》，上海人民出版社1986年版，第184～185页。

因此，在课堂教学引入正、反两方面的网络资源，对纷繁复杂的网络信息进行全面的辨析，是高校思政课教师的必然选择。“互联网不仅影响着大学生思想政治素质的形成和发展，更重要的是消解了高校思想政治教育工作队伍的信息垄断权，原来通过封锁或有意识传递某些消息，影响大学生政治态度和道德的做法已经失去了继续存在的根基。”①传播学研究也表明，对于受教育水平较高的受众，正、反两面的信息有助于达到信息传播的劝服效果。②也就是说，在过去相对封闭的环境下，单方面的正面传播可以取得较好的传播效果，而在当代开放而多元的环境下，如果传播的内容不够全面，就难以得到学生的认同，会极大地削弱正面传播的效果。因此，高校思想政治教育工作者从正、反两个方面利用网络资源，全面客观反映事实而非刻意遮蔽，有利于引导大学生在价值冲突中学会比较、选择和判断，从而使他们树立起正确的价值观思想体系。可见，高校思政课堂教学充分利用网络资源是应对网络负面信息挑战的必然要求，是坚持马克思主义的指导地位、永葆思想政治教育先进性的必要途径。

4. 适应网络时代发展的要求

与时俱进也是高校思想政治教育的生命力之所在。高校思想政治教育只有在充分体现时代发展的要求时，才有可能被学生真正地接受和内化。这也就决定了高校思想政治教育必须紧跟时代发展的步伐，适应时代发展的要求。当下，“互联网”无疑是这个时代最鲜明和最突出的关键词，我们已经步入网络时代。“在马克思看来，科学是一种在历史上起推动作用的、革命的力量。”③互联网技术的发展无疑是一种对人类历史起推动作用的、革命的强大力量。随着网络时代的到来，经济、政治、社会、文化等各个领域日新月异，教育领域的发展和更新也就成了一种必然。美国著名的数字未来学家唐·泰普斯克特说过：“新世代与新数字工具的结合，使得我们必须重新去思考教育的本质，当然更包括其内容及方式。”④互联网催生了整个教育领

---

① 中国青少年研究中心、团中央学校部课题组：《“大学生思想政治教育”调研报告》，《中国青年研究》2005 年第 7 期。

② 参见[美]沃纳·塞弗林、小詹姆斯·坦卡德：《传播理论：起源、方法与应用》，郭镇之等译，华夏出版社 2000 年版第 180 页。

③ 《马克思恩格斯选集》第 3 卷，人民出版社 2012 年版，第 1003 页。

④ [美]唐·泰普斯克特：《数字化成长——网络世代的崛起》，陈晓开等译，东北财经大学出版社 1999 年版，第 179 页。

域的革命，以远程教育、交互教育为特点的网络教育正随着互联网的不断发展而广泛普及，形成一股教育新潮流。“慕课”“微课”等数字化、信息化和网络化的全新教学模式一经问世便迅速引起了高等教育界的广泛关注，为高校思想政治教育开辟了全新的渠道。近年来，以互联网为载体的网络思想政治教育已经成为当代思想政治教育的重要形态之一。

在“慕课”“微课”大行其道的网络时代，高校思政课堂教学的主导地位仍然是无法撼动的。课堂教学在任何时期都具有不可替代的教育功能，比如有利于教师发挥主导作用，使课堂自然而然地形成凝聚力和向心力；有利于营造良好的课堂气氛，促进课堂话题的聚拢和挖掘；有利于发挥情感因素的重要作用，加强教师和学生之间的情感交流；等等。由此可见，网络时代，高校思政课堂教学的主导地位没有变，课堂教学没有过时。但是我们也要清醒地看到，互联网的快速发展和广泛应用正在深刻地改变着人们的学习方式，极大地冲击着以课堂教学为主的传统教育模式，对课堂教学提出了更高的要求。网络时代的发展、教育领域的变革无不呼唤着高校思政课堂教学的更新与发展。习近平总书记明确指出，思想政治教育要真正取得实效，关键要突出其时代性与感召力。[①] 为了提高高校思想政治教育的实效性，高校思政课堂教学不能停留在原有的层面上，而应该顺应网络时代的潮流，与网络时代的发展同步。

时代的发展方向决定了高校思想政治教育的发展方向，高校思政课的内容和形式等必须随着时代的变化而变化，这是高校思政课发展的必然趋势。网络时代，将网络资源拒之门外来谈高校思政课堂教学的与时俱进既是不科学的，也是不现实的。毋庸置疑，在高校思政课堂教学中引入网络资源，是顺应网络时代发展潮流、适应网络时代发展要求的必然选择。高校思政课教师充分利用网络资源的过程，就是利用互联网上富有时代内涵的知识、信息、思想和观念，不断地更新和调整高校思政课堂教学，使其更具有吸引力和感染力的过程。在这个过程中，通过对网络资源的利用赋予高校思政课堂教学鲜明的时代气息，不断增强时代感。显然，高校思政课教师利用网络资源可以更好地满足网络时代发展的客观要求，从而促进高校思政课堂教学与时俱进地发展，始终保持鲜活旺盛的生机与活力。

---

① 参见熊照元：《掌握和运用“思想”的力量》，《思想政治工作研究》2014 年第 6 期。

通过以上分析可以看出，面对传统思政课堂教学的诸多不足，面对高校大学生思想和行为的巨大变化，面对网络负面信息所带来的严峻挑战，面对网络时代所提出的新的要求，要适应时代发展和人的发展的需要，必须从互联网中去挖掘教育资源，为高校思政课堂教学增添新养分，使之不断地充实和提高。只有合理地利用网络资源，才能使高校思政课堂教学适应新形势下的新要求，提高教育的有效性。

二、高校思政课堂教学网络资源利用的现状及问题

（一）高校思政课堂教学网络资源利用的现状

为了充分了解高校思政课堂教学网络资源利用的现实状况和现存问题，笔者对大学生进行了关于“高校思政课课堂教学网络资源利用情况”的问卷调查，并对部分高校思政课教师及大学生进行了个案访谈。问卷共设置了 28 道客观题目，包括 10 道单选题和 4 道多选题，以及 14 道描述性题目，每个题目的答案有“完全同意”“比较同意”“一般”“比较不同意”“不同意”五个选项，对应分数分别为 5 分、4 分、3 分、2 分、1 分，调查对象对题目的回答所对应的分数表示符合程度的高低。

此次调查于 2017 年 9 月发放问卷 600 份，回收问卷 583 份，剔除无效问卷 25 份，得到有效问卷 558 份，有效回收率为 93%。问卷调查采集的数据样本分别来自三个不同地域的高校，包括山东大学（威海）、哈尔滨工业大学（威海）和哈尔滨理工大学。高校思想政治理论课一般安排在大一和大二两个年级，刚刚入学的大一新生对思想政治理论课还不太熟悉，而大二学生已经在大一期间修完两门思想政治理论课，因此对思政课课堂教学情况比较熟悉，对思政课堂教学网络资源利用的情况也有了一定的了解。据此，本次问卷主要面向大二学生发放。

回收的 558 份有效问卷中，在性别分布上，男生 218 人，女生 340 人；在学校分布上，山东大学（威海）188 人，哈尔滨工业大学（威海）182 人，哈尔滨理工大学 188 人；在专业分布上，理工农医类 200 人，人文社科类 314 人，艺术类 44 人。可以看出，本次问卷调查采集的数据样本覆盖了不同性别、不同专业、不同高校的大学生，调查结果具有较好的代表性。通过 spss20.0 对

这份问卷进行整理和统计，笔者对调查结果分析如下。

1. 高校大学生的网络使用状况

了解大学生的网络使用状况是高校思政课教师合理利用网络资源的出发点。只有在准确地了解学生的基础上，高校思政课教师才能有的放矢地在课堂教学中利用大学生关注并感兴趣的网络资源，达到其预期的教育目的。

随着移动互联网的发展和普及，主流上网设备逐渐从台式电脑、笔记本电脑转变为手机、平板电脑。目前，智能手机已经成为人们上网的主要设备，其便携性高，功能强大，操作简易，并且更适用于碎片化的使用场景，因此尤其受大学生群体的欢迎。如表 6-1 所示，89.7%的大学生主要通过手机上网。可以看出，网络移动化趋势在大学生群体中体现得非常明显，大学生使用网络十分方便。

表 6-1 大学生的主要上网设备

	响应		个案百分比
	N	百分比	
台式电脑	15	1.6%	2.7%
笔记本电脑	359	37.4%	64.6%
手机	499	52.0%	89.7%
平板电脑	78	8.1%	14.0%
其他	8	0.8%	1.4%
总计	959	100.0%	172.5%

注：此题为多选题。

在被调查的 558 名大学生中，仅有 3.2%的大学生每天上网时间不到 1 小时，21.9%的大学生每天上网时间在 1～3 小时，40.5%的大学生每天上网时间在 3～5 小时，每天上网时间在 5 小时以上的大学生占 34.4%。详见图 6-1。可见，大学生每天会花费相当一部分时间上网，网络无疑是大学生生活中的重要部分，是他们学习、娱乐、社交等的重要方式。

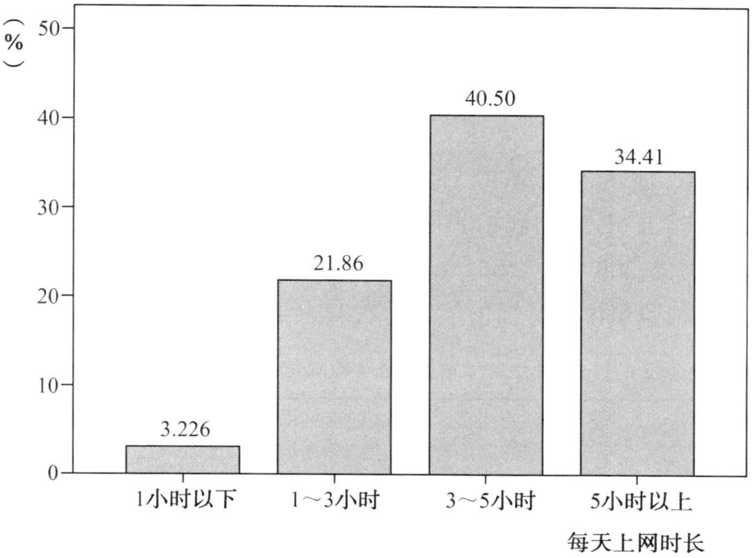

图 6-1 大学生每天上网时间

通过调查大学生经常使用的网络应用发现，就信息获取类应用而言，大学生对搜索引擎的使用率达到 96.2%；对网络新闻的使用率为 69.4%。就交流沟通类应用而言，大学生对即时通信的使用率最高，达到 97.3%；其次是微博，使用率为 70.8%；对论坛和电子邮件的使用率相对较低。

表 6-2 大学生经常使用的网络应用

	响应		个案百分比
	N	百分比	
搜索引擎	537	26.7%	96.2%
网络新闻	387	19.2%	69.4%
即时通信	543	26.9%	97.3%
论坛	64	3.2%	11.5%
电子邮件	50	2.5%	9.0%
其他	39	1.9%	7.0%
总计	2015	100.0%	361.1%

注：此题为多选题。

微博和微信作为极具代表性和个性化特征的两大网络应用，已经成为互联网发展的重要趋势的体现，引起了人们的广泛关注。因其内容的微型化、使用方式的简易性、信息传播的灵活性等特点，微博、微信符合大学生群体接收信息的习惯，也符合他们日益多元化和个性化的需求，因而深受大学生群体的青睐。如表6-3所示，对于微博、微信等微媒体上传播的信息，绝大多数大学生表示比较关注，占48.4%；表示非常关注的大学生占15.1%；表示不太关注和不关注的分别仅占占5.7%和1.8%。可见，微博、微信是大学生获取信息的重要网络平台，微媒体上传播的信息无疑对大学生有着深刻的影响。

表6-3 大学生对微博、微信等微媒体上的信息关注程度 单位：%

	频率	百分比	有效百分比	累积百分比
非常关注	84	15.1	15.1	15.1
比较关注	270	48.4	48.4	63.4
一般	162	29.0	29.0	92.5
不太关注	32	5.7	5.7	98.2
不关注	10	1.8	1.8	100.0
合计	558	100.0	100.0	

由于网络巨大的传播效应，经过论坛、微博、微信等平台的迅速转载，网络热点事件往往会形成强大的舆论，对社会具有不可忽视的重大影响。调查数据显示，对网络热点事件非常关注和比较关注的大学生分别占15.1%和48.4%，而不太关注和不关注网络热点事件的大学生分别仅占3.2%和1.3%，详见表6-4。可见，大多数大学生对网络热点事件的关注程度很高。

表6-4 大学生对网络热点事件的关注程度 单位：%

	频率	百分比	有效百分比	累积百分比
非常关注	71	12.7	12.7	12.7
比较关注	303	54.3	54.3	67.0
一般	159	28.5	28.5	95.5
不太关注	18	3.2	3.2	98.7
不关注	7	1.3	1.3	100.0
合计	558	100.0	100.0	

通过以上调查可以看出，随着互联网的稳步发展和移动上网设备的迅速普及，网络已经成为当代大学生生活中必不可少的一部分。大学生对搜索引擎、网络新闻、即时通信和微博的使用率均较高，网络是他们获取信息和交流沟通的重要渠道。大学生对微博、微信等微媒体上传播的信息关注程度很高，不断涌现的网络热点事件更是他们关注的焦点，微媒体和网络热点事件正在对他们产生方方面面的影响。从大学生使用网络的深度和广度来看，他们在学习、社交、娱乐等各个方面的需求，很大程度上需要依靠互联网来满足。

2. 高校思政课堂教学网络资源利用的程度

为了全面了解高校思政课堂教学网络资源利用的程度如何，笔者对目前高校思政课堂教学网络资源的利用频率、微博、微信等微媒体的利用情况以及网络热点事件的利用情况等几个方面进行了具体调查。

如表 6-5 所示，就高校思政课堂教学网络资源利用的频率而言，在笔者调查的 558 个调查对象中，选择“每节课都会利用”和“大部分课会利用”的大学生有 220 人，占被调查人数的 39.5%；选择“一般”的大学生有 219 人，占被调查人数的 39.2%；有 119 人选择了“小部分课会利用”和“几乎不利用”，占被调查人数的 21.3%。调查结果表明，目前大部分思政课教师会在课堂教学中利用网络资源，高校思政课堂教学利用网络资源已经较为普遍。

表 6-5　思政课教师在课堂教学中利用网络资源的频率　　单位：%

	频率	百分比	有效百分比	累积百分比
每节课都会利用	31	5.6	5.6	5.6
大部分课会利用	189	33.9	33.9	39.4
一般	219	39.2	39.2	78.7
小部分课会利用	95	17.0	17.0	95.7
几乎不利用	24	4.3	4.3	100.0
合计	558	100.0	100.0	

随着微博、微信的成熟与发展，其用户群体不断扩大，微媒体的影响力延伸至政治、经济、文化等各个领域，对社会的多方面影响日趋深入，潜移默化地改变着大学生的学习和生活方式。从这个角度而言，微博、微信已经不再是简单的网络应用，而是高校思想政治教育无法忽视的时代命题。高校

思想政治教育要跟上时代的步伐，着眼于学生的关注点，就不得不去关注微博、微信等微媒体。调查显示，对于微博、微信等微媒体上的信息，27.4%的学生表示高校思政课教师在课堂教学中从未提到相关内容，35.8%的学生表示高校思政课教师很少在课堂教学提到相关内容，表示每节课都会提到以及大部分课会提到的学生分别有 4 人和 67 人，仅占被调查人数的 12.7%（见表 6-6）。

表 6-6 高校思政课教师在课堂教学中提到微博、微信等微媒体信息的频率 单位：%

	频率	百分比	有效百分比	累积百分比
每节课都会提到	4	0.7	0.7	0.7
大部分课会提到	67	12.0	12.0	12.7
一般	134	24.0	24.0	36.7
小部分课会提到	200	35.8	35.8	72.6
几乎不提到	153	27.4	27.4	100.0
合计	558	100.0	100.0	

目前，网络热点事件频繁多发，影响深远，受到大学生群体的高度关注。很多网络热点事件与高校思想政治教育有着极为密切的联系，因此也就成为高校思政课堂教学不可回避的现实问题。然而，目前高校思政课堂教学对网络热点事件的利用并不充分。如表 6-7 所示，42.7%的高校思政课堂教学较少涉及网络热点事件，只有少数大学生表示思政课教师经常在课堂教学中提到网络热点事件。

表 6-7 思政课教师在课堂教学中提到网络热点事件的频率 单位：%

	频率	百分比	有效百分比	累积百分比
每节课都会提到	5	0.9	0.9	0.9
大部分课会提到	90	16.1	16.1	17.0
一般	193	34.6	34.6	51.6
小部分课会提到	238	42.7	42.7	94.3
几乎不提到	32	5.7	5.7	100.0
合计	558	100.0	100.0	

在笔者所进行的调查中还有这样一个问题:"您上过的思政课中,教师在课堂教学中提过诸如四月网、共青团中央、局座召忠、复兴路上工作室等类似的微博、微信公众号、网站及其内容吗?"四月网、共青团中央、局座召忠、复兴路上工作室与高校思想政治教育相关度较高,具有一定的代表性,这类微博、微信公众号和网站等能够提供丰富且优质的教学素材,为高校思政课课堂教学添砖加瓦。而对于这个问题,大多数学生选择了"几乎不提到"和"小部分课会提到",分别有 202 人和 196 人,占被调查人数的 71.3%,详见表 6-8。

表 6-8 高校思政课教师在课堂教学中提到诸如四月网、共青团中央、局座召忠、复兴路上工作室等类似的微博、微信公众号、网站及其内容的频率 单位:%

	频率	百分比	有效百分比	累积百分比
每节课都会提到	6	1.1	1.1	1.1
大部分课会提到	56	10.0	10.0	11.1
一般	98	17.6	17.6	28.7
小部分课会提到	196	35.1	35.1	63.8
几乎不提到	202	36.2	36.2	100.0
合计	558	100.0	100.0	

通过以上调查分析不难看出,目前大部分高校思政课教师对在课堂教学中利用网络资源有了一定的认识和实践。但从总体上来看,高校思政课教师对网络资源的利用不够充分,在一定程度上忽视了对大学生极为关注的网络资源的利用,尚未充分挖掘网络资源的思想政治教育价值。

3. 高校思政课堂教学网络资源利用的内容和形式

统计结果显示,从内容上来看,目前高校思政课堂教学利用的网络资源主要是以多媒体课件为主。随着计算机、投影仪等多媒体教学硬件系统在高校的普及,多媒体课件在课堂教学中得到了广泛的应用。利用多媒体课件进行教学,在高校思政课堂教学中也已经非常普遍。如表 6-9 所示,针对"您上过的思政课中,教师在课堂教学中利用的网络资源主要有哪些内容?"一题,86.6%的大学生选择了"多媒体课件",46.6%的大学生选择了"文献资料",只有 24.7%的大学生选择了"网络新闻",极少数大学生选择"网络大 V 相关言论"以及"网络流行语",这说明高校思政课堂教学很少涉及这些内容。

表 6-9 网络资源的内容 单位:%

	响应		个案百分比
	N	百分比	
文献资料	260	22.4	46.6
影音视听资料	176	15.1	31.5
多媒体课件	483	41.6	86.6
网络新闻	138	11.9	24.7
网络大V相关言论	18	1.5	3.2
网络流行语	70	6.0	12.5
其他	17	1.5	3.0
总计	1162	100.0	208.2

注:此题为多选题。

从形式上来看,目前高校思政课堂教学利用的网络资源主要是以静态的文字和图片为主,音频、视频等形式的网络资源相对较少。如表 6-10 所示,在目前高校思政课堂教学利用的网络资源中,37.3%的网络资源以文字形式呈现,而以音频和视频形式呈现的网络资源仅分别占 5.1%和 7.9%。可以看出,目前高校思政课堂教学利用的网络资源在形式上较为集中,文本型资源远多于其他形式的网络资源。

表 6-10 网络资源的形式 单位:%

	响应		个案百分比
	N	百分比	
口头语言	290	22.9	52.1
文字	473	37.3	84.9
图片	328	25.9	58.9
音频	65	5.1	11.7
视频	100	7.9	18.0
其他	11	0.9	2.0
总计	1267	100.0	227.5

注:此题为多选题。

4.高校思政课堂教学网络资源利用的效果

本次问卷还就高校思政课堂教学利用网络资源的效果,向高校学生作了调查,主要调查发现如表6-11所示。表中,5表示完全同意,1表示完全不同意。对于以下题目的回答,558名调查对象所打分数的标准误差不超过1,这表明调查对象对相关题目的看法具有较高的一致性,调查结果的可信度较高。

表6-11 高校思政课课堂教学利用网络资源的效果

	均值	标准误差	标准偏差	调查人数
1.我对传统思想政治理论课比较反感	3.54	0.039	0.931	558
2.比起传统思政课,我更喜欢引入网络资源的思政课	3.85	0.036	0.842	558
3.利用网络资源可以提高我的注意力,提高上课效率	3.85	0.035	0.833	558
4.总的来说,高校思政课课堂教学利用网络资源是利大于弊的	4.07	0.035	0.837	558

根据"我对传统思想政治理论课比较反感"这一描述的调查结果显示,均值为3.54,表明大学生倾向于同意这一描述。可以看出大学生对传统思想政治理论课的吸引力并不认可。李某是一名大三的学生,他在访谈中说道:"我对传统思政课的印象就是空洞说教、枯燥乏味,在这种课堂上很难做到认真听课,去上课只是为了应付老师点名而已。"与传统思政课相比,大学生对引入网络资源的思政课更有好感。针对"比起传统思政课,我更喜欢引入网络资源的思政课"这一描述,67.2%的大学生表示非常同意和比较同意,不太同意和非常不同意的大学生合占5%。这就表明引入网络资源的思政课相比传统思政课更具有优势,更能引起大学生的兴趣。

大学生倾向于认为,思政课教师在课堂教学中"利用网络资源可以提高我的注意力,提高上课效率"。这就意味着大学生对于引入网络资源可以增加思政课堂教学的吸引力有着较高的认同。可见,在高校思政课课堂教学中引入网络资源,能够吸引学生的关注,更好地增强学生的参与感。大学生也倾向于认为,高校思政课堂教学利用网络资源是利大于弊的。根据以上分析可以看出,大学生对于高校思政课堂教学网络资源利用的看法和评价总体上是比较积极的。思政课教师在课堂教学中利用网络资源,能够使学生在课堂上的主动性、积极性得到一定的提高,从而达到较好的教育教学效果。

在高校思政课堂教学中引入网络资源符合大学生的心理期待,能够提高课堂的吸引力和实效性。但值得注意的是,大学生对目前高校思政课堂教学网络资源利用情况的满意程度不高。如下表所示,在被调查的558名大学生中,对目前高校思政课堂教学网络资源利用情况表示"非常满意"和"比较满意"的只有69人,表示"比较不满意"和"非常不满意"的大学生有313人。也就是说,尽管大学生认同在高校思政课堂教学中引入网络资源是利大于弊的,但是他们对目前高校思政课堂教学网络资源利用情况并不满意。从大学生的满意程度低这一现状可以推测,当前高校思政课教师对网络资源的利用还存在各种各样的问题,在教学实践中对其利用还存在一些误区,致使网络资源利用无法达到其应有的效果。

表6-12 大学生对目前思政课堂教学网络资源利用情况的满意程度 单位:%

	频率	百分比	有效百分比	累积百分比
非常满意	5	0.9	0.9	0.9
比较满意	64	11.5	11.5	12.4
一般	176	31.5	31.5	43.9
比较不满意	246	44.1	44.1	88.0
非常不满意	67	12.0	12.0	100.0
合计	558	100.0	100.0	

(二)高校思政课堂教学网络资源利用的问题

1. 与时代发展相背离的问题

21世纪是一个急剧变革的时代,是一个不断创新与超越的时代。曼纽尔·卡斯特说过:"作为一种历史趋势,信息时代支配性功能与过程日益以网络组织起来。网络建构了我们社会的新社会形态,而网络化逻辑的扩散实质地改变了生产、经验、权力与文化过程中的操作和结果。"[①]伴随着信息技术的蓬勃发展,网络日益延伸到社会的各个领域,深刻影响着人们的现实生活,并推动社会物质文明和精神文明不断进步。人们在进入信息化、网络化时代的同时,也步入了后喻文化时代。"后喻文化"这一概念来自美国文化人类学家玛格丽特·米德,她从文化传递的角度出发将人类文化分为前喻文化、同喻文化和后喻文化三种类型。前喻文化主要是指晚辈向长辈学习;同喻文化主要是指晚辈和长辈的学习,发生在同辈人之间;后喻文化则是指长辈向晚辈学习。[②] 一般来说,高校是前喻文化的象征,教育者处于权威地位,由于信息优势而受到学生的信任和尊重。然而,网络的迅猛发展使后喻文化得以显现,"在这一文化中,代表着未来的是晚辈,而不再是他们的父辈和祖辈"[③]。在网络时代,青年学生往往走在时代的前列,他们能够迅速掌握电脑、智能手机、平板电脑等网络设备,驾轻就熟地在网络世界中自在漫游,轻松得到自己所需的各种信息。在某些方面,教育者反而处于信息劣势地位。后喻文化时代的来临消解了教育者的权威地位,对高校思想政治教育形成了巨大的挑战,也给高校思想政治教育提出了一个全新的课题,必然促使高校思想政治理论课堂教学的改变。时代在发展,教育是要"在历史上第一次为一个尚未存在的社会培养新的人。这就为教育体系提出一次崭新的任务"[④]。因此,面对新时代社会的急剧变革,高校思想政治教育工作者必须直面现实,与时俱进,跟上时代发展的步伐,努力实现高校思政课创新发展,从而入学生脑、入学生心,为充满未知的未来培养出合格的人才。

---

① [美]曼纽尔·卡斯特:《网络社会的崛起》,夏铸九、王志弘等译,社会科学文献出版社 2001 年版,第 569 页。

② 参见[俄]利索夫斯基:《米德论代际关系》,黄德兴译,《国外社会科学文摘》1999 年第 6 期。

③ [美]玛格丽特·米德:《文化与承诺——一项有关代沟问题的研究》,周晓虹、周怡译,河北人民出版社 1987 年版,第 9 页。

④ 联合国教科文组织国际教育发展委员会编著:《学会生存——教育世界的今天和明天》,华东师范大学比较教育研究所译,教育科学出版社 1996 年版,第 36 页。

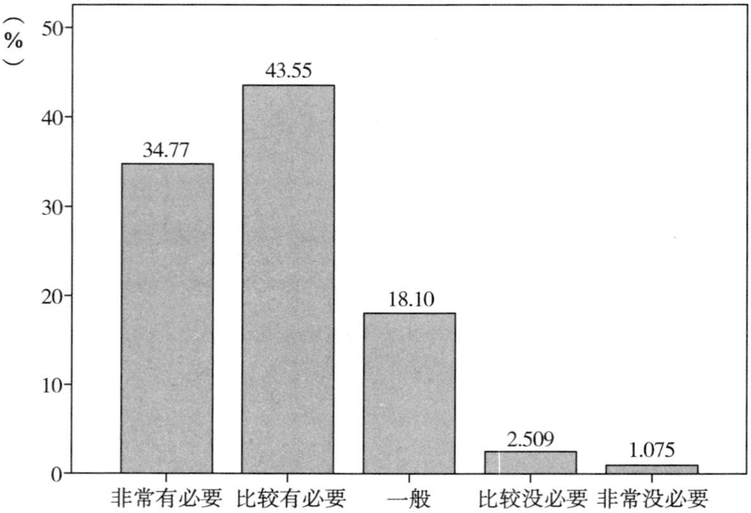

图 6-2　高校思政课堂教学网络资源利用的必要程度

要想保证思想政治教育的时代性,实现高校思政课创新发展,就必须在高校思政课堂教学中融入适应时代发展的内容。当前,教育与网络的结合是大势所趋,高校思政课堂教学与网络资源的融合无疑是高校思想政治教育的必然选择。笔者进行的调查也充分表明,高校思政课堂教学网络资源的利用是很有必要的。如图 6-2 所示,对于“您认为思政课教师有必要在课堂教学中利用网络资源吗?”这一问题,34.77%的大学生认为非常有必要,43.55%的大学生认为比较有必要。可见,在高校思政课堂教学中引入网络资源是符合学生的预期、合乎时代发展规律的。

在时代发展日新月异的背景之下,高校思政课堂教学网络资源利用越来越引起高校学生和思政课教师的关注。然而,目前仍然有一部分教师网络资源利用意识不足,在思政课堂教学中对网络资源的利用不够充分。根据调查显示,在 558 名大学生受访者中,21.3%的大学生表示思政课堂教学从未利用或很少利用网络资源,48.4%的大学生表示思政课堂教学从未涉及或很少涉及网络热点事件,63.2%的大学生表示自己的思政课教师从未提到或很少提到微博、微信及其内容。这无疑造成了思政课堂吸引能力、教育能力的低下,给高校思想政治教育的发展造成了极大的限制。调查结果反映出,作为大学生思想政治教育主渠道主要承担者的高校思政课教师队伍,其教学认知能力、教学操作能力、教学创新能力均有待提高。部分高校思政课教师习惯了遵循传统的教学观念，习惯了遵循“一块黑板、一支粉笔、一张嘴”的传统课堂教学模式，局限于教材的知识灌输，很少谈及教材以外的东西，对网络资源在课堂教学中的重要性不够重视。还有部分高校思政课教师对新生事物的接受程度较低，对网络的了解和使用程度远远落后于大学生，不具备一定的网络技能，因而也就无法将网络资源与课堂教学结合起来。面对网络时代、后喻文化时代的到来，面对千变万化的外部环境，面对日益活跃的青年学生，照本宣科、固守传统的高校思政课堂教学是难以适应新时代下的新形势的。在这种情况下，高校思政课教师如果不能在课堂教学中利用网络资源，就很难适应时代发展的需要，很难将理论与现实紧密结合，很难把握学生思想变化的规律，造成思政课生命力大幅减弱、实效性大幅降低，使思政课成为大学生眼中食之无味、弃之可惜的“鸡肋”。

2. 与现实结合度偏低的问题

要提高高校思政课堂教学的实效性，必须做到紧密结合现实，贴近实际、贴近生活、贴近学生。在高校思政课堂教学中注入新鲜血液，将枯燥的理论与鲜活的现实联系起来，可以使学生更好地理解教材上的内容，更好地解决大学生的心理、人际交往、就业等现实问题。反之，如果教师仅仅局限于教材的理论内容，那么高校思政课堂教学未免显得太过枯燥乏味，而且也无法帮助学生解决现实中的困惑与难题。假若高校思政课缺乏对现实的关注，在现实问题前苍白无力，学生自然会忽视思想政治教育，对思政课无感，甚至是产生反感和排斥的情绪。这样一来，高校思政课堂教学实效性的提高也就成了一句空话。

目前，高校思政课堂教学存在不同程度地脱离现实的现象，教学内容与现实缺乏结合，与社会实践相脱离，缺少吸引力和说服力。近年来，面对外部环境的变迁和挑战，高校在思政课堂教学改革上作出了积极的回应，越来越多的思政课教师开始在课堂教学中利用网络资源。但是，一些教师对网络资源利用的认识存在误区，在课堂教学中只是简单地把黑板板书变成了投影仪放映，没有将网络资源的利用与现实实际很好地结合起来。网络资源利用与现实结合度偏低的问题，一方面表现为网络资源利用的刻板性。网络资源的利用在一定程度上代表着崭新的教育观念、丰富形象的教育内容，但是目前有的思政课教师只是简单地把网络当成一个展示的工具，对网络资源的利用还处于比较低的层次。他们在课堂教学中利用的网络资源大多是对教材的复制和照搬，网络资源的内容较为单薄，主要是大而全的理论，缺少丰富生动的现实案例；网络资源的形式比较单一，主要以文字资料和图片资料为主，缺少应有的生机与活力。从过去刻板地“读教材”变成了现在泛泛地“讲课件”。这种所谓的网络资源利用，只不过是将抽象单调的理论知识通过投影仪屏幕呈现出来，比起传统思政课并没有什么本质上的改变。另一方面表现为网络资源利用的滞后性。网络资源的搜集，特别是多媒体课件的制作要花费很多的时间和精力，同时也要求思政课教师具备一定的网络操作技能。有的思政课教师受到各种外在和内在因素的限制，在课堂教学中仍然沿用很久以前搜集制作的网络资源。由于缺少及时更新，只是一味地套用过去的网络资源，导致教学内容不能很好地与现实接轨，因而很难取得良好的教学效果，不利于学生发展性、创造性的培养。

通过调查表明，大多数学生认为目前高校思政课堂教学利用的网络资源内容不够丰富、形式不够多样、更新不够及时，很难调动起他们的学习兴趣。在目前高校思政课堂教学利用的网络资源中，多媒体课件最为常见，网络新闻、网络大V相关言论以及网络流行语等与现实息息相关的内容则比较少见。网络资源大多数是以静态的文字和图片的形式呈现，音频、视频等其他形式的网络资源所占比例很小。如表6-13所示，60.6%的学生倾向于同意“目前高校思政课堂教学利用的网络资源内容不够丰富”；63.8%的学生倾向于同意“目前高校思政课堂教学利用的网络资源形式不够多样”；另外，还有64.2%的学生表示认同“目前高校思政课堂教学利用的网络资源更新不够及时”。从调查结果可以看出，在当前的高校思政课堂教学中，相当一部分思政课教师只是从形式上利用网络资源，忽视了与现实的结合，导致网络资源利用单调呆板。对于“目前高校思政课堂教学利用的网络资源利用不够鲜活生动，难以引起学生的兴趣”这一问题，超过半数的大学生给出了肯定的回答。可见，虽然教师在课堂教学中利用了本应吸引学生的网络资源，但由于不能很好地联系现实，难免显得枯燥乏味，也就很难引起学生的兴趣。显而易见，高校思政课堂教学网络资源利用与现实结合度偏低的问题，使网络资源利用的效果大打折扣，严重阻碍了高校思政课的革新与发展。

表 6-13　大学生对目前高校思政课堂教学网络资源利用的看法　单位:%

	完全同意	比较同意	一般	不太同意	不同意
目前高校思政课堂教学利用的网络资源内容不够丰富	16.5%	44.1%	32.6%	6.5%	0.4%
目前高校思政课堂教学利用的网络资源形式不够多样	16.8%	47.0%	29.6%	6.1%	0.5%
目前高校思政课堂教学利用的网络资源更新不够及时	20.3%	43.9%	27.4%	7.7%	0.7%
目前高校思政课堂教学利用的网络资源利用不够鲜活生动,难以引起学生的兴趣	14.2%	41.2%	34.6%	9.5%	0.5%

3. 与教学目的结合度偏低的问题

高校思想政治工作关系“高校培养什么样的人、如何培养人以及为谁培养人”这个根本问题。作为高校思想政治教育工作的主渠道,高校思政课肩负着重要而特殊的使命,在理论武装、政治导向、精神引领和道德修养等方面具有不可替代的作用。为了解决好这个根本问题,高校思政课教师必须紧紧围绕思政课的教学目的,在课堂教学中深入浅出地阐释理论知识,保证学生学到基本的理论知识,帮助学生树立正确的人生观、价值观、世界观,促进学生全面发展。

在目前的教学实际中,部分思政课教师没有将网络资源利用和思政课的教学目的很好地结合起来。进入网络时代,互联网成为大学生获取信息和知识的主要渠道。信息媒介的形象化特征,使大学生经常以“看”的方式而不是“思”的方式来认识世界和事物,容易致使其思维的意识、思想的深刻性变得迟钝和简单。高度图像化的信息媒介在一定程度上导致了大学生思维方式的简单化、平面化,使他们逐渐远离阅读书籍、追问本质的思维方式。① 由此,很多大学生习惯于轻松愉悦、通俗易懂的阅读方式和学习方式,对于复杂深刻的内容则越来越难以接受和理解。一些教师为了迎合当代大学生的喜好和特点,在教学过程中更多地考虑如何利用网络资源达到吸引

① 参见宋振超:《信息化视阈下高校思想政治教育有效性研究》,中国书籍出版社 2015 年版,第 92 页。

眼球的教学效果，而很少考虑如何利用网络资源更好地达到思政课的教学目的。在思政课堂教学中，他们将宝贵的时间和精力用在展示引人注目的网络资源上，忽视了应该将更多的时间和精力用在课程知识体系的建构与意识形态属性的体现上。

笔者通过调查发现，针对“目前高校思政课教师在课堂教学中利用网络资源时忽视了对理论知识的阐释”这一描述，34.6%的学生倾向于同意该说法。对于“目前高校思政课课堂教学网络资源利用难以引发我的深度思考”这一描述，41.2%的学生持“比较同意”“完全同意”的态度。可见，高校思政课堂教学网络资源利用与教学目的结合度低是一个不容忽视的问题。大二学生李某在接受访谈时讲道：“有时候思政课老师上课时会播放很多音乐和视频，课件里的动画特效一个接着一个，书本上的东西倒是不怎么涉及。我觉得这样的思政课很有娱乐性，也很有趣、新奇，但是上完课之后很容易就忘了老师刚才讲过什么。”大三学生刘某说：“有的思政课有时播放一些思政课没什么关系的视频。这对我学习书本内容似乎没什么帮助。”

如果在课堂教学中利用网络资源呈现大量五花八门、与课堂不太相关的图像，播放引人注目、与课堂有些脱节的音频视频，就会造成课堂教学出现由感官刺激制造的看似热闹的虚假幻象。形象直观的网络资源往往更容易吸引关注，相比起来，枯燥的理论知识就容易被忽视。这样一来，网络资源淡化甚至取代了重要的教学内容，致使高校思政课的教学内容偏离了课程标准，降低了教学内容应有的系统性、稳定性和连续性，大大削减了思想政治教育的深度和力度。这样的思政课堂教学重点不突出、主次不明显，尽管具有吸引学生的“魅力”，但是失去了内容、淹没了思想。久而久之，就会导致学生仅仅专注于视觉刺激，没有时间也没有精力顾及真正应掌握的内容，因而也就难以理性地分析和深入思考，甚至可能越来越依赖于简单直白的网络资源，厌恶排斥教材上的内容。显然，思政课教师忽视教学目的而不合理地利用网络资源，会导致课堂教学的盲目性和随意性，势必会走向庸俗化、低俗化。

互联网上海量的音频、视频等各种形式的网络资源，为高校思政课提供了生动形象的教学素材。思政课教师在课堂教学中应该积极利用丰富多彩的网络资源，使教学内容更加生动直观，从而充分调动学生的接受热情。但是，网络资源尽管有许多难以比拟的优势，在课堂教学中却是“配角”而不是

"主角"。毕竟思政课不是音乐鉴赏课、电影赏析课,思政课教师也不是"击键手""放映员"。在教学实际中,如果思政课教师没有完全领悟网络资源在课堂教学中利用的真谛,一味地追求课堂教学的引人注目而忽视了教学目的的实现,思政课就只能"入耳"而无法"入脑""入心"。毋庸置疑,没有紧紧围绕教学目的而盲目地追求所谓的教学效果,就会导致高校思政课堂教学网络资源利用与教学目的背道而驰,造成适得其反的苦果。

4.与学生关切结合度偏低的问题

大学生是社会的一员,社会环境对大学生思想观念的形成影响深远。在新的媒介条件下,信息网络畅通发达,重大的热点新闻事件尤其是负面的事件能够迅速引起大学生的广泛关注。目前,以微博、微信等为代表的新媒体已经成为大学生获取信息的重要渠道,逐渐改变着他们的交流方式、学习方式乃至生活方式。过去,由于受到传统媒体信息传播途径和方式的制约,多元的思想文化观念并不能直接地、全方位地影响到法律意识薄弱的学生,因而对他们信仰的冲击较小。但以微博为代表的新媒体的出现和广泛运用则消除了传统的传播隔阂,使多元的思想文化观念直接地、全方位地扑向了当代大学生。[①] 由于信息传播更加方便快捷,过去传统媒体时代难以被人们知晓的事件,现在则很容易引起人们的注意。尤其是网络上传播的负面信息,经过微博、微信等平台的炒作,更加容易夺得人们,尤其是大学生的广泛关注。受西方"坏新闻才是好新闻"的新闻观念的影响,现在微博等新媒体在进行消息和新闻报道时患上了"负面消息综合征",过分渲染改革开放中出现的一些新矛盾、新问题和新困境,也影响了大学生对当前社会的客观认识,动摇了他们对中国共产党的领导和社会主义的信心。[②] 也就是说,在社会转型过程中积聚的一些负面问题,经过网络这一"扩音筒"的迅速传播和扩散,容易在一定程度上致使大学生对社会主义制度产生怀疑,对马克思主义信仰产生动摇。

大学生群体一直是各种社会力量激烈争夺的主要人群,也是西方国家进行思想文化渗透的重点对象。大量的负面信息吸引了大学生的高度关

---

① 参见高国伟、张光华:《"微"传播语境下大学生马克思主义信仰教育探究》,《学校党建与思想教育》2012年第11期。

② 参见高国伟、张光华:《"微"传播语境下大学生马克思主义信仰教育探究》,《学校党建与思想教育》2012年第11期。

注，很容易对他们的思想产生不利的影响，这就对高校思政课提出了更高的要求。高校思想政治教育必须勇于直面回应这些负面信息，引导学生明辨是非对错，提高学生的道德判断力。只有这样，大学生才能更好地对网络上纷繁复杂的信息作出理性的判断、评价和选择，也能更好地理解和吸收教师在课堂上传授的思想政治教育内容。然而，目前部分高校思政课教师在课堂教学中很少涉及负面网络信息，高校思政课堂教学网络资源利用存在与学生关切结合度不高的问题。通过调查得知，58.4%的大学生对“目前高校思政课堂教学利用的网络资源很少涉及网络上负面事件和信息”这一描述表示同意，说明当前很多思政课教师在课堂教学中利用的网络资源只涉及正面的内容，对大学生关注度很高的负面网络信息则往往采取回避的态度。高校思政课忽视了对深受大学生关注的网络资源的利用，也就是忽视了与大学生的衔接，因而难以取得大学生的信任和认同，甚至使大学生产生抵触情绪。可见，网络资源利用存在与学生关切结合度不高的问题，在很大程度上影响了网络资源利用的效果，必须引起高校思政课教师的重视。

对于教育水平较高、自我意识和批判意识较强的当代大学生来说，只说“一面理”很难达到良好的教学效果，而“两面理”都说则是更为理想的选择。高校思政课教师不应该忽视负面的网络信息，而应该积极寻找课堂教学网络资源利用与学生关切问题之间的融合点。

三、高校思政课堂教学网络资源利用的原则和提升路径

目前，部分高校思政课教师的责任意识和阵地意识不强，对网络资源的认识还有待深化，利用网络资源进行思想政治教育的能力还有待提高，导致高校思政课堂教学网络资源利用存在一些亟待解决的问题。进入网络时代，意识形态领域面临的问题日益复杂，高校思政课堂教学面临的挑战愈加严峻，合理利用网络资源以加强高校思政课堂教学工作时不我待，任重道远。

(一)高校思政课堂教学网络资源利用的原则

1.导向性

高校思政课堂教学网络资源利用应以导向性原则作为第一原则，始终

体现正确的政治方向。

高校思政课堂教学网络资源利用必须坚持导向性原则，这是由思想政治教育的本质属性所决定的。思想政治教育本身是具有鲜明的政治性、阶级性的教育活动，总是围绕特定的政治目标展开，为统治阶级的政治利益服务。我国是由中国共产党领导的社会主义国家，思想政治教育必须坚持用无产阶级的思想意识武装全党、教育人民，培养出一批又一批符合国家需要的社会主义事业接班人。思想政治教育必须确立应有的政治导向，有力地抵制各种与社会主义价值导向相悖的思想文化思潮，确立社会主义意识形态的主导地位。否则，思想政治教育将会失去应有的战斗力。[①] 也就是说，我国的思想政治教育应该与党的基本理论、基本路线、基本方针和基本政策指引的方向相一致，始终坚持马克思主义、中国特色社会主义理论体系的指导地位。反之，如果淡化政治导向，思想政治教育必然会迷失方向，甚至会去政治化、虚无化。

邓小平曾明确指出："学校应该永远把坚持正确的政治方向放在第一位。"[②]中国高校设置思想政治理论课是中国共产党重视思想政治教育优良传统的体现，是坚持社会主义办学方向的必要措施。与其他学科相比，思政课的政治性更为突出，集中体现国家的政治意识，阐释和宣传党的路线、方针、政策以及正确的价值观念和科学理论。无论时代如何变换，无论高校思政课如何改进，始终要有明确的政治导向。如果不谈政治导向，思想政治教育的本质属性也就无从体现，高校思政课也失去了其存在意义。在新的时代背景下，网络资源的利用从多方面改变了高校思政课堂教学，但根本性的东西不能变。高校思政课堂教学网络资源利用必须始终坚持导向性原则，无论是选择还是解读，都要以有利于社会主义办学方向的坚持、有利于中国特色社会主义事业的发展、有利于政治认同的形成为标准。政治认同是社会成员对政治体系的认知，包含对国家认同、民族认同、政策认同、民主认同、执政党认同等。大学生的政治认同是关系到我国民族团结、国家长治久安的重要政治心理基础，关系到我国政治体制和政党制度的稳定性，关系到

---

① 参见沈壮海：《思想政治教育有效性研究》，武汉大学出版社 2008 年版，第 187 页。

② 中华人民共和国教育部组编：《邓小平教育理论学习纲要》，北京师范大学出版社 1998 年版，第 38 页。

我国民主政治的合法性和合理性。① 改革开放以来，尤其是社会主义市场经济建构以来，中国社会加速转型加剧，中国建设成就斐然，同时社会问题出现的深度和高度也前所未有。如何对这些问题进行判断、解释和评价，浓缩着高校思政课教师在某一具体领域观察和评价外部世界的立场、观点和方法。高校思政课堂教学的网络资源利用，要更加重视价值观教育，进行意识形态引导，坚持育人为本、德育为先，用中国特色社会主义理论体系武装大学生，引导他们坚决拥护党的领导和中国特色社会主义。高校思政课教师既要有自觉的学科意识，更要有敏锐的意识形态眼光，不断“强化政治意识、责任意识、阵地意识和底线意识”，自觉把握思想政治理论课的双重属性及其功能，从而“牢牢掌握高校意识形态工作的领导权、话语权”。网络资源利用必须体现和贯彻正确的政治导向，坚决避免出现“马克思主义根本进不了课堂，资本主义的东西占主导地位”的情形。只有将导向性原则放在首要位置，坚持维护思想政治教育政治性的本质属性，才能避免网络资源利用走向误区，保证网络资源利用取得实效，切实提高高校思政课堂教学的有效性。

2. 创新性

高校思政课堂教学网络资源利用要坚持创新性原则，对网络资源的利用要根据新形势的要求，突出创新精神，避免机械和死板。

创新是一个民族的灵魂，是一个国家兴旺发达的不竭动力，也是一个政党永葆生机的源泉。当代社会是一个空前开放、充满竞争、瞬息万变的社会，这种开放性、竞争性和发展性客观地对高校思想政治教育提出了创新性要求。高校思想政治教育工作必须遵循创新原则，为时代发展和社会进步提供强有力的支撑。同样的，在高校思政课堂教学网络资源利用的过程中，也应该充分体现创新性。顺应网络时代的潮流，在课堂教学中利用网络资源应是当前高校思想政治教育工作者自觉的选择。然而，在外部环境飞速变化的背景下，有些高校思政课教师还在照搬过去的旧模式，网络资源利用缺乏应有的新鲜感和时代感，这是思想政治教育工作缺乏生命力的症结之一。因此，在锐意进取的新形势下，思政课教师应该打破自我束缚和落后保守的思维框架，不畏困难，积极探索，始终坚持网络资源利用的创新性原则，提高高校思政课堂教学的吸引力和感召力。

---

① 参见高地：《“慕课”：高校思想政治教育面临的新挑战》，《思想理论教育导刊》2015 年第 3 期。

高校思政课堂教学网络资源利用的创新性应该体现在以下几个方面。首先，网络资源利用应该突破教材的局限性。如果局限于教材的范围内，不重视利用互联网上可资利用的海量资源，其结果必然是使课堂教学趋于一成不变。高校思政课教师在以教材为中心的基础上，要敢于大胆打破教材的界限，用丰富多样、鲜活具体的网络资源作为教材的补充，使思想政治教育的内容充满新意。也就是说，教师必须紧跟时代的步伐，紧密联系社会实际和学生思想实际，广泛关注网络新闻、网络热点事件，善于挖掘贴近实际、贴近生活、贴近学生的网络资源并将其引入高校思政课堂教学，用体现时代特点的网络资源来引导和教育学生。其次，网络资源利用应该充分体现多媒体优势。网络资源在传递文字信息的同时，可以通过图像和声音真实地展示感情、感觉和情绪等表象信息，多样化的信息方式能够把思想政治教育内容蕴含在看似价值中立的信息之中，在向学生传递信息、提供娱乐之时进行教化和引导，增强思想政治教育内容的生动性和形象性，[①]吸引学生的注意力。因此，高校思政课教师在利用网络资源时要灵活地采用文字、声音和图像等结合的形式，注重"声"与"画"的有机结合、"静"与"动"的合理配置，将知识和趣味巧妙地融为一体。通过多媒体技术，将晦涩难懂的知识变得生动形象，使思想政治教育不再是单纯严肃的说教，从而使思政课堂教学取得良好的教学效果。最后，网络资源利用应该紧密结合时代发展的新动向。进入新时代，面对迅速发展的现代社会，高校思政课堂教学网络资源利用也必然要与时俱进。这就要求高校思政课教师做到及时更新用于课堂教学的网络资源，使其更具有针对性和时效性。同时，思政课教师还要密切关注国内外课堂教学网络资源利用方面的趋势，将新思想、新方法、新成果不断地融入思政课堂教学网络资源利用。在这一过程中，要不断发现问题并解决问题，形成新的理论与方法，以使高校思政课堂教学网络资源利用逐渐成熟和完善，更好地服务于教学目的。

3. 科学性

高校思政课堂教学网络资源利用要坚持科学性原则，不仅要考虑课堂教学的吸引力，更要考虑理论教学的系统性；不仅要实现对学生的情绪感染，更要引导他们理性思考。

---

① 参见张耀灿、郑永廷、吴潜涛、骆郁廷等：《现代思想政治教育学》，人民出版社 2006 年版，第 100 页。

思想政治教育要渗透大众意趣，但要避免娱乐化和庸俗化的倾向，在学术向度上能给人以理性沉思，在精神向度上能给人以感性愉悦，在价值向度上能给人以德性崇善。① 为此，思政课教师在努力提高课堂教学的吸引力和感染力的同时，必须在符合教学目标和教学内容要求的基础上利用网络资源，保证教学内容的合理设计和教学目的的最终实现。毋庸置疑，吸引力和感染力对于思想政治教育而言是非常必要的。因此，高校思政课堂教学网络资源利用也必然要顺应传播的规律，思想首先要让人看到，才能有影响人的可能。网络资源的利用是为了使课堂教学避免照本宣科、僵化解读，从这个意义上讲，教师需要利用能够提升课堂吸引力的网络资源。但是，吸引学生、取悦学生并不是高校思政课的首要目的。如果课堂教学过程中一味地迎合大学生对教学内容通俗化和娱乐化的要求，不加约束地让他们看图片、看视频，过多地采用多种时尚、热闹的教学活动，营造浓烈的课堂气氛，就会让学生仅仅满足于视觉效果而忽略深入思考。作家、媒体批评家尼尔波兹曼在《娱乐至死》一书中写道："一切公众话语都日渐以娱乐的方式出现，并成为一种文化精神。我们的政治、宗教、新闻、体育和商业都心甘情愿地成为娱乐的附庸，毫无怨言，甚至无声无息，其结果是我们成了一个娱乐至死的物种。"②这段引人深思的预言无疑为所有人敲响了警钟。在新形势下，思政课教师一定要警惕网络资源利用中的过度娱乐倾向，即一味追求吸引学生，广泛利用夺人眼球但与课堂教学无关的各种网络资源，导致课堂教学出现趣味有余而深度不足的情况。为了避免这种局面，必须坚持网络资源利用的科学性原则，对网络资源的利用既要增强学生对课堂教学内容的认同感，更要保持思想政治教育本身的系统性和意识形态性。教师应该清醒地认识到，网络资源利用仅仅是一种辅助手段，是用不是体，是末不是本。在课堂教学中，绝不能舍本逐末，让课堂上的娱乐"点心"取代了教学"主食"。

在讨论教学改革时，"教师中心、课堂中心、教材中心"的观念经常会受到批评。事实上，至少对于思政课而言，这三个"中心"是非常必要的，需要探讨和批判的，仅仅是这个"中心"在什么意义上成立。是在权威的意义上，

---

① 参见盛跃明：《"马克思主义基本原理"课教学体系建构的四个维度》，《思想政治教育研究》2013年第2期。

② [美]尼尔·波兹曼：《娱乐至死》，章艳译，中信出版社2015年版，第4页。

还是在导向和责任的意义上？思政课具有双重属性：既是知识体系，又是价值观念；既是一门学科，又是意识形态。思想政治课的教学内容应具有学术性和知识性，才能实现政治目标；应具有稳定性，以利于学生信仰的形成；应具有权威性和思想魅力。在责任与导向的意义上，三个"中心"地位是需要捍卫的。高校思政课堂教学网络资源利用的目的恰恰是更好地建设这三个"中心"，发挥这三个"中心"的作用。也就是说，网络资源的利用应有利于发挥教师的主导作用，有利于体现课堂教学的主渠道作用，有助于学生更好地理解教材。因此，教师要时刻牢记三个"中心"的重要地位，精准把握网络资源与课堂教学之间的最佳融合点。只有在使思想政治教育的内容与目的和实际有机结合，使所学理论知识点及时得以强化印证，使抽象的理论知识转化为实践的可感性、达到感性认识与理论认识的统一，使高校思政课的教学目标真正实现的意义上，网络资源的利用才是正面有效的。在教学实践中，教师应始终坚持网络资源利用的科学性原则，坚守高校思政课为"体"、网络资源为"用"，从高校思政课的教学目的出发合理地利用网络资源。

4.辩证性

高校思政课堂教学网络资源利用要坚持辩证性原则，既要充分利用与主流意识形态相符合的积极的、正面的网络资源，还要恰当利用与主流意识形态相背离的消极的、负面的网络资源。

网络时代，网络技术的发展使得信息传递更为迅速，我国思想政治教育面临的挑战日益严峻。在这种背景下，负面的网络信息以"井喷式"不断产生并得以在大学生群体中广泛传播。大学生非常关注网络上的负面信息，他们虽然掌握了一定的科学文化知识，但毕竟接触社会不多，人生阅历还不十分丰富，对人生、社会的体验和思考也不够深刻，其世界观、人生观、价值观尚未定型，很容易受到网络信息的影响和诱导。正因如此，负面网络信息的渗透对大学生的消极影响不容忽视。当前，西方敌对势力通过网络极力向中国传输西方资产阶级的世界观、人生观和价值观，企图凭借网络文化的强势地位来影响和控制中国的青年学生。为了达到目的，他们不惜以制造和传播谣言、扭曲和妖魔化历史的手段来制造网络热点。同时，网络技术的发展为历史虚无主义的进一步扩散打开了方便之门。借助自媒体这种新型传播手段，历史虚无主义获得了前所未有的发展空间，对社会大众特别是广大青年学生的思想产生极为消极的影响。有一种历史虚无主义以时尚化形态出现，即以影视剧、通俗读物、微信等文化快餐的形式传播各种错误观点，或者以玩世不恭的态度随意“恶搞”“开涮”革命先烈，甚至有些“恶搞”还沾满铜臭味，把营销赚钱建立在嘲讽、戏弄革命先烈的基础之上，从而博取消费者的眼球。[①] 过去，传统思想政治教育习惯于忽略负面信息，将学生与负面信息完全隔离开来。而在网络时代，“隔离”已不可能，一味地利用正面的网络资源反而容易导致学生的逆反心理，在一定程度上会影响大学生对思想政治理论课的认同。思想政治教育的本质和归宿是价值观的教育，思政课本身的核心任务就是引导，思政课教师理应时刻牢记自己的引导使命，提升自己的引导能力。面对当前的情形，高校思政课教师应该在课堂教学中适当地引入负面的网络资源，从而更好地引导学生。对负面网络资源的利用，思政课教师需要恰当处理理论性阐述与针对性批判的关系，兼顾破与立，击破谣言，不仅要宣布，而且要论证，要落脚到准确信息上来。对网络热点争论，尤其是那些有意无意的谣言，要及时跟进、观察、分析，对错误的价值观念、社会思潮进行针对性批判。但是，又绝不能仅仅停留于批评层面。针对性批判，恰恰是为了对正确的理论展开阐释。如果缺了“立”的环节，于“破”的环节戛然而止，那么“破”的目的没有充分体现，网络资源利用的意义必将大打折扣。

事实上，如果高校思政课教师真正做个有心人的话，就会发现，在负面的网络信息不断增长的同时，可供思政课堂教学利用的极具建设性的网络资源也越来越多。尤其是党的十八大以来，中国共产党的理论宣传越来越呈现出多样化态势，宣传领域对网络的利用艺术和频率都有了很大提升。不仅是内容能够很好地为思政课教学服务，其语言风格和宣传形式也很受青年人欢迎。比较典型的作品既有对某一事件的宣传，也有理论的深度阐释，前者的范例有《十三五之歌》《群众路线动真格了?》等，后者的范例则以《马克思靠谱》这一系列节目最为突出。教师可以借助这些积极正面的网络资源进行正面引导，旗帜鲜明地向大学生传输正能量。这些积极正面的网络资源与那些消极负面的信息恰好相互映照，对双方的利用，再加上充分的理论阐释，就会实现眼前即时的有效性与长远持续的有效性的结合。

---

① 参见李方祥：《历史虚无主义的传播特点分析》，《思想理论教育》2016 年版第 2 期。

(二)高校思政课堂教学网络资源利用的提升路径

1. 积极构建以学生为本的教育模式

高校思想政治理论课说到底是做学生的工作,这就意味着要坚持以学生为本,重视学生的主体地位。在互联网时代,只有摒弃过时的、保守的教育观念,并将以学生为本的教育观念体现于课堂内外,才能真正提高高校思政课堂教学网络资源利用的效果,使之发挥应有的作用。

要构建以学生为本的教育模式,树立以学生为本的教育观念是高校思政课教师首先需要确立的立场。"以学生为本"似乎已经是老生常谈,但是就实际情况而言,高校思想政治教育与"与学生为本"的背离现象仍然非常严重,思政课教师对学生主体性的漠视现象仍然非常普遍。长期以来,教育者习惯以权威的身份向教育对象灌输教育内容,两者之间缺乏平等的交流,从文化意义上看这是典型的前喻文化模式,在网络社会条件下,教育者必须认识到大学文化模式中同喻文化色彩愈加浓厚以及后喻文化逐渐凸显。[①]随着网络媒体的日益发达,教师仅仅是知识和信息的拥有者,原本的知识权威、信息权威身份已经不复存在;而学生获取的知识量和信息量越来越大,独立思考的意识不断增强,民主平等的要求也愈发明显。观念是行动的先导,"过时的、保守的教育体制和教育方式,往往凭借过时的、保守的思想观念的维系而习惯地持续下去,对反映时代特征的教育内容和现代化手段,也会按过时的、保守的思维方式给以裁定与阐释,使之蒙上保守色彩。"[②]目前,高校思政课堂教学网络资源利用存在诸多问题,这其实与教师的教育观念落后有很大关系。一些教师虽然在高校思政课堂教学中利用了网络资源,但是由于教育观念跟不上时代的要求,在很大程度上影响了网络资源利用的效果,削弱了思政课的实效性。高校思政课教师作为网络资源利用的实施者,他们的教育观念潜移默化地影响着网络资源利用的效果。如果不从更新教育观念的视角上去考虑,就不可能根源性地解决网络资源利用现存的一系列问题。邓小平说过:"世界在变,人们的思想不能不变。"[③]高校思政

---

① 参见张再兴等:《网络思想政治教育研究》,经济科学出版社 2009 年版,第 356 页。

② 张耀灿、郑永廷、吴潜涛、骆郁廷等:《现代思想政治教育学》,人民出版社 2006 年版,第 458 页。

③ 《邓小平文选》第 3 卷,人民出版社 1993 年版,第 283 页。

课教师必须更进一步地解放思想，在观念上不断更新，从学生本身出发，真正做到尊重学生、理解学生、关心学生、帮助学生。

“以学生为本”的教育观念不仅要体现在高校思政课堂教学之中，也要延伸至课堂教学之外。具体地说，一方面，高校思政课教师应该把“以学生为本”的教育观念贯穿于课堂之中。当代大学生自主和自我意识较强，他们所具有的认知心理与情感心理特征，要求教师改变高高在上、居高临下的权威形象，充分尊重学生在思政课堂教学中的主体地位，绝不能把他们当成被动的客体加以塑造。思政课教师在课堂教学中利用网络资源归根到底也是为了学生和学生的发展，因此要全面客观地认识并了解学生，主动研究学生思想和行为的变化规律，提供符合学生需求的网络资源。思政课教师只有真正地了解学生，关注学生的兴趣取向，从他们的实际需要出发来考虑教学内容的设计、教学方法的选择以及网络资源的利用，学生才能主动参与到课堂教学的过程中去，因相互尊重、相互理解的课堂氛围而在思想、情感上与教师产生强烈的共鸣，更好地接受并内化教师所讲授的内容。另一方面，高校思政课教师应该把“以学生为本”的教育观念延伸至课堂之外。“以学生为本”的教育模式意味着教师与学生不应该是单纯的“我讲你听”的关系，而应该是积极沟通、双向互动的关系。“没有了对话，就没有了交流；没有了交流，也就没有真正的教育。”①通过良好的交流，可以有效促进教师和学生彼此了解，既能使学生更好地理解教师的做法，同时也使教师更好地了解学生的真实想法。但是，由于高校思政课堂教学的时间和容量有限，教师与学生无法在课堂上进行充分的交流。因此，思政课教师应该在课堂之外利用多种手段加强与学生之间的联系，以平等的姿态融入学生的课余生活，走进学生的内心世界，将“以学生为本”落到实处。比如，教师可以积极利用学生使用率较高的微博、微信等网络平台，主动与学生沟通交流，及时了解学生对于思政课堂教学的意见和看法，从而更好地从学生的实际需要出发为他们提供引导和帮助。总的来说，思政课教师树立“以学生为本”的教育观念并将其贯彻于课堂内外，有助于建立和谐互信的师生关系，在师生之间营造一种民主平等的氛围。这样一来，学生在潜移默化中增进了对思政课教师的了解和

① [美]保罗·弗莱雷：《被压迫者的教育学》，顾建新等译，华东师范大学出版社 2001 年版，第 41 页。

信任，对高校思想政治教育的接受度也大大提高。因此，形成“以学生为本”的教育模式，能够真正提升高校思政课堂教学网络资源利用的成效。

2. 全面提高思政课教师的综合素质

高校思政课教师的素质高低，直接决定着思政课教师能否确立以及在何种程度上确立思想政治教育中师生之间教育与接受教育的关系，决定着思政课教师能否以及在何种程度上将学生作为自己活动的真正对象予以认识和引导，能否以及在何种程度上理解、把握、传递思想政治教育内容，能否以及在何种程度上将整个思想政治教育的客观进程作为自己认识与作用的对象予以定向、调控和推进。[①] 可见，高校思政课堂教学网络资源利用要想取得成效，就要求思政课教师必须具备良好的素质。对思政课教师素质的要求并不是一成不变的，而是根据时代和社会的发展不断变化。随着信息时代的来临，中国正经历着前所未有的深刻变革，这种变革对思政课教师的素质提出了新的更高的要求。因此，思政课教师必须保持学习状态，不断接受教育。如同毛泽东曾指出的，教师要先受教育，“因为他们是教育者，是当先生的，他们就有一个先受教育的任务”[②]。邓小平也曾强调：“要教育人民，必须自己先受教育。要给人民以营养，必须自己先吸收营养。”[③]习近平总书记强调，要“让有信仰的人讲信仰”[④]。在新形势下，从提升网络资源利用效果的角度来看，应该重视政治素质、理论素质、能力素质和人格素质的提高，全面提升思政课教师的综合素质。

一是要提高政治素质。列宁曾经指出：“在任何学校里，最重要的是课程的思想政治方向。这个方向由什么来决定呢？完全而且只能由教学人员来决定。”[⑤]对于高校思政课堂教学网络资源利用而言，也是如此。只有具备较高政治素质的思政课教师，才能坚定方向，更好地引导学生，才能保障网络资源利用始终沿着正确的方向进行。当前，必须重视高校思政课教师政治素质的提高工作，使思政课教师具备坚定的政治立场，正确的政治观点，

---

① 参见沈壮海：《思想政治教育有效性研究》，武汉大学出版社 2008 年版，第 173 页。

② 《毛泽东文集》第 7 卷，人民出版社 1999 年版，第 270～271 页。

③ 《邓小平文选》第 2 卷，人民出版社 1994 年版，第 211 页。

④ 习近平：《用新时代中国特色社会主义思想铸魂育人　贯彻党的教育方针落实立德树人根本任务》，《人民日报》2019 年 3 月 19 日。

⑤ 《列宁全集》第 45 卷，人民出版社 2017 年版，第 240 页。

高度的政治责任感、政治纪律性、政治鉴别力和政治敏感度①，坚定地走中国特色社会主义道路，坚决贯彻执行党的基本理论、基本路线和各项方针政策。正因如此，习近平总书记才说，“办好思想政治理论课关键在教师，关键在发挥教师的积极性、主动性、创造性”②。而对于思政课教师的要求，首要的就是“政治要强”③。

二是要提高理论素质。为了提升网络资源利用的效果，必须提高思政课教师的理论素质。思政课教师必须具备深厚的马克思主义理论素养；同时，由于思想政治教育学科的综合性和复杂性，思想政治教育学科的进步与革新离不开相关学科知识和新兴学科成果的滋养。因此，思政课教师应具备的理论还涉及教育学、心理学、社会学、传播学等多方面的理论。只有具备深厚广博的理论功底，思政课教师才能在发挥网络资源生动形象、活泼有趣的优势的同时，从理论的高度深刻地阐释思想政治教育内容，游刃有余地把握课堂教学系统性和吸引力之间的最佳平衡点。显而易见，思政课教师理论素质的高低，直接影响到网络资源利用的水平和效果，进而影响到思政课堂教学的实效性。因此，思政课教师要在学习马克思主义基本原理及其精神实质上下足功夫，努力掌握马克思主义的立场、观点和方法，并广泛学习相关领域的理论知识，切实提高自身的理论素质。此外，应该积极促进高校教师队伍的沟通交流，不仅要促进高校思政课教师相互交流，还要促进高校思政课教师与不同学科的教师开展交流，广泛吸收相关学科的理论知识并为我所用，从而能够在更高的层面上推动高校思政课堂教学网络资源利用不断完善和提升。

三是要提高能力素质。高校思政课教师的能力素质主要包括敏锐感知各种社会现象以及学生的思想状况的观察能力，将感性材料上升到理性材料的分析研究能力，向学生输出相应思想政治理论的表达能力等。④ 在网络技术迅猛发展的今天，高校思政课教师需要重点提高的能力素质是网络使

---

① 参见杨立英：《网络思想政治教育论》，人民出版社2003年版，第372页。

② 张烁、谢环驰：《习近平主持召开学校思想政治理论课教师座谈会强调：用新时代中国特色社会主义思想铸魂育人 贯彻党的教育方针落实立德树人根本任务》，《人民日报》2019年3月19日。

③ 习近平：《用新时代中国特色社会主义思想铸魂育人 贯彻党的教育方针落实立德树人根本任务》，《人民日报》2019年3月19日。

④ 参见陈万柏、张耀灿：《思想政治教育学原理》，高等教育出版社2015年版，第157页。

用能力。也就是说，思政课教师必须具备一定的网络技术水平，努力掌握有关网络的知识，善于使用并驾驭互联网。只有这样，教师才能从纷繁复杂的网络环境中准确挖掘出有价值的信息，从而高效地将网络资源与课堂教学实际有机结合起来。目前，网络资源在思政课堂教学中的利用越来越普遍，但很多时候并未取得预想的效果，其主要原因之一就在于部分高校思政课教师了解互联网的程度不高，网络使用能力有待提升。针对这一情况，思政课教师应该主动地学习和掌握新媒介、新技术，提高将网络资源有效地应用于课堂教学的水平，从而更好地改善并优化思政课堂教学网络资源利用的效果。高校可以对思政课教师进行相关的组织培训，重点提高他们的网络使用能力。同时，要大力支持并积极开展思政课学术交流活动，鼓励思政课教师学习借鉴其他高校思政课堂教学网络资源利用的先进经验。此外，互联网为高校思政课教师提供了一个强大的平台，教师可以将教学课件、讲课视频等上传至互联网，分享自己关于思政课堂教学网络资源利用的经验，供其他思政课教师参考和指正，也可以在一些专门网站上获取思政课共享资源，广泛学习不同高校思政课堂教学网络资源利用的成果，从思政课教学骨干、教学名师的视频和资料中汲取经验。

四是要提高人格素质。思政课教师的人格素质，也是影响课堂教学网络资源利用效果的重要因素。提高人格素质，就是要求思政课教师做到表里如一、言行一致、以诚待人、以情感人。高尚的人格是一种强大的教育力量，可以激发学生对教师的信任感，网络资源利用也会因此更有成效。古语云："其身正，不令而行；其身不正，虽令不从。"(《论语·子路》)马卡连柯说："从口袋里掏出揉破了的脏手帕的教师，已经失去当教师的资格了。"[①]马克思也曾说："如果你想感化别人，那你就必须是一个实际上能鼓舞和推动别人前进的人。"[②]只有具备较高的人格素质，思政课教师才能表现出很强的人格魅力，才能更好地影响学生，在无形中提升网络资源利用的效果。因此，必须重视思政课教师人格素质的提升，并在课堂教学中展现这种高尚的品质。高校可以在职称评定中加入与人格素质相关的评价指标，也可以通过推选师德模范、"最美教师"等方式，鼓励思政课教师努力提高人格素质。

---

① [苏]马卡连柯：《论共产主义教育》，刘长松译，人民教育出版社1981年版，第446页。

② 《马克思恩格斯文集》第1卷，人民出版社2009年版，第247页。

3.合力营造良好的网络环境

马克思指出:“既然是环境造就人,那就必须以合乎人性的方式去造就环境。”[①]在现代社会,网络世界与现实世界的相互联系、相互影响和相互作用不容忽视。网络环境中蕴含的各种信息已经渗透到了人们生活的方方面面,引发人们思想和行为的种种变化。显而易见,高校思政课堂教学网络资源利用与网络环境有着千丝万缕的关系,良好的网络环境能够为提升高校思政课堂教学网络资源利用创造适宜的氛围。也就是说,要提升高校思政课堂教学网络资源利用的效果,必须重视网络环境的优化,通过网上和网下共同建设形成相辅相成的强大力量。如果网络环境的正能量不足而负能量有余,那么即便高校思想政治教育工作做得再出色,教育效果也会差强人意。就像杜威所强调的,“不能有两套伦理原则,一套是校内生活的,一套是为校外生活的。因为行为是一致的,所以行为的原则也应该是一致的”[②]。目前,网络环境复杂多变,其中积极因素与消极因素同时并存、相互抵消,对高校思想政治教育也起着积极或消极的作用。所以,要通过各种手段充分发挥网络环境的积极作用,努力降低网络环境的消极影响,合力营造有利于高校思想政治教育顺利进行的网络环境,从而潜移默化地提升高校思政课堂教学网络资源利用的效果。

一方面,要加大建设思想政治教育网络阵地的力度,增加网络环境的正能量。目前,在国家和社会各界的关注和支持下,建设思想政治教育网络阵地的工作正在有条不紊地进行着,现在需要做的是在此基础上加大建设力度,使互联网真正成为弘扬主旋律、传播正能量的坚固阵地。比如,继续建立健全“红色”网站、青年网站和思想政治教育网站,全面构建起思想政治教育工作的网络体系;思想政治教育相关网站和重点新闻网站应加强正面宣传,积极发布正面的、积极的优质信息,定期组织开展网上思想政治教育活动;相关网站要在网站内容、网页设计等方面下足功夫,提高网站的思想性、知识性、服务性和交互性,并加大主动宣传和推广的力度,吸引更多网民群体的关注;对于在思想政治教育工作和社会德育水平提升上作出突出贡献的网站、媒体、创作和个人,要给予适当的奖励[③];高校思想政治教育工作者

① 《马克思恩格斯文集》第1卷,人民出版社2009年版,第335页。

② 赵祥麟、王承绪编译:《杜威教育名篇》,教育科学出版社2006年版,第125页。

③ 参见陈志勇:《新媒体时代的大学生思想政治教育》,中国文史出版社2014年版,第253页。

要重视校园网络建设，有针对性地对校园网络舆论进行正确地引导，及时解答大学生遇到的困惑和问题，积极构建良好的校园网络环境。

另一方面，要加大网络监督与管理的力度，减少网络环境中的负能量。网络负面信息的泛滥，阻碍了人们获取真实的、健康的信息，在很大程度上冲击了学校教育，产生了极为不利的消极影响。因此，加强网络的监督与管理无疑是一项非常重要的工作。要建立健全有关网络的法律法规，在网络环境中构建起全方位的法律屏障，依法净化网络环境。要建立健全网络道德规范，积极开展网络道德教育，引导和规范人们的网络行为，提高他们的责任感；落实推行网络实名制，并对网民发布的信息进行审查和管理，减少不良信息与负面言论；引导网络公众人物加强自律，促使他们为人们提供健康的精神食粮，避免舆论导向偏离社会要求和公共利益的倾向；加大网络信息监督和网络舆情监控的力度，健全网络信息传播方面的监控机制，及时发现问题并迅速应对，严防负面信息在网络上的传播和扩散；运用必要的技术、行政和法律等手段，对网络不良信息进行有效管制，对网络违法违规行为及时作出处理；各个高校应该因“校”制宜，制定适合本校的校园网络管理条例和行为准则，营造风清气正的校园网络环境。以上这些，需要政府、企业、高校和个人共同努力，为营造积极健康的网络环境贡献力量。只有这样，才能使网络环境成为高校思政课堂教学网络资源利用的促进因素，才能为提高高校思政课堂教学的有效性保驾护航。

时代的新变化、实践的新需求以及高校思想政治教育理论自身发展的新规律，集中地指向新的现实和理论问题的提出。为了推进高校思想政治教育理论不断丰富和发展，必须将着力点放在解决新的现实和理论问题上。目前，高校思政课堂教学网络资源利用问题就是一个需要我们深入思考和回答的重要问题。在信息时代的背景下，互联网与教育之间的化学反应正在缓慢发酵。互联网使得高校的内外生态发生了重大的变化，传统的教育方式也发生了且仍在发生着迅速地变革。就高校思想政治教育而言，网络资源无疑是思政课教师不可忽视、不容小觑的重要资源，利用网络资源辅助课堂教学无疑是高校思政课转型升级的必由之路。作为新时代的高校思政课教师，应该以展望未来的前瞻性思维，对网络资源给以足够的重视，积极采取行动，将网络资源和高校思政课堂教学合理地结合起来。

第七章

时代新人塑造能力提升的几个关键问题

党的十九大庄严宣告，“经过长期努力，中国特色社会主义进入了新时代，这是我国发展新的历史方位”，并明确指出“是全体中华儿女勠力同心、奋力实现中华民族伟大复兴中国梦的时代”。[①] “培养担当民族复兴大任的时代新人”即成为新时代的迫切要求。在新时代第一次全国教育大会上，习近平总书记提出：教师承载着传播知识、传播思想、传播真理，塑造灵魂、塑造生命、塑造新人的时代重任。[②] 这就告诉我们，中国特色社会主义进入新时代的历史方位赋予教育事业塑造时代新人的根本使命。坚定的文化自信是时代新人的必然要求和必备素质。时代新人塑造能力的提升，既是一个长期的、动态的、永远在路上的历史过程，也是一个需要立即启幕的时代伟业。“落实”成为2019年全国教育工作会议的关键词。探讨时代新人塑造能力提升的动力支撑、方法论保障以及重要抓手，将有助于增强学习贯彻教育大会精神的责任感使命感、掌握方法论以及获取依靠力量，进而有助于促进大学生文化自信提升以及中国文化主体性的重树。

① 参见习近平：《决胜全面建成小康社会　夺取新时代中国特色社会主义伟大胜利——在中国共产党第十九次全国代表大会上的报告》，人民出版社2017年版，第10～11页。

② 参见《习近平在全国教育大会上强调　坚持中国特色社会主义教育发展道路　培养德智体美劳全面发展的社会主义建设者和接班人》，《人民日报》2018年9月11日。

一、实践与精神双重动力支撑:中华民族的伟大复兴

马克思认为,“历史不过是追求着自己目的的人的活动而已”[①]。人类的任何活动都有其现实需要和目标指向,现实需要提供实践动力,目标指向提供精神激励。时代新人塑造能力的提升也是如此。党的十八大之后不久,习近平总书记就指出:“现在,我们比历史上任何时期都更接近中华民族伟大复兴的目标,比历史上任何时期都更有信心、有能力实现这个目标。”[②]党的十九大报告指出,新时代“是全体中华儿女勠力同心、奋力实现中华民族伟大复兴中国梦的时代”[③]。可以说,塑造时代新人的时代重任,是中国特色社会主义新时代赋予的,也是中华民族伟大复兴的历史使命赋予的。这一能力的提升也因而获得了实践与精神双重的动力支撑。

首先,人类认识与实践能力的提升,从来都是自身现实任务推动的结果。从实践动力方面看,中华民族伟大复兴的历史使命、我国社会主义发展的新的历史方位对时代新人塑造能力提出了新要求。

中国社会主义建设事业发展的每一个阶段,都有其各自阶段所需的新人。从“有社会主义觉悟的有文化的劳动者”[④]到“四有”(有理想、有道德、有文化、有纪律)新人[⑤],到“德智体美全面发展的社会主义建设者和接班人”[⑥],再到“四有”社会主义公民[⑦],无不肩负着其所处历史阶段的重要使命。当下,中国特色社会主义进入新时代,党的十九大提出了“两个一百年”的奋斗目标。与国家发展“强起来”的时代主题相适应,时代新人的内涵也随之演变为“担当民族复兴大任”的人。中国社会发展新的历史方位对应着社会矛盾领域扩张、范围扩大、形式多样等新情况,而中国梦是国家与民族的梦想,

---

① 《马克思恩格斯文集》第 1 卷,人民出版社 2009 年版,第 295 页。

② 《习近平谈治国理政》,人民出版社 2014 年版,第 35～36 页。

③ 习近平:《决胜全面建成小康社会　夺取新时代中国特色社会主义伟大胜利——在中国共产党第十九次全国代表大会上的报告》,人民出版社 2017 年版,第 10 页。

④ 中央档案馆、中共中央文献研究室编:《中共中央文件选集(一九四九年十月～一九六六年五月)》第 30 册,人民出版社 2013 年版,第 426 页。

⑤ 参见《邓小平文选》第 3 卷,人民出版社 1993 年版,第 110 页。

⑥ 《江泽民文选》第 3 卷,人民出版社 2006 年版,第 560 页。

⑦ 参见《胡锦涛文选》第 2 卷,人民出版社 2016 年版,第 540 页。

是需要每一位新时代青年必须倾心付出、全力构筑才能实现的。习近平总书记在庆祝改革开放40周年大会上的重要讲话中指出："我们现在所处的，是一个船到中流浪更急、人到半山路更陡的时候，是一个愈进愈难、愈进愈险而又不进则退、非进不可的时候。"[①]塑造青年才能塑造未来。时代新人塑造能力的提升，即意味着广大青年家国情怀的成功激发以及责任意识、担当意识的显著增强，由此促使他们将个人对未来的美好憧憬和国家民族的繁荣复兴融为一体，让他们秉承实干兴邦的信念投身中国特色社会主义新时代的伟大实践，在为民族复兴的奋斗中感受成就感与幸福感。这恰恰是这一能力提升的实践动力源泉。

其次，从精神动力方面看，中华民族伟大复兴历史使命完成乃至全世界共产主义伟大理想实现的美好前景，为时代新人塑造能力的提升提供持久深刻的精神动力支撑。

马克思曾经按照独立程度将人的发展阶段划分为"人对人的依赖关系""人对物的依赖关系""自由人的联合体"三个阶段。[②] 按照这一观点，当前人类总体上仍处于第二阶段，且在共产主义实现之前，都将处于这一阶段。虽然相对于之前的社会状态，当下人类的独立性获得了空前提升，但这种独立性仍然建立在对物的依赖基础之上，整个社会关系的物化特征以及个体发展的单向度局限都有待超越。辩证唯物主义认为，变化是绝对的。历史唯物主义认为，人的自由全面发展、人对物的依赖性的被超越是一个持续不断的历史进程和"现实的运动"。中华民族的伟大复兴，究竟意味着什么？党的十九大报告对此从不同角度进行了阐释。就人们的生活水平而言，是实现"全面小康""全体人民共同富裕"；就国家的发展阶段而言，是"全面建设社会主义现代化强国""日益走近世界舞台中央"；就人们的精神面貌和社会凝聚力而言，是"全体中华儿女勠力同心"[③]；就世界发展前景而言，是"构建人类命运共同体，建设持久和平、普遍安全、共同繁荣、开放包容、清洁美丽

---

① 习近平：《在庆祝改革开放40周年大会上的讲话》，《人民日报》2018年12月19日。

② 参见《马克思恩格斯文集》第8卷，人民出版社2009年版，第52页。

③ 参见习近平：《决胜全面建成小康社会 夺取新时代中国特色社会主义伟大胜利——在中国共产党第十九次全国代表大会上的报告》，人民出版社2017年版，第10页。

的世界”①。如此美好前景的实现，必将大大推动人的独立程度。而如此美好的未来，靠谁来绘就？中国共产党人历来知道，世界归根结底是青年人的。“青年人朝气蓬勃，正在兴旺时期，好像早晨八九点钟的太阳。希望寄托在你们身上。”②党的十九大报告同样坚持了这一立场：“青年兴则国家兴，青年强则国家强。青年一代有理想、有本领、有担当，国家就有前途，民族就有希望……中华民族伟大复兴的中国梦终将在一代代青年的接力奋斗中变为现实。”③可以说，党的十九大绘就的中华民族“站起来、富起来、强起来、美起来”这一蓝图与马克思主义经典作家对人类社会发展的憧憬有着指向和进程上的一致性。共产主义乃是以“每个人的全面而自由的发展为基本原则的社会形式”④。《共产党宣言》也指出：“代替那存在着阶级和阶级对立的资产阶级旧社会的，将是这样一个联合体，在那里，每个人的自由发展是一切人的自由发展的条件。”⑤从当下的物的依赖性阶段，到物质财富极大丰富、人类精神境界极大提高、“自由人的联合体”建立这一人类社会的最崇高理想的实现，教育的重要意义显而易见。习近平总书记在教育大会上说，教育是民族振兴、社会进步的重要基石，是功在当代、利在千秋的德政工程，对提高人民综合素质、促进人的全面发展、增强中华民族创新创造活力、实现中华民族伟大复兴具有决定性意义。⑥ 正因如此，时代新人塑造能力的提升也就有了党和国家事业后继有人、兴旺发达的高度，也就有了为共产主义的实现而持续奋斗的精神动力。

二、思想与方法论保障：深刻把握辩证唯物主义和历史唯物主义

历史已经深刻证明，马克思主义理论的正确指导是我们党不断战胜艰

---

① 习近平：《决胜全面建成小康社会　夺取新时代中国特色社会主义伟大胜利——在中国共产党第十九次全国代表大会上的报告》，人民出版社 2017 年版，第 58 页。

② 中共中央文献研究室编：《毛泽东著作专题摘编》（上），中央文献出版社 2003 年版，第 1104 页。

③ 习近平：《决胜全面建成小康社会　夺取新时代中国特色社会主义伟大胜利——在中国共产党第十九次全国代表大会上的报告》，人民出版社 2017 年版，第 70 页。

④ 马克思：《资本论》第 1 卷，人民出版社 2004 年版，第 683 页。

⑤ 《马克思恩格斯选集》第 1 卷，人民出版社 2012 年版，第 7 页。

⑥ 参见《习近平在全国教育大会上强调：坚持中国特色社会主义教育发展道路　培养德智体美劳全面发展的社会主义建设者和接班人》，《人民日报》2018 年 9 月 11 日。

难险阻、取得伟大成就的指南。习近平总书记高度重视对辩证唯物主义和历史唯物主义的学习和应用，不仅多次带领中央政治局集体学习这一内容，而且善于运用这一理论审时度势。他说："我们要强化问题意识、时代意识、战略意识，用深邃的历史眼光、宽广的国际视野把握事物发展的本质和内在联系，紧密跟踪亿万人民的创造性实践，借鉴吸收人类一切优秀文明成果，不断回答时代和实践给我们提出的新的重大课题，让当代中国马克思主义放射出更加灿烂的真理光芒。"①时代新人塑造能力的提升既是一项激情满怀的事业，也是一项需要解决一系列重大问题和复杂矛盾的事业。用辩证唯物主义和历史唯物主义指导这一工作，才能牢牢把握其正确立场和出发点，准确鉴别当前教育领域中的不足乃至错误倾向，找准时代新人培育的着力点，以辩证思维为指引，不断提升工作境界。

首先，时代新人塑造能力的提升要坚持历史唯物主义的群众史观，在"为谁培养人"这个问题上牢牢把握人民性立场和情怀。

马克思是一位有着强烈的普罗米修斯救赎精神的思想家、革命家，马克思主义是一种致力于实现全人类自由与解放的学说，有着炽热的、为广大人民群众鼓与呼的使命感和情怀，为全人类而不懈奋斗是马克思主义者的精神。17 岁的马克思在思考未来时已经想到，如果人只是为了自己而劳动，他也许能成为有名的学者、绝顶聪明的人、出色的诗人，但他决不能成为真正的完人和伟人。而"如果我们选择了最能为人类福利而劳动的职业，那么，重担就不能把我们压倒，因为这是为大家而献身；那时我们所感到的就不是可怜的、有限的、自私的乐趣，我们的幸福将属于千百万人"②。这一理论旨趣，对于当下中国青年而言，即是要确立"在为人民利益的不懈奋斗中书写人生华章"③的意识。身处这样一个比历史上任何时期都更接近中华民族伟大复兴的历史方位，今天的中国青年，尤其需要提倡和弘扬为人民的事业和幸福而奋斗、而奉献的精神。这是对马克思主义最好的发展，是对习近平新时代中国特色社会主义思想的贯彻，也是时代新人塑造能力提升的根本出发点和基本思想保障。坚持这一立场，就能引导青年把个人理想融入新时

---

① 习近平：《在庆祝改革开放 40 周年大会上的讲话》，《人民日报》2018 年 12 月 19 日。

② 《马克思恩格斯全集》第 40 卷，人民出版社 1982 年版，第 7 页。

③ 习近平：《决胜全面建成小康社会　夺取新时代中国特色社会主义伟大胜利——在中国共产党第十九次全国代表大会上的报告》，人民出版社 2017 年版，第 70 页。

代中国特色社会主义的伟大事业中，引导青年将个人理想、中国特色社会主义共同理想以及实现共产主义最高理想融合在一起。离开了群众史观和人民立场，不仅无法塑造时代新人，还会犯下不是培养社会主义接班人而是培养了掘墓人的无可挽回的历史错误。

其次，时代新人塑造能力的提升需要坚持实践第一的观点，准确鉴别当前教育实践中的不足乃至错误倾向，找准时代新人培育的着力点。

习近平总书记说："马克思主义具有鲜明的实践品格，不仅致力于科学'解释世界'，而且致力于积极'改变世界'。"[①]教育首先要解决的是培养什么人的问题。时代新人塑造能力的提升也要紧紧围绕这一任务，回应教育实践中的挑战。有学者指出："如果将教育办成了仅仅传授知识的机构，那就脱离了政治，而教育脱离政治在历史上往往是亡国灭族的开始。"[②]这种观点不失为对当前教育所面临的重要挑战的一种警示，它告诉我们，教育的人民立场和情怀，仅仅停留在文件上和口头上是不行的，还要落实到实践中。为此，一方面要擦亮眼睛，辨清风险和挑战；另一方面，要引导青年切实融入建设中国特色社会主义的伟大事业中，真正扎根于人民群众的真实生活。中国当前正处在崛起的前夜，在面临着前所未有的机遇的同时，也面临着前所未有的挑战。这些挑战反映在思想领域，表现为历史虚无主义等各种错误倾向，以及打着形形色色旗号的意识形态渗透。它们严重危害着我们的国家安全、文化安全、意识形态安全。时代新人塑造能力的提升绝不能纸上谈兵，而是一方面要善于、勇于通过大量客观事实揭露这些风险的实际存在，并具体分析其出现的原因、走向和危害；另一方面还要引导青年将目光转向中华民族蓬勃发展的民族意志和现实，从网络上各种抹黑甚至妖魔化中国的谎言中走出来，为民族复兴伟业提供巨大向心力与凝聚力。对此，习近平总书记在全国高校思政工作会议上的讲话为我们提供了时代新人培育的目标指向，即要教育引导学生"正确认识世界和中国发展大势"，"正确认识中国特色和国际比较"，"正确认识时代责任和历史使命"，"正确认识远大抱负和脚踏实地"。[③] 围绕这"四个正确认识"着力，时代新人塑造能力的提升方

---

① 习近平：《在哲学社会科学工作座谈会上的讲话》，人民出版社 2016 年版，第 9 页。

② 张文木：《教育要讲政治、重实践》，《经济导刊》2017 年第 10 期。

③ 参见吴晶、胡浩：《习近平在全国高校思想政治工作会议上强调：把思想政治工作贯穿教育教学全过程　开创我国高等教育事业发展新局面》，《人民日报》2016 年 12 月 9 日。

能立场坚定、目标准确、行动坚定、卓有成效。

第三，时代新人塑造能力的提升要以辩证思维为指引，不断提升工作境界。

毛泽东曾说："马克思主义的理论基础，第一是唯物论，第二是辩证法。"[①]在时代新人塑造能力的提升方面运用辩证思维，主要表现在以下三个方面。

其一，运用辩证思维，承认矛盾的特殊性，可以为其提供理论支撑。只有承认并尊重矛盾的特殊性，才能正视问题，正确分析问题，进而找到解决具体问题的金钥匙。毛泽东说过："一个民族能在世界上在很长的时间内保存下来，是有理由的，就是因为有其长处及特点。"[②]有研究发现，鼓励或诱导第三世界国家的人民放弃、自我厌弃继而否定自己革命的"身世"并由此失去文化自信，是西方国家在其殖民地推行殖民文化的重要路径。[③] 事实正是如此。总有一些人认为意识形态斗争已经过时，他们奉普世价值为圭臬，以"淡化意识形态"为旗号，试图引领中国转向西式民主宪政的道路，在青年学生中具有很大的迷惑性。但是，运用辩证思维，不难分辨其所包含的忽视甚至取消矛盾特殊性的根本错误。对此，习近平总书记在党的十九大报告中指出："世界上没有完全相同的政治制度模式，政治制度不能脱离特定社会政治条件和历史文化传统来抽象评判，不能定于一尊，不能生搬硬套外国政治制度模式。"[④]正因如此，在教育问题上，习近平总书记强调："我国有独特的历史、独特的文化、独特的国情，决定了我国必须走自己的高等教育发展道路，扎实办好中国特色社会主义高校。"[⑤]培育时代新人，就是要为中国特色社会主义培养合格的建设者和接班人，因此，必须坚持辩证思维，承认矛盾特殊性，承认中国自己历史文化、发展道路、国情现实的独特性，这是塑造能力的提升的前提和必要条件。

其二，运用辩证思维，坚持系统观点，才能不断丰富时代新人培育的内容。

---

① 中共中央文献研究室编：《毛泽东年谱（1949～1976）》第3卷，中央文献出版社2013年版，第324页。

② 中共中央文献研究室、中共西藏自治区委员会、中国藏学研究中心编：《毛泽东西藏工作文选》，中央文献出版社、中国藏学出版社2001年版，第113页。

③ 参见张文木：《大国崛起的历史经验》，《东南亚南亚研究》2018年第1期。

④ 习近平：《决胜全面建成小康社会 夺取新时代中国特色社会主义伟大胜利——在中国共产党第十九次全国代表大会上的报告》，人民出版社2017年版，第36页。

⑤ 《习近平谈治国理政》第2卷，外文出版社2017年版，第376页。

习近平总书记指出："教师是灵魂的工程师，是人类文明的传承者，承载着传播知识、传播思想、传播真理，塑造灵魂、塑造生命、塑造新人的时代重任。"[①]这就启发我们在理解时代新人培育内容时要确立系统观点，摒弃线性思维和非此即彼、二元对立、片面的形而上学思维。作为时代新人的重要内涵，政治立场、人民情怀诚然是首要的。但是，要想提升时代新人的塑造能力，仅仅强调政治性这一个维度是远远不够的，甚至会过犹不及，走向问题的反面。同样，只强调知识的重要性也是不充分的。时代新人要通过对知识、思想、真理的学习和掌握，实现灵魂的净化，达致生命的崇高，承担传承文明的使命。这是与现实世界相互联系程度加深、系统性增强的实际相吻合的。从文明发展角度而言，世界各国、各民族文明交相辉映，共同在人类文明的百花园中争奇斗艳。与其他文明充分的交流互鉴，是不断推动自身文明发展的重要条件。任何非此即彼的二元对立思维都将限制发展的可能。从国际局势上看，世界多极化、经济全球化、文化多样化、社会信息化进程的加速已经成为不可逆转的世界大势，世界早已不再是各国之间势不两立、相互博弈的角斗场，而是日益成为你中有我、我中有你的命运共同体。彼此对立的形而上学观念早已不具备任何现实基础。从国内发展阶段来看，伴随着改革开放和市场化进程的加快，人们面对和体验到的各种思想困惑与精神迷茫愈发复杂，这无不要求我们摒弃线性思维。对于时代新人的素质能力提升而言，也必须充分认识、分析并有效利用系统要素、整体部分、原因结果之间的辩证关系。不如此，就无法优化提升各要素对系统整体的促进作用。

其三，运用辩证思维，坚持发展的眼光，才能不断创新塑造时代新人的方式方法。辩证唯物主义认为，一切都在发展变化中，世界是过程的集合体。这是马克思主义的世界观，也是我们分析解决问题的方法论。习近平总书记关于做好高校思想政治工作要"因事而化、因时而进、因势而新"[②]的要求，深刻地体现着对思政工作的过程性、动态性、发展性和规律性的把握，是将辩证发展观运用于教育领域的理论成果。时代新人塑造能力的提升要

---

① 吴晶、胡浩：《习近平在全国教育大会上强调：坚持中国特色社会主义教育发展道路 培养德智体美劳全面发展的社会主义建设者和接班人》，《人民日报》2018年9月11日。

② 《习近平谈治国理政》第2卷，外文出版社2017年版，第378页。

以此为指导，从新时代新征程的特点和要求出发，深入研究利用当代青年的成长规律和接受偏好，不断促进党言党语、民言民语和学言学语的相互阐释和相互支撑；从中国大学生互联网使用率已经接近100%的现实出发，不断扩大新媒体、自媒体、融媒体、“两微一端”等新形式的正向影响力和正能量传播力；从尊重青春活泼气质出发，广泛开展形式多样、健康向上、格调高雅的文化活动和各类社会实践。以扬弃传统工作中所形成的惯用方法，不断在塑造时代新人的方式方法、内容、形式、载体、手段等方面进行改进和创新，通过方式方法的创新促进塑造能力的提升。

三、重要抓手：充分发挥高校思想政治理论课教师的作用

在全国教育大会上，习近平总书记强调教育是需要全社会时刻为之持续奋斗的国之大计、党之大计，并提出“五育并举”“六个下功夫”，强调凡是不利于实现立德树人这个目标的做法都要坚决改过来。诚然，教育问题“家庭、学校、政府、社会都有责任”[①]。但是，必须看到，高等教育的发展水平是一个国家发展水平和发展潜力的重要标志，而思想政治工作又是高校各项工作的生命线，这就决定了时代新人塑造能力的提升要以充分高效地发挥思想政治理论课教师的作用为重要抓手。

首先，高校思政课教师对党的教育方针有着高度的自觉性。早在1958年，中共中央、国务院发出的《关于教育工作的指示》就已经指出：“党的教育方针是教育为无产阶级的政治服务，教育与生产劳动相结合。”[②]在全国教育大会上，习近平总书记也突出强调了坚持党对教育事业的全面领导，坚持社会主义办学方向，坚持扎根中国大地办教育，坚持以人民为中心发展教育，坚持把服务中华民族伟大复兴作为教育的重要使命等指导精神。[③] 新时代的“伟大梦想、伟大斗争、伟大工程、伟大事业”，要求时代新人必须树立政治

---

① 吴晶、胡浩：《习近平在全国教育大会上强调：坚持中国特色社会主义教育发展道路 培养德智体美劳全面发展的社会主义建设者和接班人》，《人民日报》2018年9月11日。

② 中共中央文献研究室编：《建国以来重要文献选编》第11册，中央文献出版社1995年版，第490页。

③ 参见吴晶、胡浩：《习近平在全国教育大会上强调：坚持中国特色社会主义教育发展道路 培养德智体美劳全面发展的社会主义建设者和接班人》，《人民日报》2018年9月11日。

意识、大局意识、核心意识、看齐意识。高校思政课教师"四个意识"牢固，"四个自信"坚定，"两个维护"立场鲜明，有着始终忠于党和人民的政治品格，能够满足时代背景对时代新人塑造主体政治觉悟的要求。

第二，高校思政课教师具有理论武装优势。时代新人的塑造就是要抓住坚定"四个自信"，增强中国特色社会主义的凝聚力、引领力的战略任务。要完成这一任务，就需要讲清楚我们从哪里来，我们向哪里去，讲清楚理论与现实依据以及未来趋势，讲清楚中国特色社会主义理论体系在实现中华民族伟大复兴中的理论地位，讲清楚习近平新时代中国特色社会主义思想是马克思主义中国化的最新成果。高校思政课教师在这些方面承担着研究、讲授、宣传等方面的任务，全面推动习近平新时代中国特色社会主义思想进教材、进课堂、进头脑，理论武装优势显而易见。

第三，高校思政课教师具有改革创新的坚定意志和高效行动。全国高校思政工作会议以来，高校思想政治工作越来越呈现出活起来、硬起来、实起来的局面，伴随着 2017 年"高校思想政治理论课教学质量年"的建设，《普通高校思想政治理论课建设体系创新计划》的发布与实施，经过高校思政课教师队伍的积极探索及实践，"配方"先进、"工艺"精湛、"包装"时尚、有温度的"金课"不断涌现。全国教育大会之后，越来越多的高校致力于"把马克思主义学院打造成党的理论的宣传队，把每门思政课打造成'四个自信'的播种机，把每一节课打造成中国梦必将实现的宣言书"①，课程时代感和吸引力不断增强，科学性、艺术性不断提升，融通性和说服力不断提高，为时代新人的培育搭建了青年学生喜闻乐见的教育平台。

在民族复兴的目标越来越近的今天，新时代提出的重大课题乃是"坚持和发展什么样的中国特色社会主义、怎样坚持和发展中国特色社会主义"②，时代新人的提出则是对这一时代课题的回应。道不可坐论，德不能空谈，深刻认识和理解时代新人的塑造能力提升的意义，善于运用辩证唯物主义和历史唯物主义的方法论，充分发挥高校思政课教师的作用，将会使中国梦的追梦者、筑梦者更多、更强，使中华民族的伟大复兴的前景更早实现。

---

① 陈建强、刘西：《讲出学生真心喜爱的思政课》，《光明日报》2019 年 1 月 31 日。

② 齐卫平等：《"四个伟大"与新时代中国共产党的历史使命》，人民出版社 2019 年版，第 50 页。

后记

文化主体性问题，是一个古老而又常说常新的话题。伴随着中西文化交流的日益密切及中国社会经济的迅速发展，中华民族在历尽百年屈辱之后痛彻意识到：只有国力强，文化才能强；文化强，国力则更强。文化主体性的确立，是文化自信的必然要求。当代中国文化变迁中自身文化的主体性问题愈发成为关系中华民族复兴的重要问题。

文化主体性意识觉醒，乃是增强国家文化软实力实现社会力量整合、增强中华文化国际影响力的重要因素。自强不息、厚德载物，革故鼎新、与时俱进，是中华文明历久弥新的文化密码。当下，中华民族正走在伟大复兴的征途上，这就更迫切地需要以高度的文化自觉、自信，充分发挥文化主体性作用，筑牢中华文化之根，建构具有“中国气派”和“世界眼光”的中华文化，为中国的和平崛起和中华民族的伟大复兴提供必要的信念基石与智慧支撑。作为一名思政课教师，能够有机会主持“当代中国文化变迁中的文化主体性问题研究”这一课题，笔者感到荣幸与不安。之所以深感荣幸，自然是因为能够在中华民族实现复兴的历史伟业中作一点为这一历史进程鼓与呼的理论研究，实乃幸运之至。不安则是因为这一问题如此宏阔，而自身学力多有不逮。让我稍感宽慰的是，在学理的研究之外，20年来的高校思政课教育教学经验让我对这一问题的认识有了面向青年的优势和面向未来的可能。

毛泽东主席曾经指出："谁是我们的敌人，谁是我们的朋友，这个问题是革命的首要问题。"①近代中国的命运以及迫切追赶西方发达国家的心态导致中国学界长期以来受西方话语体系的影响，一段时间内唯西方马首是瞻的情形不能说不严重。文化殖民、文化侵略具有很深的隐蔽性。如果文化自卑牢牢地植根于知识分子的话语范式之中，中华优秀传统文化的独特魅力就会被重重遮蔽。时至今日，中国高铁已在世界各地拿下大单，茅台酒也已进入美国的酒吧，但美国大片、韩流飓风仍在冲击着我们的文化感知，自轻自贱的心理仍时隐时现。"西方中心论"不破，大学生的文化自信则根基不牢。自党的十八大以来，党中央高度重视中华优秀传统文化教育，习近平总书记多次发表重要讲话，强调要讲清楚中华优秀传统文化的历史渊源、发展脉络、基本走向，讲清楚中华文化的独特创造、价值理念、鲜明特色，增强文化自信和价值观自信；党的十九大报告又提出了"坚持创造性转化、创新性发展，不断铸就中华文化新辉煌"②的宏伟目标。每一位思政课教师都应该努力成为文化自信的讲授者和传播者，着眼于引导大学生树立和坚持正确的历史观、民族观、国家观、文化观，着眼于不断增强中华民族的认同感、尊严感、荣誉感，着眼于提升中华优秀传统文化的感染力、感召力，引导并与青年学生一起领略中华优秀传统文化的智慧真谛，以便融入民族生活蓬勃向上的现实潮流。

习近平总书记在学校思想政治理论课教师座谈会上指出："我们党立志于中华民族千秋伟业，必须培养一代又一代拥护中国共产党领导和我国社会主义制度、立志为中国特色社会主义事业奋斗终生的有用人才。"③"立志于千秋伟业"的表述，既表明了中国共产党人的历史担当和家国情怀，也为立德树人的根本任务指明了前进方向，赋予思政课教师光荣的使命。广大思政课教师应该努力提升核心素养，在实现中华民族

---

① 《毛泽东选集》第1卷，人民出版社1991年版，第3页。

② 习近平：《决胜全面建成小康社会 夺取新时代中国特色社会主义伟大胜利——在中国共产党第十九次全国代表大会上的报告》，人民出版社2017年版，第41页。

③ 习近平：《用新时代中国特色社会主义思想铸魂育人 贯彻党的教育方针落实立德树人根本任务》，《人民日报》2019年3月19日。

伟大复兴中更好履行自身肩负的职责与使命。

思政课教师的核心素养，主要包括政治素养、理论素养、传统文化素养及人格魅力四方面。这四种素养的提升，是确保并促进思政课教师可信、可敬、可靠的前提和条件。

政治素养的指向是"为了谁"的问题。思政课教师必须坚持正确的政治方向和政治立场，引导当代青年大学生培育家国情怀，树立与新时代中国特色社会主义同心同向的理想信念，担当时代赋予的历史责任。在这个根本问题上，思政课教师必须旗帜鲜明、毫不含糊，以自身坚定的共产主义理想信念彰显马克思主义的生命力和感召力。

理论素养的指向是"所以然"的问题。习近平总书记号召思政课教师"用真理的力量感召学生，以深厚的理论功底赢得学生"①，这就对思政课教师的理论素养提出了更高要求。理论素养的高低直接关系到历史意识和价值判断能力。习近平总书记高度重视辩证唯物主义和历史唯物主义的学习和运用，多次强调辩证唯物主义是中国共产党人的世界观和方法论。思政课教师要不断提高自身的理论素养和马克思主义哲学水平，坚持政治性与学理性相统一，以透彻的学理分析回应学生，以彻底的思想理论说服学生，用真理的强大力量引导学生，如此才能在实际工作中"因事而化、因时而进、因势而新"地教育引导学生正确认识世界和中国的发展大势，正确认识中国特色和国际比较，从历史和现实、理论和实践、国内和国际等的结合上进行思考，讲清"四个自信"的理论和现实依据。

传统文化素养重在解释"我们从哪里来"的问题。习近平总书记强调："中华民族几千年来形成了博大精深的优秀传统文化，我们党带领人民在革命、建设、改革过程中锻造的革命文化和社会主义先进文化，为思政课建设提供了深厚力量。"②优秀传统文化是中国和中华民族绵延五千年历史不断绝的重大支撑，为中华民族走向复兴提供无穷的智慧启迪。思政课教师

① 习近平:《用新时代中国特色社会主义思想铸魂育人　贯彻党的教育方针落实立德树人根本任务》,《人民日报》2019年3月19日。

② 习近平:《用新时代中国特色社会主义思想铸魂育人　贯彻党的教育方针落实立德树人根本任务》,《人民日报》2019年3月19日。

传统文化素养的提升,可以推动传统文化的创造性转化和创新性发展,为建设具有中国特色、中国风格、中国气派的哲学社会科学贡献力量。

人格魅力要靠高尚的精神境界和道德操守来涵养培育。习近平总书记强调思政课教师“人格要正,有人格,才有吸引力。亲其师,才能信其道”①。思政课教师要深刻学习并践行马克思主义思想家、无产阶级革命家无私奉献的精神、勇挑重担的品格和坚毅乐观的意志,持续进行自我革命,在持续奋斗中净化灵魂、磨砺意志,成为学生敬仰、喜爱、学习、模仿的榜样,真正成为学生的领路人。

我们坚信,高校思政课教师这四种核心素养的提升过程,是一个与中华民族伟大复兴的中国梦在一代代青年的接力奋斗中变为现实同步的光荣征程,也是一个与中国文化主体性重树、中华民族以良好的精神面貌屹立于世界民族之林同步的历史进程,当然也是这样的征程和进程的促进因素。

正因如此,本书的研究既有自己的理论期待,也有一定的实践自觉。在理论方面,致力于探究当代中国文化变迁中主体性失落的现实,厘清文化自卑和文化自负的学理依据,以期有助于形成文化比较的恰当态度,为文化自信的确立奠定理论基石;在实践层面,遵循学理性与政治性相统一的要求,实证与思辨的统一、理论与实践的统一的原则,本书以大学生为对象,探讨了其文化自信提升的现实途径。本书的研究已经涉及一些问题,但是,一方面这些问题的研究本身仍有待深入,另一方面则有更多的问题需要讨论。我们期待能够在中国特色哲学社会科学迅速发展的新时代,看到学界涌现出更多更好的具有中国特色、中国风格、中国气派的原创性成果,并愿意为此付出自己的努力。

本书大纲由郝书翠拟定。各章撰稿人是:郝书翠(前言、第一章第二节、第二章、第三章第一节、结语),陈旭(第一章第一节、第五章第一节),闫惠惠(第三章第二、三节),鞠晗(第四章),郝书翠、刁秋华、王景瑞(第五章第二、三、四节),郝书翠、于澜(第六章),李成超(第七章),甄红菊

① 习近平:《用新时代中国特色社会主义思想铸魂育人 贯彻党的教育方针落实立德树人根本任务》,《人民日报》2019年3月19日。

(第一章第三节)。全书最后由郝书翠统修定稿。

本书借鉴参考了一些传统文化研究、文化软实力研究、思政教育研究论著以及相关文献,恕不一一恭录,谨致诚挚谢意。另外,本书部分内容已经作为项目阶段性成果公开发表于学术期刊及理论网站,另有一些成果即将发表。在此,向发表本书部分成果的期刊、网站及编辑致谢。由于作者水平有限,本书难免有不妥之处,恳请同行专家和广大读者批评指正。

郝书翠

2021 年 6 月